남자의 탄생

남자의 탄생

한 아이의 유년기를 통해 보는 한국 남자의 정체성 형성 과정 | 전인권 지음

푸른숲

이 책을 나의 어머니 최희규에게 바친다.
이 책이 한평생에 걸친 그녀의 노고에 작은 위로가 되었으면 좋겠다.
2002년 1학기부터 여름학기, 2학기까지
서울산업대와 서울대에서 이 책의 초고를 읽고 지정된 주제에 따라
보고서를 제출했던 학생들에게 고마움을 전하고 싶다.
학생들의 의견은 이 책의 균형을 잡는 데 큰 도움이 되었다.

차례

글을 시작하며 나는 누구인가 9
　　몸과 마음의 거리 / 어머니와 아버지 / 가면 또는 페르소나 /
　　이 책의 전후맥락

1장 두 개의 공간, 두 개의 자아 21
　　두 개의 공간 / 아버지 공간의 질서 / 어머니 공간의 만족 /
　　하녀 또는 성녀 / 두 개의 공간, 두 개의 언어 /
　　두 개의 언어, 두 개의 자아 / 두 공간의 의미

2장 집 — 두 공간의 결합 원리 39
　　집에 대한 두 가지 느낌 / 어머니의 죽음 / 아버지의 죽음 /
　　울타리 / 영원한 부모 / 부부싸움은 칼로 물 베기 / 원뿔형의 체계 /
　　김수근과 김중업

3장 욕망을 달성한 오이디푸스 59
　　행복한 아침 / 동침권 / 이불 빨래 / 모자(母子)의 제사 /
　　욕망을 달성한 오이디푸스 / 부부 사이의 내외(內外) /
　　소비경제와 결혼의 파트너십 / 결혼의 자발성 / 소비경제 계획서 /
　　재테크 컨설턴트

4장 신분에 기초한 커뮤니케이션 79
　　이유(離乳) 사건 / 최초의 시련 / 욕망의 허용 / 협상과 타협 /
　　젖의 선배님들 / 내가 창설한 최초의 신분 / 신분의 감옥 /
　　신분사회의 커뮤니케이션 / 두 개의 가족

5장 세 얼굴을 가진 어머니 101
  동생의 죽음 / 천사의 음모(?) / 어머니의 배신 / 내 동생 전인덕 /
  두 번째 배신 / 전원일기 / 아버지를 닮은 아들 / 세 얼굴을 가진 어머니 /
  어머니의 응전과 우리의 슬픔 / 이천수 선수의 지적 / 분리사랑과 분리통치

6장 동굴 속 황제 125
  인삼 사건 / 분리사랑 / 즉각적 만족의 육아원리 / 반(反)가족적 사랑 /
  동굴 속 황제 / 빨리빨리 병과 허영심 / 진선미의 화신=신분적 인간 /
  심리적 영토의 확장

7장 아름답고 성스러운 질서 147
  아버지의 질서 속으로 / 밥상의 질서 / 두 가지 잠자리 / 신분의 감옥 /
  아버지의 썰렁함 / 술에 취한 아버지 / 아버지를 탐험하다 /
  아버지의 권위와 질서 / 아버지와 국가

8장 재떨이 고고학 167
  아버지에 대한 환상 / Made in U.S.A. / 재떨이 어용 고고학 /
  상상적 구성물 / 재떨이와 사회적 정체성 / 아버지의 존재증명 /
  안택고사 / 신보다 높은 아버지 / 아버지에 대한 첫 기억

9장 아버지 위의 아버지들 189
  아버지의 숫자 / 한·중·일 삼국의 가족제도 / 수직적 세계질서 /
  미국과 유엔의 차이 / 아버지의 위대함 / 한국의 오이디푸스 문제 /
  아버지의 두 가지 의미 / 연쇄적·중층적 권위 구조 / 공(公)과 사(私)의 관계

10장 아버지 살해의 논리 구조 209

아버지 살해의 의미 / 단풍나무가 있는 집 / 행복한 백일몽 /
살해 후의 제사 / 아버지 살해의 논리 구조 / 〈홍길동전〉의 욕망 구조 /
미리 이루어진 상속

11장 선택이 아닌 진급하는 삶 227

질서의 학교 / 질서의 시작은 아기가 되는 것 / 아버지와 선생님의
카르텔 / 진급하는 삶 / 이름 없는 예술가 / 예술과 학문 /
소크라테스가 죽은 이유 / 국가로 향하는 질서 / 세계인권선언

12장 마음이 비천한 아이들 247

초등학교 3학년 / 정동식 선생님 / 손기정 선수와 민족정신 / 근대화 운동 /
칸나 / 생활계획표 / 죄의식 / 마음이 비천한 아이들 / 타집단에 대한 적대감

13장 두 가지 성 이야기 269

호기심 / 성기의 카니발 / 풀잎에 대한 기억 / 순수한 사랑, 비현실적 사랑 /
DSZ : 성의 비무장지대 / 성이 난무하는 거리 / 더러운 성, 깨끗한 성 /
매춘의 계단 / 두 가지 성 / 어린이의 성

글을 맺으며 네 안의 아버지를 살해하라 291

동굴 속 황제의 나라 / 권위주의는 커뮤니케이션을 대체한다 /
아버지 살해의 역사 / 네 안의 아버지를 살해하라

■ 글을 시작하며

나는 누구인가

최근 10여 년 사이 나는 실패를 거듭해왔다. 이 책을 쓰느라 다시 돌이켜보니 그간의 실패들이 더욱 뚜렷하게 보인다. 그 거듭되는 실패가 이 책의 중요한 동기를 이루고 있는 셈이다. 그렇다고 해서 이 책의 목표가 실패의 원인을 규명해내고, 어떻게 하면 성공할 수 있을지 그 방법을 모색해보려는 것은 아니다.

여러 실패의 사례를 소상하게 밝히기는 그렇다. 다만 그 실패의 증상을 비유적으로 표현해보면 이렇다. 만약 내가 야구 선수라면 나는 방망이를 크게 휘두르는 습관이 있다. 아마 홈런을 치고 싶은 모양이다. 그러나 방망이를 공에 맞추지도 못한다. 투수가 던지는 공을 제대로 쳐다보기나 했던 것일까, 하는 생각마저 든다.

나에게 그런 증상이 있다는 사실은 대체로 알고 있었다. 그래서 홈런은 무슨 홈런이냐, 번트라도 잘 대서 최악의 상황만은 면하자, 그렇게 생각하며 살아왔다. 머리로는 분명 그렇게 생각하며 살아왔다. 그런데 타석에만 들어서면 또다시 방망이를 크게 휘두르고 만다. 그 순간은 뭐가 뭔지 잘 모르는 것 같다. 그리고 실망하는 동료들의 표정을 보고서야 이번에도 잘못 휘두르고 말았다는 것을 뒤늦게 깨닫는다.

머리로는 분명히 방망이를 짧게 잡고 공이나 잘 맞추자고 했는데……

정말 당황스러운 것은 그런 실패가 나의 의도, 예상과 전혀 동떨어진 방식으로 일어난다는 것이다. 나는 A에다 잔뜩 신경을 쓰고 있는데, 저기 Z쯤에서 사고가 난다. 그러다 보니 손을 써볼 틈도 없다. 가족관계, 직업세계, 친구관계에서 그런 실패가 자꾸 반복되었다. 이제는 그런 일이 벌어질 것이란 사실을 인정하며 조심조심한다. 그런데도 또 비슷한 일이 벌어지곤 한다.

그런데 돌아보니 내 주변에는 나와 비슷한 사람이 많았다. 우선 세 사람의 얼굴이 바로 떠오른다. 세 사람은 나와 비교할 수 없는 능력의 소유자들이고, 또 한때 사회에서 그런 능력을 유감없이 발휘했던 사람들이기에 더욱 눈길을 끈다. 그중에는 여자도 한 명 있다. 솔직히 이 세 사람은 나에게 많은 위로를 준다. 나만 그런 것은 아니라는, 나보다 뛰어난 사람들도 실패를 한다는…….

사실 세 사람은 나보다 더 철저하게 실패하고 있다. 너무 뛰어나기 때문인지 실패도 더 큰 것 같다. 그들은 모두 30세 전후부터 직업 분야에서 앞으로 나아가지 못했다. 회사로 치면 좋은 직장에 입사하고 일도 잘했는데, 대리나 과장처럼 책임 있는 자리에 오르면서부터 삐걱거리기 시작했다. 연애나 결혼이 순탄치 못했거나 자녀 양육과 행복한 결혼을 엉망으로 만들었다는 공통점도 있다.

왜 그처럼 유능한 사람들이 그런 실패를 하고, 오랫동안 돌파구를 마련하지 못하는 것일까? 우리에게 무슨 큰 문제가 있는 것은 아닐까? 어찌 되었든 우리 사회에는 그런 사람이 너무 많은 것 같다. 이것이 사회 탓인지 개인 탓인지 함부로 단정하기는 어렵다. 그러나 그런 일이 어떻게 생겨나는지에 대해서는 진지하게 생각해보아야 할 것이다.

) 몸과 마음의 거리

본래 이 책은 이와 같이 개인 차원의 문제를 풀기 위해 시작한 것은 아니었다. 또 이 책의 현재 모습처럼 나 자신이 5살부터 12살 사이에 겪은 체험을 기록하는 형식으로 쓰려고 했던 것도 아니다. 작년 4월 집필을 시작했을 때만 해도, 나는 '대한민국이란 사회 전체' 또는 '한국문화의 구조적 특징'을 학술적으로 논의하려는 준비에 여념이 없었다.

그런데 불과 두 달이 지나지 않아, '한국은 무슨 한국이냐, 먼저 너 자신의 꼬라지나 정확히 알아라.'는 양심의 목소리가 들려왔다. '자기 자신도 모르면서 어떻게 대한민국 전체를 이야기한단 말인가?' 하는 문제도 대두되었다. 그렇다면 나는 과연 어떤 사람일까? 슬프게도 내가 비판하려고 했던 한국문화의 부정적 특징이 바로 나 자신에게서 그대로 나타나고 있음을, 그것이 바로 나의 특징임을 깨닫게 되었다. 나야말로 너무도 한국적이요, 너무도 권위주의적인 인간이었던 것이다.

나는 전혀 권위주의적이지 않은 면도 갖고 있다. 예를 들어, 강의실에서 출석을 부를 때 학생들을 "○○○ 씨!"라고 호명하고, 학생들의 발언을 유도할 때 "○○○ 씨, 한번 대답해보시죠!"라고 말한다. 40대 중반의 교수가 20살의 대학 1년생에게 그런 호칭을 쓰는 것이 낯설게 보일 수도 있겠다. 그러나 나는 그런 호칭이 학생과 선생의 관계를 대등하게 만들고, 강의실 내의 의사소통을 증진시킨다는 것을 체험으로 알고 있다. 나아가, 학생이 선생에게 "전인권 씨, 질문이 있는데요!"라고 말하거나, 신문기자가 대통령에게 "노무현 씨!"라고 부르며 자유롭게 토론하는 날이 올 것이란 기대도 한다. 지금은 우스꽝스럽게 보일지 몰라도, 우리말에서 '씨'는 상대방을 무조건 높이거나 낮추지 않으면서도 일정한 존중감이 배어 있는, 영어의 Mr, Mrs와 비슷하면서도 남녀의 차이를 두지 않는 썩 괜찮은 호칭인 것 같다.

이처럼 나는 권위주의를 배격하고 자연스러움을 추구하기도 하는 사람이다. 적어도 머리로는 그렇게 살아왔다. 그러나 이 책을 시작하자마자 나의 온 정신과 육체가 한국적 행동방식, 즉 권위주의에 감염되어 있다는 사실을 직시하지 않으면 안 되었다. 그동안 내 깐에는 권위주의를 배격한다고 노력해왔지만, 실상 권위주의와 나의 거리는 10cm도 안 되었던 것이다.

그러니까 나의 문제는 한마디로 몸과 마음이 따로따로 노는 데 있다고 할 수 있다. 머리로는 A라고 생각하는데 몸은 Z에 가 있는 것이다. 학생들에게 '○○ 씨'라고 부르는 호칭도 그렇다. 그것 자체는 좋은 태도다. 그런데 그런 태도는 "나는 이렇게 민주적이다."라는 근거가 되어, 내가 태생적으로 권위적이라는 더 큰 진실을 가리고 있을 수도 있다.

이 모든 상황을 정리해보니, 나는 내가 누구인지 잘 아는 것 같지만 사실은 너무 모른다는 자각이 들었다. 권위주의보다 더 근본적인 문제는 바로 여기에 있다는 생각이 든다. 어쩌면 나는 지금까지 깊은 동굴 속, 밖을 내다볼 수 없는 우물 속에서 나 혼자 그럭저럭 잘하고 있다고 스스로를 위로해왔는지 모른다. 자기 자신이 누구인지조차 모르는 '동굴 속 황제'로 살아왔으니 계속 실패할 수밖에 없지 않았을까? 그리하여 나는 '한국문화'라는 큰 문제는 잠시 제쳐두고 '나는 누구인가'라는 작은 질문을 먼저 던져보기로 했다. 그렇게 내 몸과 마음의 거리를 좁혀보리라 생각했다.

어머니와 아버지

먼저 내가 누구인지를 알기 위해, 나의 어머니와 아버지, 그리고 가족관계를 꼼꼼히 살펴보기로 했다. 나를 알려고 할 때, '나 자신은 이렇다, 저렇다'고 하는 말은 아무리 많이 해도 소용이 없다. 내가 나를 모르는데 그런 말이 정확할 수가 없다. 그래서 나와 가장 가깝고 나를 길러준 '나의 부모는 어떤 사람인가', '그분들은 나를 어떤 방법으로 길렀는가' 하는 사실을 알아보기로 했다.

이 책을 쓰기 전에도 부모가 중요하다는 사실은 '상식적 수준에서 막연하게' 인정하고 있었다. 그러나 정작 두 분의 어떤 생각과 행동들이 어떤 방식으로, 어느 정도 나에게 영향을 끼쳤는가에 대해서는 별로 생각해보지 않았다. 이처럼 부모가 누구인지 모른다는 것도 내가 나를 모르고 있다는 중요한 증거의 하나였다. 내가 부모를 모른다는 것에는 정반대의 의미를 갖는 두 가지 이유가 있는 것 같다.

첫째, 표면적인 이유이다. 한국사회에서 부모란 하나의 '성역(聖域)'이다. 부모를 연구대상으로 삼거나 관찰하고 비판하는 것은 '금지된 장난'이다. 그러다 보니, 나에게 가장 큰 영향을 끼친 존재임에도 불구하고, 두 분과 나의 관계를 '객관적으로' 생각해본 적이 없었다.

그러나 지금 우리는 부모란 성역을 깨뜨리지 않으면 한 발자국도 나갈 수 없는 상황에 처해 있다. 이 책의 방식대로 말한다면, '내 마음속의 아버지를 살해할 때'가 온 것이다.

둘째, 실제의 이유다. 내가 나의 부모를 잘 몰랐던 이유 중에는, 어머니와 아버지, 선배 세대를 무시한 측면도 있다. 나의 경우에는 이랬다. 어머니는 초등학교, 아버지는 중학교만 다녔으며 나하고는 세대 차이가 났다. 두 분과 비교할 때, 나는 새로운 문화와 가치관을 익힌 사람이었다. 사실 이런 것은 근본적인 차이가 아닌데, 생활의 겉모양이 급속하게 변하다 보니, 앞 세대를 은근히 무시한 것이다. 그 무시가 무관심, 부모에 대한 무지로 나타났다.

그런데 이제 내가 옛날 부모의 나이가 되고, 당신들의 수고와 애로를 비슷하게나마 체험한 상태에서 책까지 쓰려고 보니, 그렇게 특별할 것이 없게 보였던 두 분이 나에게 막대한 영향을 끼쳤다는 사실이 환하게 보였다. 당신들의 영향은 초등학교에서 배운 국어와 산수, 대학에서 배운 소크라테스와 플라톤, 민주주의와 정치학보다 훨씬 큰 것이었다. 그렇다고 부모가 언제나 옳았다는 것은 아니다.

나의 부모는 도대체 어떤 방식으로 나에게 영향을 끼친 것일까? 바로 그 영향의 경로와 정도를 밝힐 수만 있다면, 그것은 한국문화의 특징을 밝히는 것보다 중요한 일임에 틀림없다. 그리고 조금 더 연구가 진척되자, 아버지를 살해하되 정정당당하게 살해할 수 있는 방법도 조금씩 윤곽을 드러냈다. 그래서 낯간지러운 책이 될 위험성이 있다고 해도, 나 자신의 어린 시절을 제물(?)로 삼아 나의 정체성을 탐구해보자는 결론에 도달했다.

) 가면 또는 페르소나 (

이 책의 마지막 장까지 마친 지금, 내 나름의 결론에 따르면, 우리 한국인들은 '나는 누구인가?'라는 질문을 제대로 던질 수 없게 되어 있다. 처음부터 '나'가 존재하지 않기 때문이다. 청소년 시절 한때, 그와 비슷한 질문을 격렬하게 던지지만, 그것은 나가 아니라 '나의 신분'에 관한 질문이라는 것이 내 판단이다. 그러다 보니 나이가 들면, 곧 나의 신분이 높아지거나 결정되면, 나 자신에 대한 질문은 잊어버리고 만다. 이에 대해서는 정신분석학자인 카를 융(C. G. Jung, 1875~1961)의 '페르소나'라는 용어를 참조해볼 필요가 있다.

> 페르소나(persona)는 배우의 가면과 같은 것이다. 같은 의미로 페르소나는 사람이 자기 아닌 사람으로 나타내려고 할 때 쓰는 가면이다. 인간은 살아가면서 많은 역할을 해야 하고, 타인의 요구에 맞추어 어떤 행동이나 태도를 취해야 한다. 그런 면에서 페르소나는 유용하고 꼭 필요한 가면이다. 그러나 페르소나는 해로울 수도 있다. 어떤 사람이 페르소나를 실제의 자기 자신이라고 착각할 경우, 여러 가지 문제가 생겨난다. 그는 우리 삶에 필요한 또 다른 성격들을 발달시키지 못하고, 진정한 자기로부터 소외된다. 이런 현상은 정신적 건강을 크게 해치고, 심할 경우 인생을 망치게 된다.
>
> —《정신분석 용어 사전》(미국 정신분석학회 편) 참조

한국 사람들은 진정한 자기 자신은 제쳐놓고 '딸' '아들' '어머니' '아버지' '여자' '남자' '학생' '회사원' '군인' '공무원' '교사' '노동

자' 등과 같은 페르소나, 즉 사회적 역할에 더 충실한 삶을 산다. 문제는 그 역할을 '페르소나' 즉 '가면'이 아니라, 실제의 자기 자신이라고 착각한다는 것이다. 그러다 보니 '나는 누구인가'라는 질문을 제대로 던질 수도 없고, 던졌다 해도 제대로 답을 못하거나 질문 자체를 잊게 된다.

여기서 '페르소나'라는 용어의 기원에 주목할 필요가 있다. 그것이 배우의 '가면'이란 사실에 주목할 필요가 있다. '가면'이란 말은 한국 문화에서 그렇게 익숙한 용어가 아닐 뿐더러 나쁜 의미를 지니고 있었다. 본래 우리는 모녀관계, 부자관계, 형제관계 등에서 가면을 쓸 수 있다는 가능성을 아예 배제하며 살아온 사람들이다.

지금 우리는 '좋은 아들', '좋은 아버지'가 된다는 것이 자신을 잃어버리는 것일 수도 있음을 이해할 수 있는 시대에 살고 있다. 그럼에도 불구하고 가족 사이에서도 가면을 썼다 벗었다 할 수 있는 태도는 20대 청년들에게나 자연스러운 일일 것이다. 아니, 그들에게도 불가능한 경우가 많을 것이다. 그런 점에서 우리는 가치의 혼란에 빠져 있다. 우리의 말과 행동이 너무 다른 것이다.

그건 그렇고, 정신적 건강에 대한 융의 견해도 경청할 만하다. 그는 "정신적으로 건강한 사람은 자기가 가면을 쓴 채 연기를 하고 있다는 사실을 잘 알고 있지만, 정신적으로 건강하지 못한 사람은 자기가 연기하고 있는 사람이 곧 자기 자신이라고 생각한다."라고 했다.

그런 관점에서 보면, 한국 문화에서 '착한 사람들'은 정신적으로 건강하지 못한 사람들일 가능성이 높다. 착한 사람들은 가면을 썼다는 사실도 모른 채 딸, 아들, 어머니, 아버지, 부인, 남편 같은 역할을 제 자신이라고 생각하며 산다. 그런데 그렇게 자기 자신을 잃고 살면 정신적으로 병들게 된다는 것이 융의 생각이요, 지금의 내 생각이다. 또한 착한 사람들은 누군가—대개 부모이다—로부터 많은 억압을 당했다는 뜻이며, 그 억압에 제대로 저항하지 못했다는 의미도 된다.

융에 따르면, 나 자신도 '정신적으로 건강하지 못한 사람'이었다. 나는 나 자신을 방치한 채 타인의 요구를 들어주며 살았다. 타인의 요구는 다 들어주면서 아무리 절박해도 나 자신은 타인에게 잘 부탁을 하지 못했다. 그렇게 타인 위주로 사느라고 나 자신을 즐겁게 해주지도, 사랑해주지도 못했다. 그런 사실을 분명하게 알고 나니, 바보 같았던 나에게 화가 나기도 한다.

융은 "정신적으로 건강한 사람은 타인만 속이는데, 정신적으로 건강하지 못한 사람은 자기 자신마저 속인다."라고 말하기도 했다. 나도 타인 위주로 살면서 사실은 '이게 더 착한 것이다.' '이게 더 옳게 사는 것이다.' 라며 나 자신을 위로하고 속였다. 그런데 실패가 쌓이자, 나는 착한 사람도, 옳게 사는 사람도 될 수 없었다. 이것이 거듭되는 실패의 현주소였다.

이 책은 그처럼 '자기 자신마저 속인 과거의 나'를 출발점으로 삼고 있다. 어떤 노래의 가사처럼 '이젠 내가 괴로워서 안 되겠다.'는 지점에 이른 것이다. 이렇게 하지 않으면 계속 실패할 것이며, 그 실패 때문에 계속 마음이 아플 것 같았다. 마음이 아픈데도 계속 나 자신을 속일 수는 없었으며, 그렇게 속이는 한 행복한 삶을 보장할 수 없었다. 이 책이 독자들에게도 정신적 건강을 회복하는 데 도움이 되기 바란다.

) 이 책의 전후맥락 (

　　이 책을 현재와 같이 자기분석·자기고백적 방식으로 쓰는 것은 부담스러운 일이었다. 이른바 사회 '과학'을 한다는 사람이 프라이버시에 속하는 이야기들을 소재로 삼는 것이 내키지 않기도 했다. 그래서 여러 번 붓을 꺾었다가 다시 시작하는 일이 반복되었다. 무엇보다 가장 큰 부담은 정치학의 전통적인 주제에서 벗어나 한 개인의 자아와 가족을 주제로 책을 쓴다는 점이었다.

　정치학자의 임무는 '어떻게 하면 민주주의를 잘 할 수 있는가'를 연구하는 것이다. 그런데 나는 언제나 한국 정치를 논의하기 전에 먼저 살펴보아야 할 것이 있다고 느껴왔다. 그것은 '한국문화의 본질이 무엇이냐?'에 관한 것이었다. '우리는 서양의 민주주의를 도입해서 그 옷을 입고 있는데, 그럼 본래의 우리란 어떤 인간들이냐?' 나는 그런 질문을 계속 던져왔다. 이 문제를 어느 정도 해결해야만 한국 민주주의를 본격적으로 논의할 수 있다고 본 것이다.

　나는 그 문제를 풀기 위해 이미 한 가지 작업을 했다. 화가 이중섭(李仲燮, 1916~1956)의 예술정신을 탐구한 것이다. 그것은 《아름다운 사람 이중섭》(문학과 지성사, 2000)이란 책으로 출판되었다. 이제 와서 보니 그 책의 제목은 '화가 이중섭의 예술정신'이라고 붙이는 게 옳았다. 그 책은 이중섭이 얼마나 아름다운 사람인가를 찬양하는 것보다, 이중섭 예술에 담긴 한국적 정신에 초점을 맞추고 있다. 그런 의미에서 지금 이 책은 나의 몇 가지 공부 흐름 중에서 이중섭 연구의 속편에 해당하는 것이다.

　아무튼 나는 정치학자이면서도, 정치나 민주주의란 주제 외에 정치나 민주주의 이전에 생겨나는 문제에 관심이 많았다. 이중섭은 단 한 점의 꾸밈도 없이 한국문화의 본질을 보여준 예술가다. 그는 좋은 의미와 나쁜 의미까지 포함하여 '한국적 정신'을 온몸으로 표현한 예술가였다. 꾸밈이 없기 때문에 연구대상으로서 그만한 예술가, 그만한 예술작품도 없다. 예술가들은 물론 심리학자, 인류학자, 가족학 연구자, 정신분석학자에게도 좋은 연구대상이 될 것이다.

주변 사람들은 내가 그저 예술을 사랑해서 이중섭 책을 썼으려니 생각하지만, 나로서는 시종일관 정치학자의 의식을 갖고 쓴 책이다. 이 책도 마찬가지이다. 나의 정체성을 규명해보겠다고 목표를 세웠지만, 그 정체성에는 대한민국이 빠질 수 없었다. 또 대한민국을 이해하려고 할 경우, 어머니와 아버지 그리고 가족만큼 좋은 연구대상도 없다는 것이 평소의 지론이다. 한국의 가족은 우리 자신을 이해하는 데 이중섭만큼이나 좋은 연구대상인 것이다.

이제 나 자신의 가족 이야기를 다 기술해놓고 나니, 나는 나의 부모에 의해 철저하게 한국식 남자로 길러졌다는 것을 알 수 있었다. 그리하여 이 책의 제목은 《남자의 탄생》이 되었고, 그 남자의 진짜 이름은 '동굴 속 황제'였다.

나는 이 책을 쓰기 위해, 옛날에 읽어두었던 정신분석학 책들을 다시 읽고, 가족학·인류학 서적들 중에서 중요하다고 생각되는 것들을 모두 찾아 읽고, 사회학, 페미니즘, 한국학 관련 서적을 참조했다. 개인적으로는 이중섭과 이 책을 끝냄으로써 좀더 탄탄한 연구기반이 마련되었다는 확신을 갖게 되었다. 즐거운 일이다. 자, 그럼 이제부터 어느 정치학자가 자신의 어린 시절을 소재로 펼쳐 보이는 한국 남성의 사회화과정 탐구의 세계로 여행을 떠나보자.

1장

'아버지 공간'의 질서는 '이 세상 만물에는 모두 다 그 나름의 의미와 질서가 있다'는 것과 '세상 만물의 질서는 아버지로부터 시작된다'는 사실을 말해주는 질서였다. 그런 의미에서 '아버지 공간'은 '질서의 공간'이라 부를 만했고, 그 공간의 주인인 아버지는 질서의 근원이었다. … '어머니 공간'은 질서와 별로 상관이 없었다. 모든 것이 널려 있었고 질서와 청결을 유지하려 해도 그게 잘 안 되었다. 그곳은 먹고 마시고 생활을 하는 공간이었다.

두 개의
공간, 두 개의
자아

두 개의 공간

어린 시절, 내가 살던 우리 집 안방은 한 가지 특징이 있었다. 그 방은 마치 두 개의 방을 터서 만든 것처럼 길쭉하게 생겼었다. 아니, 그 방은 처음부터 하나의 방을 크게 했다 작게 했다 할 수 있는 칸막이가 있는 식당처럼 두 개의 방으로 나누어 사용하도록 만들어진 방이었다.

우리 집은 시골 읍내의 별다른 특징이 없는 평범한 주택이었지만, 아버지가 직접 자재를 사들이고 인부를 모셔다 지은 것이었으니, 안방의 설계만큼은 아버지의 건축 사상(?)이 잘 반영된 것이었다.

그러나 정작 그 방은 일년 내내 칸막이를 사용하지 않고, 하나의 방으로 사용했기 때문에 그저 안방이려니 생각했다. 한두 번인가 외숙모가 먼 곳에서 우리 집을 찾아왔을 때, 칸막이를 꺼내 설치했던 것 같다.

그 방은 아궁이도 두 개였다. 하나는 연탄을 때는 아궁이였고, 다른 하나는 짚이나 장작을 때는 아궁이였다. 내가 살았던 철원군 동송읍에서는 이 이야기의 배경인 1960년대는 물론, 1975년까지도 짚이나 장작을 연료로 사용하는 집이 꽤 있었다. 그 아궁이는 서양 사람들의 벽난로만큼이나 많은 이야기를 간직하고 있었다.

부엌의 크기도 안방과 같았다. 아주 넓은 부엌이었다. 이렇게 부엌이 넓은 것도 그 당시 농촌에서는 흔한 모습인데, 땅에서 물을 끌어올리는 펌프도 설치되어 있었다. 다른 부분을 제외하고, 당시의 안방과 부엌, 그리고 거기에 붙어 있던 방의 모양을 평면도로 그려보면 아래와 같다.

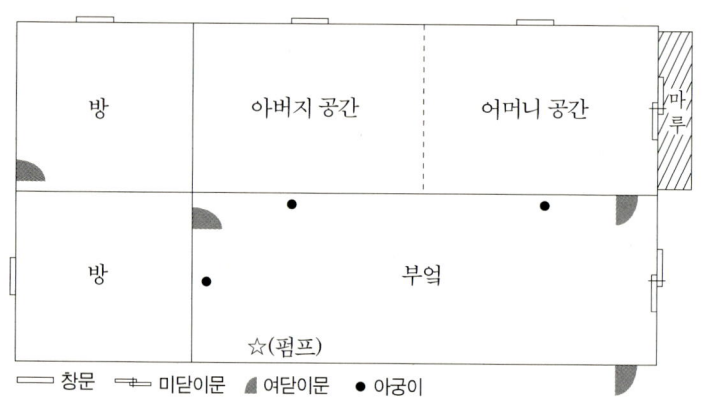

안방은 늘 하나의 공간으로 터져 있었지만, 언제나 두 개의 공간으로 나뉘어 사용되었다. 위의 그림에서 보는 것처럼 그 방의 안쪽은 '아버지 공간'이었고, 바깥쪽은 '어머니 공간'이었다.

어머니와 아버지는 안방을 두 사람만의 공간으로 사용했던 것이 아니라, 하나의 공간을 일부러 둘로 나누어 생활했다. 또 아이들은 따로 이용할 만한 방이 없었던 것도 아닌데, 초등학교를 졸업할 때까지 자신만의 공간을 갖지 못한 채 두 공간을 옮겨 다니며 생활했다.

요즘에는 부부가 서로 다른 공간을 사용하는 것이 이상한 일이겠지만, 당시에는 이상한 일이 아니었다. 불과 30년 전만 해도 부모가 아이들을 떼어놓고 자신들만의 배타적 공간을 사용하는 것이 오히려 이상한 일이었다.

) 아버지 공간의 질서 (

'아버지 공간'은 늘 깨끗하게 치워져 있었으며 질서정연했다. '아버지 공간' 머리맡에는 서랍이 두 개 달린, 그렇게 크지 않은 앉은뱅이 책상이 하나 있었다. 그 위에는 주판, 안경, 일제 트랜지스터 라디오 같은 아버지의 물건들이 가지런히 놓여 있었다. 또 책상의 책꽂이에는《소학》이나《명심보감》같은 초보적인 유교 경전과《삼국지》,《수호지》같은 고대소설이 꽂혀 있었다. 그 책상의 서랍 속에는 연필, 손톱깎이, 도장, 예금통장, 영수증 등이 가지런히 정리되어 있었다. 이 모든 물건들은 어머니나 어머니의 지도 아래 우리 형제자매들이 정리해놓은 것이었다.

아버지는 물건 정리같이 시시한 일을 하는 사람이 아니었다. 아버지는 신문이나 책을 본 후에도 어질러놓기만 했다. 다만 족보를 본 후에는 스스로 책꽂이에 꽂아놓았다. 아버지의 그런 행동을 통해 책꽂이의 맨 왼쪽부터 나란히 꽂혀 있던 족보가 우리 집에서 가장 중요한 책이란 것을 알 수 있었다.

이렇게 적어놓고 보니, '아버지 공간'의 질서나 청결이란 그렇게 특별하고 대단한 것은 아니었다. 한국의 가정이라면 어느 집에나 있을 법한 청결이요, 웬만한 장소에는 다 있을 법한 질서였다. 그러나 어린 내 눈에 '아버지 공간'의 청결과 질서는 보통 이상의 의미를 갖고 있었다.

불과 3, 40년 전만 해도 아이와 어른, 여자와 남자, 땅과 하늘, 동서남북, 아래와 위, 왼쪽과 오른쪽, 아랫목과 윗목…… 등 세상 만물에는 서로 다른 정신적 의미가 있었다. 또 '아버지 앞에서는 반드시 무릎을 꿇고 앉아야 한다.'는 것과 같이 작은 행동, 하찮은 물건에도 다 정신적 의미가 있었다.

아무튼 '아버지 공간'의 질서는 '이 세상 만물에는 모두 다 그 나름의 의미와 질서가 있다'는 것과 '세상 만물의 질서는 아버지로부터 시작된다'는 사실을 말해주는 질서였다. 그런 의미에서 '아버지 공간'은 '질서의 공간'이라고 부를 만했고, 그 공간의 주인인 아버지는 질서의 근원이었다.

서양 사람들은 하느님과 예수님에서 질서의 근원을 본다. 하느님이 푸대접을 받게 된 오늘날 그런 정신은 많이 약화되었지만, 2천 년 가까이 그렇게 해온 습관은 구석구석 남아 있다. 기독교에서는 인간이 아담의 원죄(原罪)를 타고난 존재이기 때문에 첫 번째 질서의 수행자가 될 수 없다고 본다. 지금도 가구나 장식물을 배치할 때, 하느님이나 예수님과 관련된 사진이나 형상을 가장 중요한 곳에 모시는 경우가 많다.

아버지는 우리 집에서 서양의 하느님과 같은 질서를 대표하는 분이었다. 우리 집에서는 아버지가 원죄 또는 그와 유사한 죄를 지은 사람이란 관념이 없었다. 어린 아들의 입장에서 보면 아버지는, 모든 면에서 완전한 존재였고 성스러움 그 자체였다. 아니, 어머니에게도 그런 존재였다. 정말로 거짓말 하나 안 보태고 아버지는 하느님에 버금가는 의미를 갖고 있었다.

) 어머니 공간의 만족

'어머니 공간'은 약간 지저분하고 무질서한 공간이었다. 그곳에는 물그릇, 밥상, 가위, 헝겊 쪼가리, 반짇고리, 아이 포대기, 책과 공책, 얇은 이불 같은 것들이 너절하게 널려 있었다. 아, 그러고 보니 간이 화장실이라고 할 수 있는 요강도 언제나 '어머니 공간'의 한 귀퉁이를 당당하게 차지하고 있었다.

'어머니 공간'은 질서와 별로 상관이 없었다. 모든 것이 널려 있었고 질서와 청결을 유지하려 해도 그게 잘 안 되었다. 그곳은 먹고 마시고 생활을 하는 공간이었다. 그곳에 있는 물건들도 그런 활동과 관련이 있었다. 그 무질서는 우리의 일상생활이 끝없이 이어지듯이 치워도 치워도 다시 그 자리를 차지하고 있었다.

'어머니 공간'은 일을 하는 곳이기도 했다. 당시에는 주부가 해야 할 일이 요즘보다 훨씬 많았다. 어머니는 새벽에 일어나 밤늦게까지 여섯 식구를 돌보느라 눈코 뜰 새 없이 노동을 했다. 어머니의 일생은 노동의 일생이었다. 빨리 해지던 양말의 뒤꿈치를 꿰매던 일과 겨울이면 헌 털실을 모아 아이들의 장갑과 모자, 목도리를 떠주던 어머니의 모습이 특히 기억에 남는다.

당시에는 재봉틀도 쓰임새가 많았다. 그 자체로 가격이 비싼 가구(家具)이자 집안일을 하는 데 꼭 필요한 도구였다. 어머니는 그 재봉틀에 매달려 아이들 옷을 깁거나 새 옷을 만들어주었다. 그 재봉틀도 '어머니 공간'에 있었다. 밥은 부엌에서 했지만 칼국수나 수제비 반죽을 빚는 곳은 그곳이었다. '아버지 공간'에서 그런 일을 한다는 것은 상상조차 할 수 없었다.

그 시절엔 떡도 참 많이 해 먹었다. 이웃들과 떡을 나누어 먹는 것이 커다란 즐거움 중의 하나였다. 커다란 시루에 떡을 찌고, 커다란 상에 시루를 엎어 쏟은 후, 뭉게뭉게 김이 피어오르는 시루떡을, 커다란 부엌칼로 잘랐다. 어머니가 그 떡을 여러 접시에 나누어 담고 "성희는 춘금이네, 인덕이는 남훈이네, 인권이 너는 저 멀리 유승근 아저씨네 집에 갖다주고 와라!"라고 하면, 그게 그렇게 신나는 일일 수가 없었다. 그 모든 일이 '어머니 공간'에서 이루어졌다.

그 순간에도 아버지는 손끝 하나 까딱하지 않았다. 그저 방 안쪽 자신의 공간에 앉아 신문을 뒤적이거나 라디오를 들을 뿐이었다. 그러다가 한 접시의 떡과 한 그릇의 김치와 한 그릇의 물을 받은 후 "그 떡 참 맛있게 잘되었다."라고 하면 그뿐이었다. 그것이 아버지의 역할이었다.

'어머니 공간'은 만능의 공간이었다. 당시 우리 집에는 안방에서 마당으로 나가는 쪽에 설치된 쪽마루 외에 식구들이 별도로 이용할 만한 공간이 없었다. 그래서 '어머니 공간'은 우리 집의 식당이고, 거실이며, 응접실이요, 간이 화장실이었으며, 무엇보다 안방다운 안방이었으며 아기가 잠을 자는 곳이었다.

약간 지저분했던 '어머니 공간'은 나를 끌어들이는 묘한 힘이 있었다. 오후 3시에 학교를 파하고 집에 돌아왔는데 집안에 아무도 없을 경우, 나는 '어머니 공간'에 머물렀다. 그곳에서 산수 숙제를 했고, 만화책을 빌려다 읽었으며, 아기의 얼굴을 쳐다보았고, 친구가 찾아오면 그곳에서 놀았다.

) 하녀 또는 성녀 (

한번은 이런 일이 있었다. 초등학교 1, 2학년 때의 일일 것이다. 어머니가 병이 났다. 무쇠처럼 일만 하고 좀처럼 아플 줄도 몰랐던 어머니가 며칠째 방에 누워 있었다. 나는 어쩔 줄을 모르고 어머니 주변을 맴돌았다.

그러던 어느 날 어머니가 "인권아, 부엌에 가서 물 좀 떠다주렴!" 하고 심부름을 시켰다. 어머니를 위해 일을 한다는 즐거움에 '얼씨구나!' 하는 생각이 들었지만, 누워 계신 어머니를 타고 넘을 수가 없어 발치 쪽으로 돌아 조심조심 부엌으로 나갔다.

물 한 그릇을 들고 다시 방으로 돌아왔을 때, 어머니는 자리에서 일어나 거울을 보며 머리를 매만지고 있었다. 내가 기특하다는 듯 환한 웃음을 지으며, "인권아, 다음부터는 엄마 머리 쪽으로 지나가도 괜찮다."라고 일러주었다. 그것은 '어머니를 대할 때 아버지를 대하듯 할

■ 우리 사회에는 대단히 엄숙한 문화와 무례할 정도로 제멋대로인 문화가 공존한다. 두 현상은 동전의 양면 같다. 아버지 공간의 엄숙함이 있으니까, 제멋대로의 문화도 기승을 부린다. 제멋대로의 문화는 '아버지가 없는 곳' 또는 '모성적 공간'에서 발달한다. 아버지나 선생님이 있는 공간에서는 그렇게 할 수가 없다. 그러나 아버지가 밖에 나가면 집안에는 일순간에 해방의 기운이 찾아오고, 선생님이 자리를 비우면 교실은 아수라장으로 돌변한다. 노래방, PC방, 만화방, 관광버스, 룸살롱과 같은 놀이 문화는 바로 아버지가 없는 '해방구 문화'의 연장이다.

다른 한편, 제멋대로의 문화도 격식을 갖추면 품격 높은 문화를 만들어낸다. 조선백자가 대표적인 예이며 정원(庭園)도 그렇다. 왕의 집무실 앞은 그렇게 권위적일 수가 없지만, 그 집무실을 돌아 뒤로 가면 정감 넘치는 한국의 정원이 있다. 선술집, 포장마차, 밥집 등도 이런 반열에 오를 수 있는 생활공간이다. 막된장, 막국수, 막사발처럼 어떤 물건에 정감이 넘치는 이름을 붙이는 것도 그렇다. 이런 장소나 이름들은 한결같이 '자, 이제부터 격식을 따지지 말고 있는 그대로 삽시다.'라고 말한다. 바로 그 '격식을 따지지 않는다', '있는 그대로 삽시다'의 모성적 편안함이 나를 '어머니 공간'으로 끌어들였다.

필요가 없다.'는 뜻이었다.

우리 집에는 남존여비(男尊女卑)의 엄격한 질서가 있었다. 어린 내가 그렇게 어려운 말은 몰랐겠지만, 어머니와 아버지가 다르고 누나와 내가 다른 대접을 받는다는 것은 분명히 느끼고 있었다. 우리 집에서는 남자들만 격식이 갖추어진 네모난 밥상을 받았다. 여자들은 약간 떨어진 곳에서 상다리가 부러진 '두리반 밥상'을 바닥에 펴놓고 밥을 먹었다. 상다리를 고쳐 사용할 수도 있으련만 일부러 안 고치는 것 같았다.

다리가 부러진 '두리반 밥상'은 그 당시 우리 집 여자들의 처지에 꼭 맞는 것이었다. 여자들의 밥상에는 남자들의 밥상과 같은 격식과 계급이 없었다. 각자의 국그릇만 자기 앞에 놓고, 밥상 가운데 놓여 있는 커다란 그릇에서 다 같이 밥을 퍼먹었다. 마치 일꾼들이 돗자리 위에서 새참을 먹는 모양과 비슷했고, 좀 심하게 말하면 걸인들의 식사 풍경과 유사했다.

그러나 어머니는 나에게 아버지와 동등한 분이었다. 학교에서도 '남녀는 평등하다'는 것을 열심히 가르쳐주었다. 그런데 어머니는 그것을 부정하고 있었다. 집안에서부터 한국의 전통과 서구의 민주주의가 충돌하고 있었다. 어머니는 때때로 나보다 더 계급이 낮은 사람처럼 행동했다. 나중에 이야기하겠지만, 시간이 흐르면서 어머니와 나 사이에는 엄격한 예절이 사라졌다. 우리는 친구 같은 사이가 되었다.

어머니의 칭찬을 들은 후, 나는 방문을 열고 나와 한참 동안 하늘을 쳐다보았다. 어머니의 칭찬은 나를 기쁘게 했다. 나의 정성과 사랑을 어머니가 알아주었기 때문이다. 따뜻한 행복이 가슴 가득 밀려왔다.

다른 한편, 어머니가 불쌍하다는 생각도 들었다. 어머니는 나에 대해 한없이 자기를 낮추는 하녀이자 성녀(聖女)였다. 그러나 나는 그런 사랑을 받을 만큼 훌륭한 놈이 아니었다. 그런데도 어머니는 자꾸 그런 사랑을 베풀었다.

다시 방으로 돌아와 나는 아무 말을 못하고, "엄마, 엄마" 하며 어머니 가슴에 얼굴을 파묻었다. '어머니 공간'은 그처럼 따뜻한 행복과 어머니에 대한 말 못할 미안함이 묻어 있는 곳이었다. 그리고 그 미안함이 나의 원죄라면 원죄일 것이다.

) 두 개의 공간, 두 개의 언어 (

안방의 두 공간은 서로 맞닿아 있었고 크기도 똑같았다. 그러나 각각 반반의 의미를 지니는 평등한 공간은 아니었다. 아니, 하늘과 땅만큼이나 큰 차이가 있었다.

'아버지 공간'이 모세가 제사를 올리던 지성소(至誠所)와 같은 곳이었다면, '어머니 공간'은 인간의 땀 냄새가 배어 있는 통속적인 공간이었다. '어머니 공간'에 배치된 물건들이 노동과 수고에 필요한 것들이었다면, '아버지 공간'은 아버지가 다니던 관청의 사무실과 비슷했다. 하나는 나에게 사적(私的) 세계였고, 다른 하나는 공적(公的) 세계였다.

1966년, 그러니까 내가 초등학교 3학년 때의 일이다. 김기수 선수가 이탈리아의 벤베누티를 꺾고 대한민국 역사상 최초로 프로복싱 세계챔피언에 오른 일이 있었다. 당시 그것은 2002년의 월드컵 4강처럼 국가의 위상을 높인 역사적 사건이었다. 그날은 아버지 친구인 유승근 아저씨도 우리 집에 오셨다. 15라운드 사투 끝에 김기수 선수가 '이겼다!'라는 판정이 내려지자, 아저씨는 약간 울먹이면서 "여보게, 드디어 우리나라에도 세계 챔피언이 탄생했어!"라고 말했다. 그러자 아버지 역시 감격한 듯 "정말 기분 좋은 일이군, 우리 나가서 한잔 하세!"라고 말하며 아저씨와 함께 집 밖으로 사라졌다.

'아버지 공간'은 그처럼 멋지고 의미심장한 일이 벌어지는 곳이었다. 아니, 똑같은 일도 '아버지 공간'에서 벌어지면 색다른 의미를 띠었다. 그런 의미에서 '아버지 공간'은 외부의 소식을 전해주는 라디오처럼 중요한 물건이 놓일 수 있는, 우리 집의 유일한 공간이었다.

지금 와서 생각해보면, 두 공간은 내가 두 가지의 서로 다른 정신을 익히던 수련의 공간이었다. 나는 두 공간에서 서로 다른 두 개의 언어를 배웠다. 하나는 아버지를 대할 때 사용하는 존댓말이었고, 다른 하나는 어머니를 대할 때 사용하는 반말이었다. 하나는 공식적인 언어였고 다른 하나는 비공식적 말이었다. 하나가 문자(文字)라면 다른 하나는 입말(口語)이었다.

두 언어는 전혀 다른 논리체계를 가진 외국어나 마찬가지였다. 나는 두 공간을 오가며 서로 다른 외국어를 모순 없이 배웠다. 지금도 나는 아버지, 은사님들, 선배, 직장의 상사, 공무원, 손님을 대할 때는 '아버지 공간'에서 배운 언어를 사용한다. 이때 사용하는 언어에는 어떤 정답이 있다. 그것은 반드시 내 마음의 진실(reality)을 나타내는 것은 아니지만, 어떤 관계 때문에 그렇게 말하지 않으면 안 되는 존경과 복종의 언어이다.

반면, 어머니, 내가 사랑하는 형과 동생, 친구, 후배, 직장의 부하를 대할 때 나는 '어머니 공간'에서 배운 언어를 사용한다. 이 언어는 내 마음의 진실에 보다 가깝고 내 느낌을 있는 그대로 표현할 수 있는 소통과 지배의 언어이지만, 아버지가 나타나면 일순간에 거두어들여야 하는 말이다.

물론 위의 두 언어를 배합해서 사용하는 경우가 더 많다. 존경하는 스승님과 대화를 나눌 때에도 좀더 다정하게 말하고 싶은 경우에는 어머니의 말을 약간 집어넣어 말한다. 그러면 훨씬 화기애애하게 대화가 이루어진다.

언제 어디서든 나는 1초 전까지 '아버지 공간'에서 배운 언어를 쓰다가, 1초 후에 상황이 변하면 곧 '어머니 공간'에서 배운 말로 전환할 수 있다. 그렇게 말을 바꾸는 데 아무런 불편함을 느끼지 않는다. 나는 그렇게 두 개의 공간에서 서로 다른 두 개의 언어를 배웠으며, 그 두 가지 말은 현재 내가 사용하는 언어의 기초문법이 되어 있다.

) 두 개의 언어, 두 개의 자아 (

두 가지 언어를 사용한다는 것은 내가 두 가지 마음, 두 가지 세계, 두 가지 자아, 두 가지 행동원칙을 갖고 있음을 의미했다. 또 그것은 무수히 많은 자아를 가졌다는 뜻도 되었다.

전혀 성격이 다른 두 가지 자아를 갖게 된 나는, 두 가지 자아를 서로 다른 비율로 합성한 제3의 자아, 수많은 자아를 갖게 되었다. 최초의 분열이 생겨나면 제3, 제4의 분열은 손쉽게 일어나는 법이다.

어떤 때 나는 내가 백 가지 자아, 백 가지 얼굴을 가진 사람일지도 모른다는 생각까지 한다. 그것은 내가 조변석개(朝變夕改)하는 성격의 소유자라는 뜻이라기보다는, 나도 모르는 사이에 내 마음 안에 그처럼 여러 개의 방을 갖게 된 것 같다는 뜻이다.

수많은 자아를 가지다 보니 나의 진정한 마음을 모를 때가 많다. 내가 나를 모른다는 것은 나의 중요한 특징이다. 1988년에 하덕규가 부른 것을 몇 년 전 조성모가 리메이크한 〈가시나무〉(하덕규 작사·작곡)란 노래에 이런 구절이 있다.

> 내 속엔 내가 너무 많아, 당신의 쉴 곳 없네
> 내 속엔 헛된 바람들로, 당신의 편한 곳 없네
> 내 속엔 내가 어쩔 수 없는 어둠, 당신의 쉴 자리 뺏고
> 내 속엔 내가 어쩔 수 없는 슬픔, 무정한 가시나무 숲 같네

이 노래는 가톨릭 신자인 하덕규가 종교적 고뇌와 참회를 표현한 노래라고 한다. 남녀간의 사랑을 노래한 것이라고 보아도 좋을 것이다. 어쨌든 이 노래는 사랑의 어려움을 노래하고 있다. 그런데 그 이유가 '내 속에 내가 너무 많기 때문'이란다. 그 역시 무수히 많은 자아를 갖고 있는 것이다. 그리고 그것은 '내가 어쩔 수 없는 것'이라고 한다. 그래서 이 노래는 슬프다.

〈가시나무〉란 노래를 들을 때마다 나 역시 '내 속엔 내가 너무 많다'는 생각을 다시 하게 되며, 그건 '나도 어쩔 수 없는 일'이고, 하덕규야말로 나와 똑같은 생각을 했다고 느낀다.

내가 사랑하는 나의 누나도 두 개의 자아를 갖고 있다. 누나는 나와 다른 도시에 살고 있기 때문에 자주 만날 수 없다. 그런데 누나는 나를 만나기만 하면, 지금은 훨씬 덜해졌지만, 나의 단점을 지적하기에

바빴다. 나의 단점을 고쳐 나를 더 좋은 사람으로 만들겠다는 열의가 대단했다.

그러나 다른 사람 앞에서 내 이야기가 나오면, 내가 얼마나 훌륭한 사람인가에 대해서만 말했다. 사람이 변해도 그렇게 변할 수가 없다. 가만히 보면, 바늘처럼 작은 사건을 방망이처럼 크게 만들어 과장하기도 했다. '팔이 안으로 굽는다'는 말이 있지만, 이 경우엔 그게 두 가지 마음을 가졌다는 말이 된다.

한술 더 떠서 누나는 자기가 이중적으로 행동한다는 것을 오히려 자랑으로 여긴다. 이런 경우엔 이렇게 행동하고, 저런 경우엔 저렇게 행동할 줄 아는 유연한 능력의 소유자라고 자부하는 것이다. 다시 말해, 누나는 여러 개의 자아(multiple identity)를 갖고 있으며, 하나의 사건이나 인물에 대한 고정된 개념이 없다.▪

나도 그런 경우가 있다. 나는 '1인 3역' 또는 '1인 5역'을 훌륭하게 해낸다고 느낄 때가 있다. 그럴 때 나는 기름이 잘 칠해진 기계처럼 다종다양한 능력을 발휘하는 만능인이 된 것 같은 느낌을 받는다.

그러나 똑같은 '1인 3역' 또는 '1인 5역'이라도 지겨울 때가 있다. 그 '1인 3역' 또는 '1인 5역'은 내가 좋아하고 선택해서 하는 역할이

▪ 비슷한 사례는 우리 주변에서 얼마든지 찾아볼 수 있다. 외국을 한 번 갔다 와서 한국을 자랑하는 사람들이 많다. 또 "외국에 나가봐야 애국심이 무엇인지 알게 된다."라고 말한다. 그 사람의 애국심이 과연 오랫동안 유지될까? 천만의 말씀이다. 머지 않아 잊어버린다. 이런 현상을 서로 다른 공간에서 달리 행동하는 것뿐이라고 한다면, 시간에 따라 달리 행동하는 경우도 많다. 한국의 정치인들은 1995년에 이렇게 행동했다가, 2000년에 정반대로 행동하는 것으로 유명하다. 그 사이에 정치적 신념이 바뀌었다면 이해할 수 있는 일이지만, 그때그때 상황에 맞추어 행동하는 것일 뿐이다. 이런 현상이 자연스럽게 벌어지는 것은 정치인의 자아도 여러 개이기 때문일 것이다.

아니라, '나도 어쩔 수 없이' 해야 하는, 하지 않으면 안 되는 것이기 때문이다. 그러나 내일 해가 뜨면 나는 또다시 '1인 3역', '1인 5역'을 할 것이다.

나는 어머니에게, 아버지에게, 나의 스승들에게, 사랑하는 이에게, 형제자매에게, 친구들에게 어떻게 해야 하는지를 잘 알고 있다. 여러 가지 사정 때문에 제대로 실천하지 못하는 경우가 태반이지만, 무엇을 어떻게 해야 하는지는 잘 알고 있다. 그만큼 나 또한 여러 개의 자아를 갖고 있다.

그러나 그처럼 많은 자아를 갖고 있다는 것은 정작 내 자신만의 자아가 없다는 뜻이기도 하다. 나는 내가 누구이며, 나의 진정한 자아가 무엇인지 잘 모른다. 이 말이 이상하게 들릴 수도 있지만, 내가 얼마나 나를 몰랐는가를 보여주는 사례는 앞으로 이 책에 무수히 등장할 것이다.

그러나 내 곁에 어떤 종류의 사람이든, 누군가 중요한 사람이 있기만 하면 사정은 달라진다. 어떤 감각이 살아난다. 그와 나의 관계 속에서 내가 할 일을 결정할 수 있다. 그러니까 나는 타인을 통해서 나의 행동을 결정하는 사람이다.

하지만 혼자 있으면, 그것이 아무리 편안한 상태라고 해도, 내가 누구인지를 잘 모르며 무엇을 해야 할지를 결정하지 못한다. 그런 의미에서 나는 의존적인 인간이며, 무척 많은 자아를 가졌지만 유독 내 자신만의 자아는 갖지 못했다. 그리하여 나 역시 이곳에서는 이렇게, 저곳에서는 저렇게 행동하는 사람이라고 말할 수밖에 없다.

두 공간의 의미

나 자신만의 자아가 없다는 사실이 억울하다는 것은 아니다. 서양 문물이 들어오면서 '자신의 자아를 찾아야 한다', '자기 자신의 삶을 살아야 한다'는 조류가 유행처럼 퍼져 있지만, 그게 무조건 좋다고 볼 수도 없다. 자신만의 자아를 갖기 위해 애쓰는 것은 이기적인 행동일 수도 있다. 반대로 다면적 자아를 갖는 것은 이웃과 더불어 살기에 좋은 경우일 수 있다.

아무튼 내가 두 개의 언어, 다면적 자아를 갖게 된 것은 두 개의 공간으로 나누어진 우리 집 안방과 무관치 않다. 학교에서 민주주의 교육을 받고 있던 어린 나에게 그 같은 공간배치는 이상한 것이었다. '부부란 한 이불을 쓰는 사람들'이라는 의미를 알았기 때문에 그런 생각을 했던 것 같지는 않다. 우리 시대엔 그런 개념이 확실치 않았다. 초등학교 5, 6학년이 되어도 부부가 무엇인지 잘 몰랐다. 설사 알았다고 해도 부모에 대해서만큼은 함부로 이상한 생각을 하지 못했다.

나는 다른 문제를 걱정하고 있었다. 예컨대, 도둑이 들었을 때를 많이 생각했다. 그때는 밤에 도둑이 들어와서 마루에 있던 쌀자루를 가져가거나 장독대의 된장이나 고추장을 퍼가는 일이 꽤 있었다. 그처럼 울타리가 허술했다는 이야기도 되지만, 도둑도 그 시절엔 참 순박했던 것 같다.

좀도둑이 마당의 외진 곳에 똥을 한 바가지 누고 사라지는 경우도 있었다. 당시에는 세상 만물에 정신적 의미가 있었던 것과 함께 이상한 미신이나 마법, 기이한 속설들이 많았다. 귀신 이야기도 많았다. 도둑질을 할 때, 그 집 마당에 똥을 누고 나와야 붙들리지 않고 뒤탈이 없다는 미신도 있었다.

바쁜 와중에 남의 집 마당에 웅크리고 앉아 볼일을 보았을 사람을 생각하면 웃음이 날 일이지만, 아침에 일어나 낯선 어른의 똥을 보는 것은 이상한 느낌을 자아냈다. 그리고 제일 먼저 도둑을 퇴치해야 할 아버지가 방 안쪽 자신의 공간에서 태평하게 잠을 잤다고 생각하면 정말 어처구니가 없었다.

그럼에도 불구하고 '아버지 공간'이 안쪽에 있었던 것은, 두 사람의 지위와 권력이 현격하게 달랐음을 의미했다. 또 어머니가 아버지보다 더 많은 노동을 했다는 사실과 깊은 관계가 있었다. 예컨대, 아버지가 "애, 여기 물 떠와라!" 하면, 누나가 부엌 쪽 문을 열고 나가 물을 떠와야 했다. 그건 여자의 일이었다. 아버지가 "애, 가서 담배 좀 사와라!" 하면, 나는 마루 쪽으로 난 미닫이문을 열고 나가 담배를 사왔다. 그건 남자 아이의 일이었다.

한마디로 '아버지 공간'은 명령하는 곳이었고, '어머니 공간'은 그 명령을 받들어 수행하는 곳이었다. '아버지 공간'은 덜 움직여도 되는 공간이고 '어머니 공간'은 많이 움직여야 하는 공간이었다. '아버지 공간'은 귀하고 성스러운 공간이었고, '어머니 공간'은 천하고 통속적인 공간이었다. 따라서 내 걱정과 상관없이 고귀한 아버지는 안쪽에 있어야 했고, 미천한 어머니는 바깥쪽에 있어야 했다.

2장

우리 집에서는 누구에게도 독립이 없었다. 아버지가 아버지다울 수 있는 것은 어머니의 존재 때문이요, 그 반대도 마찬가지였다. 아버지의 놀이는 '어머니 공간' 없이는 한시도 유지될 수 없었다. 또한 아버지 없는 어머니는 쓸쓸한 평면이었다. 나 역시 혼자서는 아무 의미가 없었다. 아버지의 권위가 높아질수록 어머니의 공간도 활발하게 넓어진다. 어머니의 이미지는 빨리빨리 움직이면서 넓어지려는 것이었다.

집 —
두 공간의
결합 원리

) 집에 대한 두 가지 느낌 (

우리 집 안방에 두 개의 공간이 있었던 것처럼, '어머니 공간'과 '아버지 공간'이 아주 다른 의미를 가졌던 것과 마찬가지로, 하나의 집도 서로 다른 두 개의 이미지를 갖고 있었다. 친구들과 놀다 집으로 돌아올 때쯤이면, 내 마음엔 언제나 두 가지 느낌이 오락가락했다.

한 가지 느낌은 어머니와 밥이 기다리는 따뜻한 집에 관한 것이었다. 그것은 얼른 집으로 들어가고 싶은 마음이었고 행복한 기분이었다. 그것은 어머니의 집이었다. 그러나 벌써 아버지가 돌아와 계실지도 모른다는 생각을 하면 왠지 마음이 편치 않았다. 하루 동안 뭐 잘못한 것이 없나 돌아보아야 했고, 아버지가 뭘 물어보면 어떻게 말해야 할 것인가를 걱정해야 했다. 그것은 아버지의 집이었다.

그렇다고 아버지가 내 생활에 시시콜콜 간섭하는 편은 아니었다. 오히려 아버지는 무덤덤한 편이었고 나는 내가 할 일의 90% 이상을 스스로 알아서 처리할 수 있었다. 그러나 너무 늦게까지 놀았다거나, 불장난을 하다 옷을 태워먹었다거나, 얼굴에 상처가 났다면, 그것에 대해 설명할 말을 준비해두어야 했다.

또 저녁 밥상머리에서 아버지를 만날 때는 무언가 '쓸모 있는 업적'이 있어야 한다는 생각도 많이 했다. 예를 들어, 두 시간 동안 공부를 열심히 했다거나, 동생을 데리고 목욕탕을 다녀왔다거나, 태권도장에 가서 운동을 했다는 것과 같은 업적이 있다면 아버지를 대하기가 편했다.

그런 업적이 있을 때는 태도를 정반대로 바꾸어 '나는 이렇게 훌륭한 일을 했다.'며 아버지에게 은근히 뻐길 수도 있었다. 아버지는 그런 업적에 대해 어머니보다 더 많이 칭찬을 하는 경향이 있었다. 그러나 친구들과 어울려 강가에서 놀았다거나 딱지치기에 정신을 팔았다면 아버지 눈치를 보아야 했다.

아버지에게 아무것도 보여줄 업적이 없을 때, 나는 모종의 죄의식을 느껴야 했다. 일시적으로나마 그런 죄의식에서 벗어날 수 있을 때에는 정반대로 의기양양했다. 어머니에 대한 죄의식이 미안함 같은 것이었다면, 아버지에 대한 죄의식은 그야말로 죄의식 그 자체였다.

그럴 때면 마음이 괴로웠다. 아마 교회를 다녀본 사람은 내 느낌이 어떤 것인지 잘 알 것이다. 하느님 아버지에게 아무것도 자랑할 것이 없을 때의 쓸쓸함! 아버지에 대한 나의 감정은 하느님에 대한 기독교인의 마음처럼, 지옥에서 천당으로 널뛰기를 했다. 아버지는 하느님이 그런 것처럼 나에게 걱정거리를 만들어주는 사람이었다.

어머니의 죽음

그런 걱정을 하기 싫어서였을까, 어린 시절 나는 '갑자기 아버지가 돌아가시면 어떻게 될까' 하는 생각을 자주 했다. 물론 '어머니가 돌아가시면 어떻게 될까' 하는 걱정도 많이 했다. 아마 초등학교 3, 4학년 때쯤일 것이다. 정말 방정맞은 생각이었지만, 한동안 그런 생각을 자주 했다.

이런 이야기를 하면, 정신분석학자들은 단박에 "당신은 그때 아버지나 어머니가 죽기를 원한 것이다."라고 말할 것이다. 그건 그랬을 수도 있고 그렇지 않을 수도 있다. 지금의 나는 그런 것까지 판단할 자신이 없다. 다만 '부모님이 돌아가시면 안 된다.'는 걱정을 많이 했던 것은 분명한 사실이다.

1960년대 중반만 해도 남루한 시대였다. 아직 전쟁의 상처가 완전하게 가시지 않았다. 산속에 방치된 폭탄을 만지다가 목숨을 잃는 어린이가 한 해 동안 수십 또는 백여 명 이상은 되었을 것이고, 부모 없이 힘겹게 살아가는 아이들의 삶을 그린 이윤복 어린이의 일기 《저 하늘에도 슬픔이》가 책으로 나와 유행하기도 했다.

두 분이 한꺼번에 돌아가시는 경우도 떠올려보았는데, 그것은 너무도 슬픈 일이어서 더 이상 생각을 계속할 수가 없었다. 그런데 어머니와 아버지는 돌아가시는 경우조차 다른 느낌을 주었다.

어머니의 죽음은 어떤 것으로도 달랠 수 없는 슬픔이었다. 그 생각을 할 때마다, 나는 그 넓은 철원 평야를 홀로 걸어가며 슬프게 우는 장면을 떠올렸다. 논 사이로 난 길을 따라 한 걸음 한 걸음 떼어놓을 때마다 닭똥 같은 눈물이 흘러내렸다. 시간이 지날수록 어머니에 대한 그리움은 더 간절해지고, 세상은 온통 눈물의 바다를 이룰 것만 같았다. 그것은 끝이 없는, 말하자면 수학자가 무한대(∞)를 가정할 수밖에 없는 것과 같은 무한대의 슬픔이었다.

반면 아버지의 죽음은 푹 주저앉을 수밖에 없는 절망 같은 것이었다. 그것은 뿌리 뽑힘, 기둥이 부러진 천장, 질서가 무너지는 혼란, 방향을 상실한 배, 지도자 없는 국가의 모습 등과 같은 것이었다. 어머니의 죽음이 수평적 슬픔이라면, 아버지의 슬픔은 수직적 슬픔이었다. 슬픔의 양이라는 면에서는 어머니의 죽음과 비교할 수 없었지만, 슬픔의 질에서는 아버지의 죽음이 훨씬 더 충격적이었다.

그 차이를 비유적으로 표현하면, 어머니의 죽음은 육영수 여사가, 아버지의 죽음은 박정희 대통령이 돌아가셨을 때의 느낌이었다. 대통령이라곤 박정희 대통령만 알고 지냈던 나에게 두 사람의 죽음은 부모의 죽음만큼이나 충격적이었는데, 두 느낌도 그렇게 다른 것이었다.

) 아버지의 죽음 (

아버지의 죽음을 상상했을 때는, 내 마음과 내가 살고 있는 세상에 커다란 혼란이 닥쳐왔다. 어머니가 돌아가셨다고 생각할 때는 슬펐지만 혼란스럽지는 않았다. 나는 들판을 걸어가며 슬픔에 젖을 수 있었고, 나처럼 슬프지 않은 사람들은 모두 자신의 일이나 즐거움을 만끽할 수 있었다. 그냥 양적인 슬픔이요, 수평적 슬픔이었다.

그러나 아버지가 돌아가시는 경우를 생각하면, 무엇보다 먼저 북한 공산군이나 일본군이 쳐들어오는 장면이 떠올랐다. 아버지는 절대로 죽을 수 없는 사람이었지만, 혹시 아버지가 죽는다면 그것은 전쟁과 재난의 와중에 불의의 사고를 당한 경우일 수밖에 없었다.

전쟁이 일어나도 아버지가 살아 있다면 그렇게 문제될 것이 없었다. 요컨대, 아버지는 전쟁이나 외적으로부터 나를 보호해주는 사람이었다. 아아, 그러나 아버지가 전쟁 초기 단계에서 전사해버린다면 어찌 할 것인가? 아버지의 죽음은 대개 이런 방식으로 연상되었다. 당시에는 반공교육과 독립운동 교육을 많이 했다. 그런 영향을 받은 탓이었을 것이다. 나는 북한 공산군이 쳐들어온다면 우리 집을 대표해서 제일 먼저 전투에 나갈 사람은 아버지라고 생각했다.

물론 나도 전쟁에 나가야 한다고 생각했다. 이스라엘 군대의 탱크에 맞서 돌을 던지는 오늘날의 팔레스타인 어린이들처럼 나도 전투욕에 불타오르곤 했다. 하지만 나는 전투에 나갈 준비가 충분히 되어 있지 않았다. 적을 향해 돌을 던진다거나, 적의 동태를 살펴서 국군 아저씨들에게 알려주는 것과 같은 일은 잘 할 수 있다고 생각했지만, 그 외에는 별로 자신이 없었다.

그놈들을 쳐부술 결정적인 힘, 그것은 아버지가 있어야만 생겨날 수 있는 것이었다. 그 전쟁의 와중에서 국군총사령부가 라디오를 통해서 내려줄 작전 지시들을 올바로 해석하고 현실에 적용해줄 사람도 아버지뿐이라고 생각했다. 그런데 아버지가 빨리 전사해버린다면 어찌될 것인가?

그것은 혼란 그 자체였다. 나는 아무에게서도 지시를 받을 수 없게 되고, 더 이상 믿고 따를 사람도 사라지는 격이었다. 전쟁이 아니더라도 비상사태는 생겨날 수 있었다. 일본놈들 때문에 북간도로 떠나간 사람들이 있다고 하지 않았던가. 그럴 때 또 아버지가 없다면 어떻게 될 것인가?

보통 아버지의 죽음을 하늘이 무너져 내리는 것 같다고 하여 '천붕(天崩)'이라고 하는데, 그것은 나에게도 마찬가지였다. 아버지는 내 삶의 기둥이었고, 아버지의 죽음은 하늘을 떠받치며 나를 보호하던 기둥이 무너지는 것이었다. 그것은 수직적인 슬픔이요, 세상의 질서가 바뀌는 질적인 슬픔이었다.

그 경우, 나는 혼자서 아버지가 돌아가신 이후의 혼란에 대비하고, 새로운 세상을 맞이할 준비를 해야 했다. 나는 그런 대비도 게을리 하지 않았다. 예를 들어, 어떤 일이 있더라도 아버지 책상에 놓여 있던 족보나 《삼국지》, 영수증 같은 물건들을 잘 보존해야 한다고 생각했다. 또 피난을 가야 한다면 그것들을 제일 먼저 꾸려 등에 지고 떠나야 한다고 생각했다.

나는 내가 모르는 곳으로 피난을 갔을 때, 그곳의 경찰관들에게 그 물건을 보여주면서, 나의 아버지와 나는 누구이며 어디에 살았고 우리 가족이 얼마나 선량한 사람들인가를 증명하려고 했다. 솥이나 냄비, 반짇고리같이 어머니가 쓰던 물건을 경찰관에게 보여준다는 것은 아무래도 이상했다.

그렇다. 서류와 문서, 책 같은 물건들은 아버지에게 속하는 것이었고, 그것들은 내가 이 세상의 일원임을 증명하는 것이었다. 그런 의미에서 볼 때, 아버지의 물건이나 족보가 우리 집에서 특별한 취급을 받았던 것도 다 이유가 있는 것이었다. 아버지는 내가 이 넓은 세상과 관계를 맺는 통로이자 연결고리였다.

▪ 율곡 이이가 지은 어린이 교육서인 《격몽요결(擊蒙要訣)》에 보면, "혹 홍수가 나거나 불이 나거나 도적이 들었을 때에는 먼저 가묘를 구해야 한다. 가묘 안에 있는 신주(神主)와 유서(遺書)를 옮기고 그 다음에 제기를 옮긴다……"라고 되어 있다. 나는 그 책으로 공부를 하지는 않았지만, 그 정신만큼은 정확하게 알고 있었던 셈이다. 다만 율곡 이이가 '가묘를 구해야 한다.'고 한 것은 조상숭배와 관련이 깊다. 나의 아버지도 그런 편이었다. 그러나 나는 가묘보다는 국가와의 관련 속에서 그런 생각을 많이 했다. 이 점이 아버지와 나의 차이였다.

) 울타리 (

어머니와 아버지의 죽음의 의미가 달랐듯이, 우리 집에서 두 분은 아주 다른 의미를 지니고 있었다. 어렸을 때 나는 두 분의 다름을 당연하게 생각했다. 지금 생각해보면 그처럼 다른 두 분이 어떻게 한 집에서 조화를 이루며 공존할 수 있었는지 신기하기만 하다.

물론 '서로 다른 것이라고 공존하지 말란 법이라도 있느냐?' '서로 다르니까 함께 공존하는 것이 아니냐?'고 하면 할말없다. 그러나 두 분은 서로 융합하기 어려운 정반대의 성향을 갖고 있었다. 그럼에도 불구하고 두 분의 공존은 전혀 이상하게 보이지 않았다. 도대체 그 힘은 어디에서 나왔던 것일까?

우리 집엔 '어머니', '아버지' 말고 그것보다 더 확고한 '하나의 울타리'란 관념이 있었다. 나에게도 하나의 집, 하나의 공동체란 관념이 있었다. 울타리란 곧 집이요, 집은 곧 울타리였다. 그게 두 사람과 우리 형제자매를 묶어주고 있었다.

울타리! 그것은 '어머니 공간'과 '아버지 공간'을 포함하면서 우리 집의 또 다른 모습을 종합적으로 나타내는 구조물이었다. 즉, 울타리는 두 개의 서로 다른 공간을 연결하고 묶어주는 통합의 원리였다.

울타리는 정말 한국적인 조형물이다. 본래 울타리는 싸리나무로 발을 엮어 만든 것이다. 그것은 한국의 여인들이 손에 손을 잡고 춤을 추는 강강술래와 같은 이미지를 갖고 있다. 아니, 울타리가 강강술래보다 먼저였을 것이다. 강강술래야말로 사람으로 발을 엮어 만든 울타리라고 할 수 있다. 한국의 울타리는 안이 들여다보일 듯 말 듯한 반투명의 형상으로 내 집과 남의 집 또는 내 집과 도로의 경계를 표시

한다. 그런 울타리는 낯선 사람조차 쉽게 포용할 것 같은 따뜻함을 지녔다. 그러나 신분이 높아지고 재산이 늘어나면, 울타리는 어느덧 타인의 출입을 제한하는 높은 벽이 되고 담이 된다. 실제로 울타리는 근대화 과정에서 그 위에 깨진 병 조각을 얹어놓는 등 험악한 모습을 띠기도 했다.

내 마음의 울타리도 그렇다. 그것은 친구처럼 가까운 사람들에게는 반투명의 열린 공간이지만, 그렇지 못한 경우에는 좀처럼 열리지 않는 높은 담이 되기도 한다. 또 내 마음속에는 수많은 울타리가 있다. 내 마음에 수많은 자아가 있다고 할 때, 그것은 내가 이런저런 집단에 소속되어 있다는 뜻이기도 한데, 나는 어떤 집단을 생각할 때 울타리를 떠올린다. 예를 들어, 고향 친구, 고교 동창, 대학 동창, 직장 사람들을 떠올릴 때, 나는 서로 다른 높이와 두께와 온도를 갖는 울타리를 떠올린다. 그 울타리들은 내가 가진 여러 가지 자아의 다른 모습이며, 그 여러 가지 울타리들이 다 모일 때 비로소 나의 자아가 완성된다.

) 영원한 부모

어머니와 아버지는 가끔 다투기도 했다. 어린 내가 보기에는 아버지가 부당한 이유로 싸움을 거는 경우가 더 많았다. 싸움이 심해지면 아버지는 물건을 집어던지기도 했다. 탁상시계를 던진 적도 있었다. 탁상시계는 정말 아까운 물건이었다. 대개는 빗자루, 베개, 수건 같은 것을 던졌다.

부부싸움은 안방에서 벌어졌기 때문에 나는 싸움의 전 과정을 구경할 수 있었다. 소리가 커지면 저쪽 방에 있던 누나도 달려왔다. 무슨 도장을 찍자는 이야기도 나왔다. 아버지가 그런 소리를 잘 했다. 나는 그것이 이혼을 의미한다는 것도 알고 있었다.

그러나 도장 이야기가 골백번 나와도, 두 분이 이혼을 할 것이라든가, 설사 이혼을 하더라도 우리 집이 분열될 것이라고 생각한 적은 없었다. 요즘 아이들은 다르게 느끼겠지만 그때 나는 그랬다.

나는 어머니, 아버지를 특별한 존재로 생각했다. 심지어 어머니와 아버지는 그분들을 낳았다는 (외)할머니나 (외)할아버지보다 더 오래 전에 태어난 것처럼 느껴졌고, 나보다 더 오래 살 것이라고 생각했다.

■ 울타리는 한국 사회에서 개인과 집단의 관계를 규정하는 방식이기도 하다. 따라서 울타리는 한국 사회를 이해하는 데 매우 중요한 코드가 된다. 여기서는 간단히 몇 가지만 살펴보겠다. 영어의 fence와 wall은 이쪽과 저쪽을 명확하게 구분하는 의미가 강하다. 미국의 금융기관이 밀집한 뉴욕 맨해튼의 월스트리트(Wall Street)도 본래는 우리 나라 휴전선처럼 이쪽과 저쪽을 나누는 담이었다. 반면 울타리는 이쪽 사람들의 결속력을 강조하는 의미가 있다. 대신 경계 표시의 의미는 약하다. 한국의 울타리에는 언제나 개구멍이 있는데, 이 개구멍으로 별의별 사람들이 다 드나든다. 심지어 군부대나 청와대의 울타리에도 개구멍이 있다. 그 개구멍으로 떡을 사먹기도 하고 여자를 만나기도 한다. 그러니까 내 편도 네 편이 되고, 네 편도 내 편이 된다. 울타리가 '우리'와 같은 어원을 가졌다는 것도 흥미롭다. 우리는 '돼지우리'와 같이 동물을 가두어 키우는 집을 말한다. 또 1인칭 복수인 우리들(we)을 가리키는 호칭도 된다. 그리하여 우리말의 '우리'는 타인과 우리를 구분하는 한편, 우리 쪽의 집합적인 결속력을 강조한다. 한국의 울타리는 근대화 과정에서 시멘트나 벽돌 담으로 변해 높아지고 험악해졌다. 그러나 최근 울타리를 허물고 타인들과 소통하려는 움직임이 곳곳에서 일어나고 있다. 이 운동은 1995년 대구에서 시작되었다. 어떤 지역보다 유교적 가치와 가족 윤리를 강조하는 대구에서 이런 운동이 펼쳐졌다는 것은 그냥 지나칠 일이 아니다. 대구 이외 지역에서도 높고 두터운 담을 헐어내는 노력이 학교·관공서·주택가 등으로 퍼져나가고 있다. '낮은 울타리'란 사회단체와 잡지도 생겼다. 내가 살고 있는 근처의 초등학교도 학교 담을 헐어내고 경계표시로 나무를 심었다. 얼마나 시원해 보이는지 모른다. 학생들이 등교하지 않은 새벽에는 그곳에서 노인들이 운동을 하고, 저녁에는 훨씬 많은 사람들이 공원처럼 이용한다.

나 자신이 나이를 먹고 죽는다는 것은 이해할 수 있었지만, 두 분이 죽는다는 것은 중학생이 되어서도 제대로 납득을 하지 못했다. 논리적으로야 모든 사람이 죽는다는 것을 알고 있었지만, 정서적으로는 두 분의 죽음을 거의 받아들이지 못했다. 그것은 종교적 믿음과 유사한 것이었다.

왜 그런 믿음이 생겨났는지는 잘 모르겠다. 그 당시 우리 집에 어떤 불안의 요소가 있었기 때문에 정반대로 그처럼 확고한 부모의 이미지를 만들어낸 것인지도 모르겠다. 아무튼 그때 내게는 부모가 종교만큼이나 높고 깊은 의미를 가졌고, 어머니와 아버지는 영원 전부터 영원 후까지 살아 있을 것만 같았다.

부부싸움은 칼로 물 베기

부부싸움의 끝 또는 부부싸움이 있은 후 며칠이 지나면, 아버지는 온 식구들을 모아놓고 위로의 말을 했다. 그것은 이상한 일이었다. 부부싸움을 했으면 당사자인 어머니에게 사과를 하면 그만일 텐데, 아버지는 온 식구를 모아놓고 일장 연설 또는 윤리 강의 비슷한 사설을 늘어놓았다.

부부싸움은 칼로 물베기다.

그 일장 연설에 이 말이 꼭 등장했다. 아버지는 자신이 잘못한 경우에도 사과하지 않았다. 그 대신 부부싸움을 말리느라 울고불고 했던 우리 집의 평화유지군 즉 아이들을 포함한 가족 일동에게 일장 연설의 형식으로 미안함을 표시했다.

아버지의 일장 연설에는 한 가지 특징이 있었다. 아버지는 부부싸움의 당사자로서 자신의 감정을 표현하는 것이 아니라, 부부싸움을 초월하여 제3자 또는 선생님 같은 입장에서 화해를 시도했다. 싸움 자체의 옳고 그름이나, 누가 싸움을 결정적으로 확대시켰느냐 하는 것과 같은 '전쟁 책임'에 대해서는 언급하지 않았다. 그 이유를 따지면 자신이 불리했기 때문에 그럴 수도 있지만, 그렇게 말하는 것이 아버지의 습관이기도 했다.

아버지는 이런 식으로 말했다. "부부싸움은 가화만사성(家和萬事成)에 해가 되는 일이요, 국가적으로도 좋지 않은 일이니까, 이제 싸움을 끝내야 한다." 사태의 시시비비를 가리기보다는 가족 전체를 위해서 개개인의 감정은 덮어야 한다는 것이었다. 다시 말해, 아버지의 연설은 '부부싸움의 철학적·국가적 의미를 논함'과 같은 논설문의 양상을 띠었다.

그런 맥락에서 보면, 부부싸움의 화해 의식에 아이들이 포함된 것도 다 이유가 있는 것이었다. 아버지의 철학적 입장에서 볼 때, 부부의 화해란 '아이들을 위해 종식되어야 한다.'는 자애로움의 표현이어야 했다. 결국 두 분의 다툼은 두 분만의 싸움이 아니라, 애초부터 아이들이 포함된 가족 전체에게 영향을 끼치는 싸움이었다.

우리 가족은 그처럼 서로에게 의존하거나 서로를 팔아먹으며 살았다. 내가 공부를 열심히 하는 것은 나 자신이 아니라 부모님을 위해서였고, 아버지가 직장에 다니는 것은 아버지 자신이 아니라 처자식을 위해서였다.

"부부싸움은 칼로 물 베기다!" 이 말은 지금 생각해보아도 명언이다. 나는 시루처럼 생긴 커다란 양동이를 머리 속에 떠올리고, 그곳에 시루떡 크기만큼의 물을 붓고 시루떡을 자르는 부엌칼로 그 물을 잘라보았다. 그때마다 칼로 잘라진 물은 곧 다시 하나로 합쳐졌다.

바로 그것, 한 그릇에 담긴 물, 한 울타리 안에 거주하는 가족, 그것이 우리 가족의 모습이었다. 부부 사이만 칼로 물 베기가 아니라, 우리 가족 모두에게는 아무리 나누려 해도 나눌 수 없는 그 무엇이 있었다. 그래서 아버지의 일장 연설이 끝나면 집안의 어색함도 끝이 나고 우리 집은 다시 생기를 되찾았다.

) 원뿔형의 체계 (

우리 가족은 그처럼 한 울타리 안에 살고 있었다. 겉으로 보기에 울타리 안에서 우리는 차이가 없는 다 똑같은 가족이었다. 그런데 막상 울타리 안으로 들어가 자세히 보면 '어머니 공간', '아버지 공간'과 같은 질서가 있었다.

우리 집의 질서는 어떤 도형으로 나타낼 때 더욱 선명해질 수 있는 것 같다. 그 도형은 서로의 면과 선이 만나고, 서로가 서로를 의지하며 존재하는 피라미드 또는 원뿔 모양이다. 그리하여 안방에 두 개의 공간이 존재한다는 사실과 한 가족이 모두 같은 울타리 안에 거주한다는 이미지를 결합하면, 다음과 같은 형상이 된다.

이 원뿔에서 꼭지점은 아버지였고, 어머니와 아이들은 맨 아래 둥근 바닥의 거주자들이었다. 아버지는 홀로 존재했고 어머니와 아이들은 같이 존재했다. 안방의 두 공간은 평면으로 나뉘어 있었지만, 그

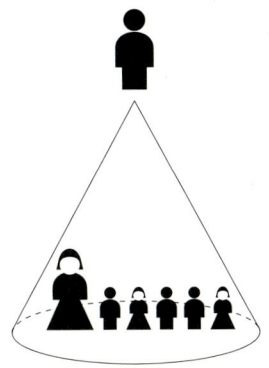

의미를 생각하면 이 같은 입체 도형으로 표현할 수 있었다.

원뿔의 꼭지점, 아버지는 자꾸 높은 곳으로 올라가려는 이미지를 지니고 있었다. 위로 향하는 탑, 높은 빌딩, 교회의 첨탑이 주는 느낌이 우리 아버지의 이미지였다.■

반면 어머니의 이미지는 평면적이었다. 그것은 이불, 포대기, 부엌, 가족을 위한 노동과 아르바이트, 누나의 방, 우물, 마당, 변소, 밭 등과 같은 것들로 표현될 수 있었다. 어머니의 둥근 이미지는 점점 더 그 넓이를 확장하려는 속성과 그 늘어난 면적을 모두 품어 안으려는 속성을 동시에 지니고 있었다.

아버지와 어머니. 우리 집에는 수평과 수직이라는 아주 다른 두 원

■ 중세의 고딕양식 역시 '하느님 아버지'의 권위가 아주 높던 시대에 태어났다. 높은 첨탑과 큰 규모를 자랑하는 고딕양식의 교회 건물은 12세기 중엽부터 나타났는데, 그런 교회의 건물 안에 들어가면, 인간적이고 사소한 것들은 모두 왜소하고 하찮게 느껴진다. 시간이 가면서 고딕양식은 한층 인간적인 건축양식들에 자리를 내주었는데, 한국에서는 여전히 고딕양식이 인기를 끌고 있다. 우리에게는 지금도 실제의 아버지, 하느님 아버지의 권위가 중세 때처럼 높기 때문일 것이다.

리가 있었지만, 그 두 가지를 묶어주는 제3의 원리(울타리의 원리)도 있었다. 그런 점에서 우리 집을 구성하는 원리는 기독교의 십자가와 비슷한 데가 있었다.

기독교의 십자가에도 수직과 수평, 그 둘을 묶어주는 통합의 원리가 있다. 십자가의 통합 원리는 예수의 희생일 것이며, 예수를 도형으로 나타내면 수직과 수평이 교차하는 점(點)이 될 것이다. 그것은 한 지점에서 만나지만, 수평과 수직이 각각 한없이 멀리 나갈 수 있는, 각자에게 자유를 주는 통합 원리이다.

그러나 우리 집의 통합 원리는 수평과 수직이 서로 의존하고 서로가 서로를 구속하는 것이었다. 그리하여 우리 식구들은 모두 이 원뿔 안의 거주자일 때만 한 인간으로 존립할 수 있었다. 그런 의미에서 원뿔 또는 피라미드로 그려질 수 있는 우리 집 이미지의 가장 큰 특징은 종속과 의존(dependence)이었다.

우리 집에서는 누구에게도 독립이 없었다. 아버지가 아버지다울 수 있는 것은 어머니의 존재 때문이요, 그 반대도 마찬가지였다. 아버지의 높이는 '어머니 공간' 없이는 한시도 유지될 수 없었다. 또한 아버지 없는 어머니는 쓸쓸한 평면이었다. 나 역시 혼자서는 아무 의미가 없었다.

아버지의 권위가 높아질수록 어머니의 공간도 활달하게 넓어졌다. 어머니의 이미지는 빨리빨리 움직이면서 넓어지려는 것이었다. 그러나 우리 형제자매들은 아직 자신들의 원리를 지니지 못했다. 아이들은 원뿔과 피라미드가 만들어내는 공간 속에서 뛰노는, 닫힌 공간의 거주자들이었다.

한편 아버지는 어머니 위에 있었다. 두 공간은 하나의 공간에서 병존하고 있었지만, 정신적으로는 상하 관계였다. 그러나 아버지의 수직적 원리는 어머니의 수평적 원리가 확장되지 않은 채 높아질 수 없었다. 아버지가 없었다면 어머니 역시 그렇게 빨리 움직일 이유가 없었다.

이 원뿔에서 아버지는 질서를 부여했고 어머니는 사랑과 만족과 풍부함을 제공했다. 그러나 어떤 경우이든 한쪽이 없었다면, 다른 쪽은 사상누각과 마찬가지였다. 우리는 서로가 서로를 의지하며 살아가는 사람들이었다.

김수근과 김중업

지금까지 내가 성장한 집의 이미지를 대체적으로 기술했다. 이러한 집의 이미지는 나의 자아, 나의 성격은 물론 나의 문화·사회·경제·정치적 취향을 결정짓는 요인이 되었다. 다음 장부터는 어머니와 아버지의 영향을 좀더 세밀하게 서술할 것이다.

그런데 집에 대한 두 가지 이미지, 수평과 수직 또는 어머니 원리와 아버지의 원리는 우리 집의 구성 원리에 한정되는 것이 아니라, 한국인의 사고방식에 깊이 뿌리 박혀 있는 두 가지 원리인 것 같다. 여담이 되겠지만, 나는 88서울올림픽이 열렸을 때 그 같은 체험을 분명히 할 수 있었다.

월드컵 4강을 달성한 오늘의 입장에서 보면, 올림픽을 치렀다는 것이 그저 그렇고 그런 역사의 한 페이지에 지나지 않는 것일 수도 있다. 그러나 88서울올림픽은 그 당시 국민적·국가적 축제이자 우리의

잠실 올림픽 주경기장

자존심이었다. 우리 민족이 오랜 고통의 역사에서 벗어나 이제 막 근대화 시기를 끝내고 새롭게 솟아오르는 기상을 세계 만방에 알리는 거국적 행사였다.

그런데 김수근과 김중업이라는, 한국의 근대건축을 대표하는 두 건축가는 88서울올림픽이란 동일한 사건을 정반대 방향으로 해석하고 표현했다. 한 사람은 수평적이며 여성적인 요소, 다른 한 사람은 수직적이며 남성적인 요소로 이 사건을 해석했다.

김수근(金壽根, 1931~1986)이 설계한 〈올림픽 주경기장〉은 하나의 역설이다. 경기장이란 비록 스포츠이긴 하지만 젊은이들이 뛰고 달리며 싸우는 전투의 공간이다. 그런데 〈올림픽 주경기장〉은 혈기왕성한 아들들이 어머니의 품처럼 넓고 넓은 공간에서 뛰어노는 듯한 이미지를 제공한다. 〈올림픽 주경기장〉의 이 독특한 이미지는 자동차를 타고 올림픽 대로를 달릴 때에도 쉽게 느낄 수 있다.

잠실 올림픽 공원 〈평화의 문〉

그 경기장에서는 당장이라도 그 속에서 울려 퍼질 것 같은 우렁찬 함성과 그 함성을 고요히 잠재울 것 같은 모성의 부드러움이 동시에 느껴진다. 그 같은 이미지를 가능하게 했던 것은 사진에서 보는 것처럼 지붕이 안쪽으로 감싸안듯 모아지는 '원형적 공간'이었고, 그것은 곧 여기서 말하는 '어머니 공간'의 이미지였다.

다른 한편, 김중업(金重業, 1922~1988)이 설계한 〈평화의 문〉은 장엄한 제사의 이미지를 보여준다. 그는 본래부터 건축물의 기둥과 지붕에 많은 관심을 기울인 건축가이다. 88서울올림픽을 맞이하여 잠실 올림픽 공원에 세워진 〈평화의 문〉에는 기둥과 지붕 외에도 역사와 제사의 이미지를 결합하였다.

본래 이 문은 더 높게 설계된 것인데, 예산이 부족하다는 이유로 서울시청 관계자들이 반대하는 바람에 다소 낮아졌다. 아마 작가의 의도대로 더 높이 지어졌다면 작가가 의도했던 기둥과 지붕의 의미가 더 잘 드러났을 것이다.

〈평화의 문〉 기둥의 네 면에는 고구려 고분벽화의 씩씩함이 나타나 있다. 거기에는 백호, 청룡, 주작, 현무가 현대적 방식으로 다시 복원되어 있다. 그것은 한민족의 역사적 뿌리를 상기시키는가 하면, 아테네에서 시작된 올림픽의 불[聖火]을 한국적인 제사와 훌륭하게 연결시키는 것이었다.

전체적으로 〈평화의 문〉은 하늘로 날아갈 것 같은 지붕과 기둥을 강조하고 있는데, 이것들은 아버지의 수직적 원리와 관련된 것이며, 김중업은 여기에 고구려 고분벽화를 덧붙여 한반도 백성들이 추구해 왔던 위용이 어떤 것인지를 표현하였다.

이처럼 올림픽이란 하나의 사건을, 김수근은 둥근 모양의 품어 안는 원형, 김중업은 제사와 결합된 높이를 강조하는 지붕으로 나타내려 했다. 이것은 바로 모성적인 것과 부성적인 것이 우리 문화에서 사물을 해석하고 표현하는 두 가지 패러다임이라는 것을 보여주는 좋은 예가 아닐까?

3장

신화 속의 오이디푸스는 어머니 이오카스테와 결혼을 했지만, 누가 아버지이고 누가 어머니인 줄 모르는 상태에서 결혼했다. 오이디푸스는 아버지 라이오스를 죽이는 엄청난 실수를 저지르기도 했다. 그러나 나는 누가 아버지이고 누가 어머니인 줄 다 알면서도 어머니와 결혼 생활을 했다. 그리고 아버지를 죽이지도 않았다. 오이디푸스는 불행했고 나는 행복한 결혼생활을 누린 셈이다.

욕망을 달성한 오이디푸스

) 행복한 아침

"엄마, 나 일어났어!"
초등학교에 들어가기 전, 나는 늘 잠자리에서 일어나자마자 어머니부터 찾았다.
"아이구, 그래앳쩌어어―."
그럴 때마다 어머니는 코맹맹이 소리를 하며 입을 맞추어주었다. 내가 일어났을 때 어머니는 부엌에서 아침식사를 준비하고 있는 경우가 많았는데, 그럴 때면 물 묻은 두 손을 허리 뒤로 감추며 키스를 해주었다. 내 몸에 차가운 물을 묻히지 않기 위해서였다.
나는 '어머니 공간'에서 늘 행복했다. 모닝 키스만 해도 그렇다. 내 어머니는 봉건시대의 여자다. 지금은 70대 중반의 머리가 하얗게 센 할머니인데, 키스란 말을 들으면 징그럽다는 표정부터 짓는 분이다. 그러나 나에게는 마릴린 먼로는 저리 가라고 할 정도로 멋진 키스를 해줄 줄 알았다.
그것은 영화에서 배운 것도 아니었다. 어머니는 서양 영화는커녕 한국 영화도 거의 보지 않았다. 그건 때 묻지 않은 한국의 토종 키스였다. 같은 포즈가 반복되자 나도 허리 뒤로 두 손을 감추며 키스를 하게 되었다. 지금 생각해보아도 아주 멋진 키스 장면이었다.

"엄마 오줌 마려워!"

키스가 끝나면 나는 아침의 필수적인 일과에 대해서도 말했다.

"아이구, 그래앳쩌어어—"

어머니는 두 번째 요구에 대해서도 신속하게 반응했다.

"아무렴 우리 왕자님이 오줌을 누셔야지요."

어머니는 등 뒤쪽에서 겨드랑 사이로 두 팔을 넣어 나를 번쩍 안아 화장실 근처로 데려다주었다. 그리고 바지를 내린 다음 "자, 쉬이— 쉬이—" 하고 오줌 누는 소리를 내면서 오줌 누는 일을 도와주었다. 대개는 고추까지 붙들어주었다. 어떤 경우에는 "아이구, 우리 왕자님 고추가 무척 커졌네!"라고 말하기도 했다. 그런 말을 들으면 나는 엉덩이를 앞으로 내밀며 오줌 줄기를 더 멀리 보내려고 했다.

"엄마! 많이 나가지? 어제보다 얼마나 더 많이 나가는지 봐줘!"

우리 집에선 여자 아이들과 달리 남자 아이들이 오줌 누는 것을 조심해야 한다는 관념이 크지 않았다. 깜깜한 밤, 마루 끝에 서서 마당 쪽으로 오줌을 멀리 보내도 크게 야단을 듣지 않았다.

"그래, 어제보다 멀리 나갔구나. 자, 이제 들어가서 옷을 입고 나오너라. 세수하고 밥 먹어야지."

어머니는 나의 엉덩이를 톡톡 치면서 칭찬을 해주었다. 이런 장면들이 언제까지 얼마나 자주 반복되었는지는 기억할 수 없지만, 과거를 회고하는 입장에서 보면 한동안 매일 아침 계속되었던 것처럼 느껴진다.

) 동침권 (

'어머니 공간'의 행복은 밤에도 계속되었다. 어린 시절 나는 매일 어머니와 함께 잠을 잤다. 그냥 잠만 잤던 것이 아니라 어머니의 저고리를 풀어헤쳐 손으로는 젖가슴을 만지다 잠이 들었다. 젖을 빨다 잠드는 경우도 있었다.

우유빛 젖가슴은 부드럽고 아늑했다. 어머니 젖가슴에선 늘 달작지근한 냄새가 났다. 그것은 아기 얼굴과 어머니 젖 냄새가 합해져 나던 향기였는데, 내 얼굴을 어머니 가슴에 가져갈 때마다 그 냄새가 났다. 어찌 그 냄새를 잊을 수 있을까!

이상한 일이었다. 어머니의 남편은 아버지였는데 동침의 권리는 나에게 있었다. 아버지는 어머니를 멀리했다. 늘 저 멀리 자신의 공간에서 스님처럼 홀로 밤을 지새웠다. 밤의 행복은 나만 누린 것이 아니었다. 형도 누렸고 동생도 즐겼다. 누나와 여동생도 남자 형제들보다는 못했겠지만 똑같은 행복을 경험했다. 3~4살까지는 보통이었고 나는 6살까지 그런 행복을 누렸다. 어머니는 아이들 차지였다.

어머니는 한 가지 확고한 육아법을 갖고 있었다. 가장 나이 어린 아이와 그 다음으로 어린 아이를 좌우에 데리고 자는 습관이 그것이다. 그것은 다섯 형제 모두에게 적용된 어머니의 변함없는 육아법이었다. 동생은 나보다 3년 반 뒤에 태어났으니, 그때까지 나는 어머니 젖의 첫 번째 주인이었다.

동생이 태어날 무렵 나는 일단 젖을 떼었다. 그러나 그 후에도 가끔 어머니 젖을 만지거나 맛볼 수 있었다. 어머니는 젖가슴이 두 개였으므로 하나는 동생에게 주고 다른 하나는 가끔 나에게 분양해주었다. 동생과 나는 각자 자신의 젖을 문 채 눈싸움을 한 적도 있었다. 동생

3장. 욕망을 달성한 오이디푸스 63

의 눈빛이 당당했던 기억이 눈이 선하다. 나는 동생의 눈빛에 좀 위축되었다. 어릴수록 어머니 젖에 대한 권리가 많았으므로 어쩔 수 없는 일이었다. 녀석은 눈동자를 내 눈에 고정시킨 채 빤히 쳐다보며 "왜 형이 내 젖을 먹는 거야?"라고 비난하는 듯했다. 나도 지지 않고 "이 녀석아, 이 젖은 네 것이 아니라 엄마 거야. 엄마에게 물어봐!"라고 무언의 항변을 했던 것 같다. 어머니가 없을 때는 녀석의 머리를 쾅 쥐어박았을지도 모르는 일이다.

맨 위의 형과 막내의 나이 차가 13년이니, 어머니는 16, 7년을 그렇게 보냈을 것이다. 그것이 아리따웠던 내 어머니의 청춘이었다. 그리고 아버지는 20년 가까이 외로운 잠자리를 견뎌야 했다.

) 이불 빨래

나는 낮에도 어머니와 함께했다. 어머니가 가는 곳이면 어디든 함께했다. 우리 집엔 남자가 해서는 안 되는 일이 많았고, 남자가 드나들어서는 안 되는 곳도 있었다. 그러나 어린 시절만큼은 그런 터부(taboo)가 적용되지 않았다. 아이들은 일정 연령이 될 때까지 남자나 여자가 아닌 중성적 존재였다.

우리 집엔 변소도 두 개 있었다. 여자용 변소는 제대로 된 변소라기보다 거름 저장소 같은 곳이었다. 그곳은 금남(禁男)의 장소였다. 그러나 나는 그곳에도 갈 수 있었다. 그 문 앞에 서서 "엄마, 아버지가 빨리 오래요!" 하고 일러주기도 했다.

나는 빨래터에도 어머니를 따라다녔다. 우리 집 뜰에는 옆집과의 경계선에 우물이 있었고 부엌 안에도 펌프가 있었다. 빨래를 하자면 집에서도 얼마든지 할 수 있었다. 그러나 어머니는 모든 빨래를 들고 개울로 나갔다. 강박적 고집이라고밖에 할 수 없는 어머니의 습관이었다.

어머니는 청결을 매우 중시했다. 우리 집에는 종교생활을 방불케 하는 요소들이 많았다. 청결(purity)과 오염(pollution)의 문제는 종교생활의 핵심적 요소인데, 빨래와 '아버지 공간'의 청결도 그런 의미를 갖고 있었다. 나는 빨래를 할 때도 어머니를 자주 따라나섰다. 어머니가 먼저 가자고 했을 수도 있다. 그처럼 한 곳에서 다른 곳으로 이동하는 것을 예민하게 알아차리거나, 서로에게 알려주는 것이야말로 어머니와 내가 서로 사랑한다는 증거였다.

빨래 중의 빨래는 이불 빨래였다. 빨래의 규모도 그렇거니와 거기에 담긴 의미도 그랬다. 어머니가 이불 빨래를 한다는 것은 중요한 심경 변화가 있다는 뜻이었다. 이불 호청을 뜯어내는 손놀림에 그날 당신의 기분이 다 나타났다. 단호하고 힘찬 손놀림은 누군가를 욕하고 있으며, 마음에 고통이 있다는 뜻이었다. 나는 그 고통을 외면할 수 없어 빨래터로 어머니를 따라나섰던 것인지도 모른다.

이불 호청을 뜯는 일이 실타래를 푸는 것처럼 재미있는 경우도 있었다. 그건 얼마 지나지 않아 명절이 찾아오거나 먼 곳에 사는 친척이 온다는 뜻이었다. 그런 날이면 방안에 넓게 펴놓은 이불 위를 뒹굴며 어머니에게 어리광을 부릴 수 있었다. 이래저래 이불 빨래는 나에게 특별한 행사였다.

이불 빨래의 공정은 복잡했다. 어느 날 날씨가 좋을 것이란 판단이 서면, 호청을 뜯어 커다란 함지에 차곡차곡 담고, 다시 그 위에 비누 그릇을 얹고, 그 위에 다시 커다란 솥을 엎어놓았다. 그 다음 장작 다

발을 만들어 묶고, 어머니는 거기에 멜빵을 만들어 내 어깨에 메주었다.

그리고 모자(母子)는 앞서거니 뒤서거니 길을 떠났다. 어머니는 빨래 함지를 머리에 이고, 나는 장작더미를 메고 잿물 그릇을 손에 들었다. 빨래 짐의 어딘가엔 떡이나 찐 고구마 같은 먹을 것도 있었다. 이불 빨래는 시간이 많이 걸리는 일이었다.

) 모자(母子)의 제사 (

빨래터로 가는 두 사람의 발걸음은 제사를 지내러 가는 행렬과 비슷했다. 아브라함이 번제(燔祭)를 드리기 위해 양을 데리고 이삭과 함께 장작을 메고 갔던 그 길을 우리 모자는 빨래를 들고 갔다.

이스라엘 남성들의 제사가 하느님에게 제물을 바치고 용서를 구하는 것이었다면, 우리의 빨래는 어디에도 하소연할 곳이 없는 어머니의 시름을 걷어내거나 작은 축제를 준비하는 제사였다. 어머니가 제사장이라면 나는 제사의 의미도 모른 채 장작을 메고 따라가는 동자(童子)였다.

빨래터에 도착하면 제일 먼저 불을 준비해야 했다. 커다란 돌로 삼각형을 만들고 그 위에 솥을 걸고 장작에 불을 지펴 물을 끓였다. 그 다음, 끓는 물에 잿물과 비누를 풀어 넣고 한 번 주무른 애벌빨래를 차곡차곡 넣어 삶았다.

맑게 솟는 여러 개의 샘물로 이루어진 작은 호수—우리는 그것을 '방죽' 또는 '개울'이라고도 불렀다—는 평화로웠다. 우리보다 일찍 나온 아주머니들이 호숫가에 진을 치고 있었고, 아주머니들을 따라 나온 계집아이들도 있었다. 여인들의 수다가 수면 위로 울려 퍼졌고 소녀들은 언덕에 둘러앉아 공기놀이를 했다.

'퐁당!' 하고 호수 가운데로 돌을 던지면, 여러 개의 둥근 여울이 차례차례 퍼져나가다 어머니 손등에서 사라지곤 했다. 물이 끓기 시작하면 어머니는 익숙한 솜씨로 찬물을 끼얹으며 나무 작대기로 이불을 이리저리 뒤집어놓았다. 이불 삶기가 어느 정도 궤도에 오르면, 이불 삶는 일은 내 차지가 되었다.

나는 어머니가 하던 대로 장작을 넣었다 뺐다 하면서 불의 세기를 조절하거나, 작대기를 들고 빨래를 뒤집었다. 그러다가는 가끔씩 어머니를 내려다보았다. 빨랫방망이를 두드리는 어머니 모습에도 그날의 기분이 다 나타나 있었다. 즐거운 날은 방망이 소리도 명랑했다. 그 방망이 아래에서 흰 빨래는 더욱 희어지고 검은 빨래는 더욱 검게 변했다.

어머니에겐 내가 모르는 슬픔이 주기적으로 찾아왔던 것 같다. 그 슬픔이 무엇 때문이었는지는 잘 알 수 없었지만 나는 그 슬픔에 기꺼이 동참하려고 했다. 슬픔은 빨랫방망이에 그대로 나타났다. 그런 날이면, 어머니는 옆에 앉은 아주머니와 아무 말도 하지 않고 북어를 패듯 힘차게 빨랫방망이를 두드렸다. 그럴 때면 나는 어머니의 분노를 옆 눈으로 느끼며 하릴없이 땅바닥에 그림을 그렸다.

어느덧 하나의 이불 호청이 풀밭 위에 널렸다. 따가운 태양 아래 백옥 같은 이불이 반짝였다. 바람이 불면 이불 호청은 조금씩 펄럭이며 투명한 빛을 발산했다. 내 마음도 덩달아 반짝였다.

다른 호청을 솥에 넣은 후 지루해지면, 나는 풀밭에 누워 하늘에 떠가는 구름을 바라보았다. 또 다른 호청이 풀밭 위에 널리고, 그러기를 서너 번 반복하면 개울가의 풀밭은 온통 하얀 이불 호청들로 뒤덮였다. 푸른 풀밭 위의 하얀 호청들, 그것은 약간 서러운 이미지를 지닌 내 마음의 깃발들이었다.

빨래가 끝나면 어머니는 한결 산뜻한 표정을 지었다. 아주 새사람이 되었다. 서러움을 날려버리는 제사를 마친 탓이었다. 나야 제사의 의미를 모르지만, 다시 한 번 어머니와 깊은 사랑을 나누었다는 생각에 기뻤다.

모든 과정이 끝나면, 어머니와 나는 뉘엿뉘엿 해가 지는 들판을 가로질러 집으로 돌아왔다. 그 길은 행복한 추억의 길이다. 그 추억은 내가 밀레(Jean-François Millet, 1814~1875)의 〈만종〉을 볼 때 느끼는 그런 행복이다. 다만 〈만종〉에는 젊은 부부가 감사의 기도를 드리고 있었고, 내 마음의 그림에서는 어머니와 내가 저녁 어스름을 걷고 있었다.

) 욕망을 달성한 오이디푸스 (

확실히 어머니와 나는 친밀했다. 말할 수 없이 친밀했다. 아니, 두 사람은 친밀하다는 정도를 넘어, 어떤 끈끈함으로 뭉쳐진 부부 같은 데가 있었다.

어머니와 내가 부부 같았다고 말하는 것은 미풍양속을 해치는 일이다. 어떤 사람들, 특히 보수적인 남자들은 펄쩍 뛸 것이다. 그러나 우리 사이에는 분명 부부 같은 데가 있었다. 나의 이런 주장을 잘 이해하는 사람은 오히려 여성들일 것이다.

나에게 묻지 말고 그들에게 "당신은 아들을 남편처럼 섬기거나, 남편처럼 의지하고 살지는 않았는가?" 하고 물어보라. 신세대 주부조차 세 명 중 한 명은 '그렇다'고 대답할 것이다. '아니다'라고 대답한 경우에도 실제 생활은 그럴 수 있다. 한국식 가정생활에는 분명 그런 구석이 있다.

어머니와 나의 관계도 그런 것이었다. 그런데 어디서나 볼 수 있는 평범한 모자관계라고 마냥 파묻어둘 이야기는 아닌 것 같다. 어머니와 나의 관계를 정확하게 이해하는 것이야말로 현재의 나 자신을 가장 잘 이해할 수 있는 길이기 때문이다.

어머니와 내가 부부 사이의 친밀함을 나누었다고 하는 것도 내가 처음 생각해낸 이야기는 아니다. 그것은 이미 100년 전 오스트리아의 신경학자인 프로이트(Sigmund Freud, 1856~1939)가 제기했던 것이다. 내 이야기는 프로이트가 한 이야기와 좀 다르지만 비슷한 부분도 많다.

실제로 29년이란 나이 차이를 무시한 후, 어머니와 나를 '인간 대 인간' 또는 '여자 대 남자'로 놓고 보면, 우리 두 사람은 정말 한동안 친밀한 부부였다. 그것도 아주 궁합이 잘 맞는 부부였다.

신화 속의 오이디푸스는 어머니 이오카스테와 결혼을 했지만, 누가 아버지이고 누가 어머니인 줄 모르는 상태에서 결혼했다. 오이디푸스는 아버지 라이오스를 죽이는 엄청난 실수를 저지르기도 했다. 그러나 나는 누가 아버지이고 누가 어머니인 줄 다 알면서도 어머니와 결혼생활을 했다. 그리고 아버지를 죽이지도 않았다. 오이디푸스는 불행했고 나는 행복한 결혼생활을 누린 셈이다.

냉정한 관점에서 말하면, 결혼은 세 가지 요소로 구성된다. 이것 역시 나의 주장이 아니라 가족을 연구하는 학자들의 공통된 주장이다. 그런데 어머니와 나는 그 세 가지 점에서도 완벽한 부부였다.

첫째, 성(性)적인 측면이다. 성적인 것이라면 앞에서 보았듯이 나는 아버지보다 훨씬 풍부한 관계를 누렸다. 동침의 권리가 5~6년 동안이나 나에게 있었다. 한 이불 속에서 어머니와 나는 정말 낭만적인 사랑을 나누었다. 매일 아침 아버지가 아니라 나에게 키스를 해주었다는 것도 어머니가 나를 사랑스런 애인처럼 여겼다는 뜻이다.

프로이트 식으로 말하면, 나는 어머니를 사랑했고 육체적으로도 열망했다. 그리고 그 모든 욕망을 아무런 방해 없이 달성할 수 있었다. 나야말로 '어머니에게 품었던 모든 욕망을 달성한 행복한 오이디푸스'였다. 오히려 어머니에 대한 욕망을 너무 과도하게 충족시켰다고 보는 것이 옳다.

) 부부 사이의 내외(內外) (

5학년 추석 전날에도 어머니는 동생과 나를 공중목욕탕에 데려가려고 했다. 그런 때 목욕탕에 가는 일은 우리 집의 아주 뿌리가 깊은 행사였다. 그런 일이 아버지 몰래 이루어진 것도 아니었다. 아버지는 질투를 하지 않았고, 오히려 자신의 아들들을 그렇게 극진히 돌보는 어머니를 흐뭇하게 생각했다.

4학년 때와 달리 나는 목욕탕에 가기를 거절했다. 이제 나의 벌거벗은 모습을 동네 아줌마들에게 보여줄 수는 없는 일이었다. 그러자 어머니는 나를 우물 옆 빨랫돌 위에 발가벗겨 세워놓고 씻겨주었다. 너무 세게 때를 밀어 몸이 아팠지만 목욕을 하고 나면 아주 시원했다.

반면 어머니와 아버지는 그런 성적 접촉을 하지 않았다. 두 사람은 애정표시를 해야 하는 대목일수록 뚱한 표정을 짓기 일쑤였고 잠도 따로 잤다. 내가 어머니로 인해 아버지 눈치를 본 것이 아니라, 아버지가 아이들 눈치를 보았다. 이건 프로이트가 주장했던 것과 완전히 반대되는 상황이란 점에서 주목을 요한다.

어머니와 아버지는 어쩔 수 없이 함께 외출을 해야 할 때에도, 최소한 5~6m 이상 떨어져 걸었다. 이번에는 동네 사람들 눈치를 보았다. 아버지가 앞에 가고 어머니가 뒤에 갔다. 이 순서는 뒤바뀔 수 없는 것이었다. 그것은 어머니와 내가 함께 길을 걸을 때, 기분에 따라 순서를 바꿀 수 있는 것과 차이가 있었다.

두 사람은 부부 사이의 애정 표시가 불륜이라도 되는 양 감정 표현을 억제했다. 그것이 우리 집의 법도라면 법도였다. 두 사람은 애정을 표시할 때 자식들을 통해 전달하는 버릇도 있었다. 예를 들어, 아버지는 어머니에게 사과의 말을 해야 할 때, 사탕이나 과일 봉지를 사들고 와서 "이거 엄마에게 갖다 드려라!" 하고 말했다. 그 봉지를 갖다 드리면, 얼마 지나지 않아 아버지에 대한 어머니의 분노는 눈 녹듯이 사라져 있었다. 사탕봉지 하나로 무언(無言)의 커뮤니케이션을 할 수 있다는 것이 신기하긴 했지만, 두 분은 늘 그런 식이었다. 이런 것을 부부간에 '내외(內外)한다'고 하는데, 어머니와 아버지는 집 안이나 집 밖에서 모두 내외를 했다.

반면 어머니와 나는 사랑을 하건 싸움을 하건, 그처럼 중매를 서는 사람이 필요하지 않았다. 싸울 일도 별로 없었지만, 싸울 때도 직접 싸웠고 사랑할 때도 직접 했다. 좀더 적나라하게 어머니와 나의 성적 관계를 밝히자면, 우리는 시시때때로 껴안고 입맞추며 쓰다듬으며 접촉하는 사이였다.

) 소비경제와 결혼의 파트너십

둘째, 결혼에는 경제적 자립 능력이 필요하다. 경제적 토대가 없는 결혼은 한순간의 불장난, 애정 행각으로 끝을 맺는다. 물론 나에게는 경제적 능력이 없었다. 그렇지만 어머니와 나 사이에는 풍부한 경제생활이 존재했다.

아버지는 한 가지 훌륭한 생활 습관을 가지고 있었다. 월급을 받으면 단 1원도 손을 대지 않고 봉투째 어머니에게 갖다주었다. 그런 다음 가정경제에는 일체 간섭하지 않았다. 그리하여 우리 집의 소비경제는 모두 어머니와 나, 아니면 다른 아이들의 몫이었다.

그런데 가정경제의 기본은 소비경제이다. 다시 말해, 가정경제란 그 돈이 어디에서 온 것이건 관계치 않고 돈만 많으면 잘 굴러간다. 사실 이게 가정경제의 맹점이요 부정적 요소다. 가정경제는 그 돈이 일을 해서 벌어온 것이건, 장사를 해서 번 돈이건, 부정부패를 해서 벌어온 돈이건 관계치 않고, 많을수록 좋다고 생각하는 경향이 있다. 어떤 가장이 하루 종일 열심히 일해서 벌어온 돈이라고 해도 액수가 많지 않다면 환영을 받지 못하는 게 현실이다.

부부의 파트너십이란 그 돈의 출처가 어디든, 그 돈을 소비하는 가운데 유지·발전되는 경향이 있다. 어머니와 나는 부부처럼 풍족한 소비경제를 함께 누렸다. 아버지는 돈을 벌어왔지만 애정 없는 관계를 유지했고, 나는 돈을 못 벌었지만 어머니의 애정을 독차지했다.

어떻게 보면, 어머니와 나의 관계는 바람난 유부녀와 정부(情夫)의 관계와 비슷한 데가 있었다. 사실 어머니는 아버지를 버리고(?) 나에게 바람이 나 있었다. 아니, 아버지가 남편의 역할을 제대로 안 하다 보니, 어머니가 나에게 바람이 난 것이었다. 아무튼 어머니는 아버지보다 나와 형제들을 더 사랑했다.

아무리 생각해보아도 아버지는 반쪽짜리 남편이었다. 당신은 성적인 역할이나 경제적 역할이나 제대로 하는 게 없었다. 대신 어머니와 나의 소비생활은 풍요로웠다.

) 결혼의 자발성

셋째, 결혼에는 사회적 인정도 필요하다. 사회적 인정이 따르지 않는 결혼은 우울하고 생기가 없다. 이것은 돈이 없어 결혼식을 못 올린 사람들을 생각해보면 금방 알 수 있다. 그들은 죄인 아닌 죄인처럼 마음 한구석이 늘 찜찜하다. 그래서 40살이 되고 50살이 되어 남들이 보기엔 우스꽝스러워도 한사코 면사포를 쓰려고 한다.

그런데 어머니와 나는 우리 동네에서 다 인정하는 사이였다. 우리는 다정한 연인처럼 어디든지 활보를 하며 다녔다. 내가 공부를 잘하는 편이었기 때문인지 몰라도 어머니는 나를 자랑스럽게 생각했다. 단둘이서 자장면을 먹으러 다니기도 했다. 돈을 아끼려고 아이스케키를 하나만 사서 번갈아 핥아먹기도 했다.

그러나 어머니와 아버지는 자장면을 함께 먹으러 다니지 않았다. 두 사람은 호적상 부부였지만 결코 부부처럼 행동하지 않았다. 그에 비해 어머니와 나는 부부처럼 가깝게 지냈다. 어머니와 나 사이의 결혼생활은 이혼과 이별의 가능성이 없다는 점에서도 나를 존재케 한 아버지와 어머니의 결혼보다 더 완벽한 결혼이었다.

그러나 완벽한 결혼에는 한 가지 조건이 더 필요한 것 같다. 그것은 두 당사자가 동시에 결혼을 원했다는 자발성이다. 위의 세 조건이 충족되더라도 자발성이 결여되면 다소 불완전한 결혼이 될 것이다. 그런 점에서 어머니와 나의 관계를 결혼생활로 보는 것에는 한 가지 결함이 있다.

요컨대, 어머니와 나의 관계는 내가 원한 것이라기보다는 어머니의 의지가 많이 반영된 것이었다. 아무튼, 1960년대 후반만 해도 어머니와 아들이 부부처럼 다정한 경우가 무척 많았다. 내가 보기에는 생활조건이 크게 변한 지금도 모자 사이에 이런 관계가 꽤 많은 것 같다.

내 쪽의 자발성이 없었다고 해서 내가 불행했다는 것은 아니다. 어머니와 나는 모두 행복했고, 성적 · 경제적 · 사회적 차원에서 두루 친밀한 관계를 유지했다. 우리는 아버지와 어머니가 그랬듯이 심각하게 무게를 잡지도 않았고, 세속적이며 물질적인 행복을 마음껏 추구했다. 우리가 얼마나 그럴듯한 부부관계를 영위했는지는 어머니와 나의 경제적 파트너십을 살펴보면 더욱 실감할 수 있을 것이다.

) 소비경제 계획서

아버지는 월급봉투를 통째로 갖다주었지

만 그 월급은 불충분한 것이었다. 어머니는 100% 소비권을 갖고 있었지만, 그것은 권리보다 부담의 측면이 강했다. 정말 어렵게 살림을 꾸려나가야 했다.

늘 돈이 부족하다 보니 단골가게에서 외상으로 물건을 사야 했다. 요즘엔 가난한 사람들의 빚이 카드에 쌓이지만, 그 당시엔 단골가게에 빚이 쌓였다. 어머니는 그걸 싫어했다. 손톱만큼이라도 남에게 빚지는 것을 참지 못했다.

나도 그 외상을 싫어했다. 가정경제에 대한 나의 관심도 이 외상에서 비롯된 것이었다. 어머니의 빚 걱정이 늘 때마다 나의 시름도 쌓여갔다. 나는 우리가 남에게 빚이나 외상을 지지 않고 살게 될 날을 염원했다. 생활비가 부족하다는 사정은 어머니와 나의 관계를 더 가깝게 했다. 두 사람은 무릎을 맞대고 어떻게 하면 빚이나 외상을 갚을 수 있는지에 대해서도 의논했다. 이처럼 진정한 사랑이란 나쁜 환경에서 더욱 아름다운 꽃을 피우는 법이다.

아버지의 월급날은 매달 25일이었다. 나는 그날을 기다렸다. 어머니도 25일을 기다렸다. 우리는 그날이 오기 며칠 전부터 방바닥에 종이와 연필을 놓고 아버지 월급을 어떻게 사용할 것인가에 대해 의논했다. 물론 예산지출의 1순위는 외상을 갚는 일이었다. 동식이네 연탄 100장, 천일상회 아버지 와이셔츠 1장, 삼성상회 설탕 한 봉지, 옹꼬네 돼지고기 2근 등등…….

그 다음에는 돈이 없어서 그동안 구입할 수 없었던 품목을 적었다. 미원 한 봉지, 달걀 1줄(10개), 막내 양말 등 어머니와 나는 소비계획을 짜기에 여념이 없었다. 나는 우리 집의 경제통이었다. 지금도 나는 당시의 쌀, 연탄, 석유, 막걸리 등의 가격을 정확히 기억하고 있다.

지금은 잊어버렸지만 아버지의 와이셔츠 목둘레와 팔길이도 정확하게 외우고 있었다. 어머니는 그런 걸 잘 외우지 못했다. 아버지의 와이셔츠를 살 때에도, "애, 몇 호를 사야 하니?" 하고 나에게 물었다. 나 역시 어른이 된 지금은 자신의 목둘레와 팔길이조차 모르지만 그때는 그런 걸 다 외우고 있었다.

드디어 25일이 되어 아버지가 월급 봉투를 탁 던져주면, 두 사람은 이튿날부터 미리 짜둔 계획표에 따라 여러 가게를 순례하며 빚을 갚고 쇼핑을 했다. 그 순례는 상쾌하면서도 사람 사는 재미를 느끼게 했다. 쇼핑이 끝날 무렵 두 사람은 시장 모퉁이에서 맛있는 것도 함께 사 먹었다. 자장면도 사 먹고 순대도 사 먹었다. 아니면, 녹두빈대떡이나 김치부침개, 수수전병처럼 기름 냄새가 풍기는 좌판 앞에 함께 앉았다.

어머니는 젓가락으로 먹을 것을 집어 내 입에 넣어주었다. 당신은 잘 먹지 않고 내가 먹는 것을 바라보기만 했다. 언제나 음식 한 귀퉁이를 조금 떼어 맛을 보며 "야, 이것 아주 맛있구나!" 하며 장단만 맞추었다. 약간 미안한 마음이 들어 "엄마, 이것 하나 먹어봐!" 하고 권하면, "아주머니, 그런데 이걸 어떻게 만드셨수?" 하며 좌판 주인에게 말을 걸며 딴청을 피웠다. 나는 그런가보다 하고 혼자 막 먹었다. 나는 그렇게 어처구니없는 아들이었다.

) 재테크 컨설턴트 (

나는 때로 어머니에게 유익한 일도 했다. 어머니는 이리저리 모은 돈을 계(契)를 통해 불려 나갔다. 요즘도 아파트 투기의 상당 부분은 여성들의 몫이지만, 그 당시 우리 집의 재산증식도 어머니의 몫이었다.* 그 계는 큰 규모가 아니었지만 1년 정도 지나면 조그만 밭을 살 수 있을 만큼의 돈을 마련해주었다. 그때는 농토의 가격이 그리 높지 않았다.

나는 어머니의 재산증식 과정에 깊이 관여했다. 어머니의 곗날이 언제이며, 누구네 집에서 열리고, 그날 어머니가 부어야 하는 곗돈의 액수가 얼마인지 나는 정확하게 알고 있었다. 지금도 그때 모였던 아줌마들의 얼굴을 다 기억하고 있다.

어머니는 낙찰계를 선호했다. 낙찰계는 계 중에서도 투기성이 강한 계이다. 늘 자금이 부족했던 상인 아줌마는 많은 이자를 물어가면서 상위 순번에서 곗돈을 타려고 했다. 반면에 보수적인 경제관을 가졌던 어머니는 하위 순번에서 타는 대신 이자가 많이 붙는 쪽을 선호했다. 이 경우, 상위 순번에서 돈을 탄 사람은 높은 이자를 지불하고 급전(急錢)을 구하려는 채무자가 되고, 하위 순번을 타려는 사람은 돈을 제공하고 이자수입을 누리는 전주(錢主)의 입장이 된다. 그들은 입장이 서로 다르기 때문에 밀고 당기며 각자의 이익을 추구했다.

나는 어머니를 따라가 그처럼 번들거리는 자본주의의 욕망과 흥미로운 눈치 작전을 구경할 수 있었다. 나는 산수를 잘했기 때문에 어머니보다 빨리 우리의 이익을 계산하여 그 정보를 재빨리 알려주었다.

---

* 어머니의 이런 역할은 조선 시대의 전통에서 볼 때 정상에 속하는 것이었다. 과거 선비들은 '집안 살림을 돌보지 않는다[不治家産]'는 것을 미덕으로 여겼고, 길쌈을 비롯한 온갖 경제활동은 여성의 몫이었다. 남편이 벼슬길에 나서면 일정한 녹봉을 받을 수 있었지만, 그러지 못한 경우에는 많은 경제활동이 여성들의 몫이 되었다. 조선의 유교가 경제적 측면에서도 여성을 착취한 것은 아닌가 하고 의심이 되는 대목이다.─이동연,〈조선후기 여성 치산과 복선화음가〉,《한국고전여성문학》제4집, 월인, 292쪽 참조.

어머니와 나는 요즘 증권이나 아파트 투기를 하는 부부처럼 일치단결하여 피차의 경제적 욕망을 격려하고 불태웠다.

내가 직접 돈을 만진 것은 아니었지만, 나는 어머니의 훌륭한 재테크 컨설턴트였다. 지금은 기억이 잘 나지 않지만, 그런 일이 있으면 어머니는 용돈을 주거나 먹을 것을 사주며 칭찬해주었을 것이다.

그런데 그 계는 아버지에게 비밀이었다. 어머니가 곗꾼들의 모임에 나를 대동하고 다닌 가장 큰 이유도 아버지가 어머니에게 "어디 갔다 왔냐?"라고 묻는 만약의 사태에 대비해서 거짓된 알리바이를 조작하는 증인이 필요했기 때문이었다. 물론 나는 그 연기를 훌륭하게 해내었다.

언젠가 한 번 계가 깨진 일이 있었다. 계를 주도했던 아줌마가 하룻밤 사이에 도망을 간 탓이었다. 어머니는 한 달도 넘게 속을 끓이며 돈을 찾기 위해 이곳저곳 수소문을 하고 다녔다. 나는 도발이 계주를 찾는 일도 한몫 거들었다. 그러나 어머니는 끝내 그 일을 아버지에게 발설하지 않았다. 나 역시 비밀을 지켰다.

아버지는 분명 껍데기 남편이었다. '어머니와 아버지'보다 '어머니와 나'의 모습이 부부 같은 데가 많았다. 아버지가 어머니에게로 향하는 나의 사랑과 욕망을 차단하여 오이디푸스 콤플렉스에 걸릴 수 있다는 이야기는 정말 나에게 적용될 수 없는 것이었다. 그건 서양학자의 이론을 무턱대고 신봉하는 데서 나오는 억측에 불과한 것이다.

4장

아버지는 아버지의 길을 고집했다. 자신의 의무감과 책임감을 먼저 생각할 뿐, 자신의 아들과 사귀는 방법을 모르고 있었다. 기분이 좋으면 헛기침을 하고 입이 안 돌려서 바람으로 떨어질 것 같은 순간에도 너털웃음을 지을 뿐, 식구들과 회로애락을 함께할 줄 몰랐다. 결국 아버지와 나는 같은 집에서 살았지만 완전히 딴 세상에 있는 사람이었다. 그 딴 세상의 주범은 '신분'이었다.

신분에
기초한
커뮤니케이션

) 이유(離乳) 사건 (

　나는 '어머니 공간'에서 대체로 행복했다. 그러나 어머니와 나의 행복을 위협하는 요소가 아주 없었던 것은 아니다. 프로이트는 그 같은 위협이 가족, 특히 아버지나 다른 형제들로부터 온다고 했다.
　나의 경우에도 아버지로부터 왔다. 나는 아직 어려서 가족 외의 사람을 잘 알지 못했으며, 누군가로부터 중요한 영향이나 위협을 받았다면 그 사람은 가족일 수밖에 없었다.
　첫 번째 위기는 3살 반, 한국 나이로 5살, 동생이 태어날 무렵에 찾아왔다. 아버지는 '더 이상 젖을 먹어서는 안 된다.'고 금지 명령을 내렸다. 그것은 내가 기억할 수 있는 한 아버지가 어머니와 나의 관계에 처음으로 개입하고 나선 사건이었으며, 프로이트의 주장을 연상시킨다는 점에서도 유의미한 사건이었다.

　이제부터 젖에서 쓴맛이 날 것이다!

　어머니는 그 전부터 젖을 떼려고 애를 썼던 모양이다. 나의 저항도 만만치 않았던 것 같다. 어느 날 보니 어머니 젖에는 검은 보랏빛 물감이 칠해져 있었다. 지금 생각해보면 아주 원시적인 방법이었다.

당시에는 아이들 젖을 뗄 때, 젖에 이상한 물질을 바르는 것이 유행이었다. 그만큼 젖을 떼는 일이 쉽지 않았던 것 같다. 어머니도 나의 칭얼거림이 계속되자 나름의 대책을 세운다는 것이 물감을 칠하는 일이었던 모양이다.

'그래도 젖은 젖인데……'

나는 젖에서 쓴맛이 난다는 사실을 도저히 믿을 수가 없었다. 조심조심 물감이 칠해진 젖을 맛보기로 했다. "퉤, 퉤, 퉤!" 젖에서는 정말로 쓴맛이 났다.

솔직히 말해 나는 이 사건이 내가 직접 겪은 사건인지, 아니면 내 동생과 관련된 사건인지 정확하게 기억하지 못한다. 더 정확하게 말하면, 이 사건들은 하나의 기억이라기보다는 마치 내 몸 어딘가에 남아 있는 종합적인 느낌 같은 것들이다.

아무튼 내가 직접 겪은 일이라면 3살 반, 한국 나이로 5살 때의 일을 기억한다는 것인데, 아주 불가능한 일은 아니겠지만 내가 그때의 일을 기억하고 있을 것 같지는 않다. 어쩌면 동생이 젖을 뗄 때, 곁에서 함께 젖을 맛본 것인지도 모르겠다. 그러나 동생의 사건이라고 하기엔 그 느낌들이 너무 생생하다. 어쩌면 두 사건을 섞어서 기억하는 것인지도 모르겠다.

) 최초의 시련 (

그 사건의 당사자가 누구였는지는 여기서 그다지 중요한 문제가 아니다. 더욱 중요한 사실은 어머니, 아버지, 나 사이에 벌어졌던 이야기가 동네방네 소문이 났다는 것이었다.

너는 아직도 젖을 먹는다며?
뒷집 철이는 세 살인데도 젖을 안 먹는데.
애는 아직도 어린애야.

형과 누나는 물론이었고, 어머니 친구인 혜경 아줌마와 옆집에 사는 계준 엄마도 나를 놀렸다. 사나이의 자존심을 건드리는 것이 그들의 주된 수법이었다. '이번에 젖을 떼지 않으면 영원히 어른이 될 수 없다.'며 으름장을 놓기도 했다.

우리 집과 별로 친하지 않던 사람이나 아버지 친구들조차 나를 만나면 이유(離乳) 사건을 화제로 삼았다. 그때는 아버지 친구들도 가까운 곳에 살았다. 나는 부끄럽기도 하고 어른이 되고 싶기도 했다. 그러나 어머니 젖도 원했다.

프로이트는 아버지가 어머니와 아들의 관계를 방해한다고 했지만, 내 경우엔 이 이유 사건 전까지는 그런 일이 벌어지지 않았다. 어떤 의미에서 아버지는 그때까지 나를 어머니에게 맡겨버렸으며, 어머니를 나에게 양도했다. 따라서 어머니와 나, 두 사람은 누구의 방해도 받지 않은 채 돈독한 관계를 유지할 수 있었다.

그렇다. 이유 사건은 이 세상에 태어나서 처음 당해보는 '한 사람 대 여러 사람'의 상황이었다. 그것은 어머니와 나, 둘만의 평화로운 삶에 강력한 침입자가 등장했으며, 나의 행동이 사회의 규제를 받기 시작했다는 뜻이었다.

결론부터 말하자면, 나는 아버지의 명령에 무릎을 꿇어야 했다. 당시 나에게는 그 상황을 역전시킬 만한 능력이 없었다. 아버지의 명령도 명령이지만, 이제는 사나이가 되어야 했으므로 더 이상 젖을 먹을 수 없는 노릇이었다.

지금은 자세히 기억할 수 없지만, 나는 나름대로 아버지의 압력을 뚫고 나의 행복을 지키기 위해 애를 썼던 것 같다. 내 몸의 어딘가에 그와 유사한 투쟁의 흔적이 남아 있는 것 같은 느낌을 받을 때가 있다. 청소년 시절 공연히 떼깡과 고집을 피우고 부모님에게 반항했던 것이 그런 경우일 것이다.

) 욕망의 허용 (

그런데 신기한 일이 벌어지고 있었다. 모든 사람들이 '젖을 떼야 한다'고 말했지만, 채 이틀이 지나지 않아 그들의 말에서 이상한 허점이 보였다. 그들은 분명 '젖을 먹어서는 안 된다.'고 말하고 있었는데, 어쩐지 '너는 가끔 젖을 먹어도 돼!'라고 말하는 것 같았다. 그것은 직접 느껴보지 않으면 알 수 없는 독특한 의사 전달 방법이었다.

아버지는 이유(離乳)를 명령할 때, 엄격한 태도로 말하곤 했다. 그런데 그런 말을 할 때마다, 필요 이상으로 엄격해지고 필요 이상으로 과장된 표정을 지으며 뻐기는 듯한 태도를 취하곤 했다. 그 과장된 행동이 아버지의 허점을 나타내주는 것이었다.

그것은 이번 기회에 꼭 젖을 떼고 말겠다는 결의에 찬 사람의 행동이 아니었다. 그 대신 아버지는 자신이 '젖을 금지할 수도, 허용할 수도 있는 중요한 사람'이라는 사실을 강조하려는 듯했다. 아버지는 자신이 갖고 있는 권위, 즉 아버지의 권위를 과시하는 데 더 많은 관심이 있었던 것이다.

젖에 보랏빛 물감을 칠했다는 것만 해도 그렇다. 그것이 젖을 떼는 데 효과적인 역할을 한다는 보장은 없었다. 물감이 젖을 더욱 탐나게 만들었을 가능성도 있다. 따라서 물감은 젖을 떼게 하는 장치라기보다는, 아이에 대해 부모 특히 아버지의 권위를 높이는 장식물이라고 보는 게 옳다.

그런 의미에서 아버지의 엄격한 태도는 필요한 경우 '한두 번은 젖을 먹게 해줄 수도 있다.'는 것을 나타내는 것이었다. 즉, 아버지는 이유 문제에 대해 정책 지향적(policy-oriented)으로 임했던 것이 아니라, 신분 지향적(status-oriented) 태도를 보였다. 아이가 젖을 떼느냐 마느냐가 중요했던 것이 아니라, 젖을 떼든 계속 먹든 모든 것이 아버지의 통제 아래 이루어지는 것이 중요했다.

"뭐 그렇게 쩨쩨한 아버지가 다 있냐?"라고 놀릴 사람이 있을지도 모르지만, 나의 아버지는 분명 그렇게 행동했다. 그런 의미에서 이유(離乳) 명령은 언젠가 한 번은 풀릴 수밖에 없는 금지였다. 금지된 젖을 언젠가 한 번은 허용할 때, 아버지의 권위가 한층 더 잘 드러날 것이기 때문이었다.

그렇다고 해서 아버지가 쩨쩨했다고만 볼 수도 없다. 자신의 아기가 젖을 떼는, 그 재미있는 통과의례의 고비에서 '나는 너의 아버지다.'라는 사실을 다시 한 번 확고히 하고, 부모와 자식의 관계를 돈독히 해두는 것은 자연스러운 일이 아닌가? 그것이 아버지의 목표였으며 한국식 생활방법이었다.

) 협상과 타협

나도 아버지의 의도와 목적을 잘 알고 있었다. 그와 같은 한국적 부자관계의 묘미를 터득하는 것이야말로 그 나이에 내가 익혀야 할 과제였다. 나는 아버지의 명령에 어떻게 대응해야 하는가에 대해서도 잘 알고 있었다.

그 구체적인 전략은 두말할 것도 없이 '어머니 젖의 주인은 본래 당신이다.' '당신은 나의 아버지이시다.'라는 사실을 공개적으로 인정하는 것이었다. 예컨대, 아버지가 '젖을 먹어서는 안 된다.'고 말할 때, 그 말에 심각한 타격을 받는 듯한 태도를 취하는 것은 효과적이었다. 그런 태도는 '아버지 당신이야말로 나에게 행복도 주고 불행도 줄 능력이 있는 사람'이란 사실을 만천하에 공표하는 것이었다.

그 순간 '앞으로는 절대로 젖을 안 먹겠다.'고 약속을 해버리면, 그 자체로 반항적·도전적 의미를 갖는 태도이며, 자신의 약속이 사실로 굳어져 정말로 젖을 먹을 수 없는 사태가 벌어질 수도 있다. 아버지 같은 절대 권력자 앞에서는 때로 바보처럼 구는 것, 절대 권력에 절대 복종하는 것이 행복을 쟁취하는 길이다.

불행하거나 혼란스러운 표정을 짓는 것도 좋았다. 그것은 아버지의 말 한마디 한마디가 나에게 큰 영향을 미치고 있다는 점을 알리면서, 내 행복을 쟁취하기 위한 시간을 벌어주었다. 그런 식으로 일단 아버지의 허영심을 충족시킨 다음 "아버지, 나 어머니 젖을 쪼끔만 만져도 돼요?"와 같은 온건한 타협책을 제시해야 했다.

몸을 약간 비트는 것도 좋은 방법이었다. 그러나 한두 번의 비틀기로 성공할 것이라고 속단하는 것은 협상가의 자세가 아니다. 때로는 몸짓을 바꾸거나 얼굴을 찡그리고, 때로는 방바닥에 뒹굴면서 강한 저항과 떼깡 수준의 거부의 몸짓을 보일 필요도 있다. 그런 류의 게임을 반복하다 보면, 어느 틈엔가 아버지는 비실비실 웃음을 흘리며 엄격한 태도를 풀기 시작했다.

그 웃음은 '나는 너에게 젖을 금지하노라!'라고 말했던 과장된 억양 속에 포함되어 있던 것인데, '너에게 한두 번 젖을 허용할 수도 있다.'는 뜻을 밝히는 것이기도 했다. 그런 순간에도 절대 안심해서는 안 된다. 세상의 모든 독재자가 그렇듯, 아버지의 변덕도 팥죽 끓듯 했기 때문이다. 결정적 순간이 온 경우에도 입을 오물거리며 억지로 젖을 참는 듯한 자세를 취하거나, 어머니의 등뒤로 숨으면서 '나는 당신의 처분만을 바란다.'는 연기를 인상적으로 해야 했다.

너 정말 젖이 먹고 싶냐?

그런 장면의 어디쯤에선가 아버지는 아무 일도 아니라는 듯이 툭 질문을 던졌다. 그런 순간이 진정한 승부의 포인트였다. 아버지는 아무 일도 아닌 것 같은 순간에 나의 진의를 시험하려는 경향이 있었다. 그건 이 세상의 모든 독재자들이 공통으로 갖고 있는 버릇이다. 아버지도 나에게는 독재자였다.

그런 순간일수록 무조건 "응—" 하고 대답하면 안 된다. 몇 번의 끌고 당김, 쥐었다 놓기를 반복해야 한다. 나의 행복을 쟁취하기 위해서는 심술꾸러기의 괴팍한 변덕을 끝까지 경계하며 아버지의 권력욕을 만족시켜야 했다.

아버지, 나 엄마 젖 한 번 먹고 싶어!

심술이 항복을 선언할 무렵 속삭이듯 나의 간절한 소망을 말해야 했다.

"하! 하! 하!"

그러면 아버지는 커다란 웃음을 터뜨리며 비로소 즐거워했다. 그 웃음은 아버지의 우월함과 아이의 열등함을 명백하게 구분해내며, 아버지는 더욱 아버지다워지고 아이는 더욱 아이다워지게 하는 힘이 있었다.

그러나 그것은 결코 '이번 기회에 꼭 젖을 떼고 말겠다.'는 의지에 가득 찬 웃음은 아니었다. 마지막 결정이 내려질 때에는 '어린애가 젖을 좋아하는 것은 당연하다.'는 관용의 분위기마저 있었다. 그런 점에서 아버지는 어머니에게로 향하는 나의 길목을 막아 선 적군(敵軍)은 아니었다.

) 젖의 선배님들 (

젖에 대한 아버지의 태도가 늙은 사자처럼 능글맞은 것이었다면, 형이나 누나의 태도는 사춘기에 접어든 여우처럼 얄미운 것이었다. 형과 누나는 손바닥을 짝짝 치면서 재미있다는 듯 "젖을 먹으면 안 되는데! ♪, 젖을 먹으면 안 되는데! ♪" 하고 노래를 불렀다.

그러나 그들의 노래 역시 "젖을 먹어도 되는데! ♪, 먹어도 되는데! ♪ 그것도 모르면 바보!"라고 말하는 것 같았다. 형과 누나는 결코 아버지와 어머니의 공식적 명령에 따라 앵무새처럼 똑같은 말만 반복하는 사람들은 아니었다. 그들은 젖의 선배로서 어떤 형태로든 '젖을 먹어도 된다.'는 비밀을 알려주고 싶어했다.

처음에는 적군처럼 보였던 이웃 사람들도 입으로는 "이렇게 큰 아이가 젖을 먹으면 고추가 떨어져요!"라고 말했지만, 사실은 내가 그 금지를 어기고 젖을 먹기로 작정했을 때 벌어질 광경이 궁금해 죽겠다는 표정을 짓고 있었다. 그것은 독특한 의사 전달 방법이었지만, '젖을 먹더라도 커다란 일은 생기지 않을 것'이라는 메시지만큼은 분명하게 전달되었다.

특히 어머니 친구인 아줌마들은 '어린애처럼 굴지 말라.'라고 말했지만, 실제로는 내가 어린애처럼 구는 것을 보고 싶어했다. 아줌마가 세 명 정도 모여 있는 경우가 어리광을 피우기에 가장 좋은 때였다. 어머니가 "절대로 젖을 먹어서는 안 된다."라고 한 그 순간에 어머니 젖가슴에 손을 쓱 집어넣으며, 이 세상에서 가장 어린애 같은 표정으로 "엄마, 나 젖 먹을래!"라고 말하면, 아줌마들은 재미있다는 듯이 깔깔대고 웃었다. 그 합창 웃음은 며칠 동안 젖을 향유할 수 있는 기회를 마련해주었다.

좀더 생각해보면, 이 모든 사람들의 말과 행동에는 어떤 공통점이 있었다. 어떤 사람이 '젖을 먹어서는 안 된다.'는 말을 할 때, 그 말은 꼭 '젖을 먹어서는 안 된다.'는 말이 아니었다. 그들의 관심은 전혀 다른 곳에 있었다.

'젖을 먹지 말라!'고 말하는 그 순간, 그 사람들은 자신들이 나의 형, 나의 누나, 내 어머니의 친구, 내 아버지의 친구, 나의 이웃집 아저씨라는 사실을 다시 한 번 확인하려고 하는 것이었다. 그것은 아버지가 젖을 떼는 일보다 나의 아버지임을 알리고 싶어했던 것과 비슷한 태도였다. 다시 말해, 그들은 나 또는 나의 부모와 일종의 신분적 관계를 맺거나 그 관계를 확인하려는 의도로 그런 말을 했다.

그런 점에서 그들 모두는 신분적 인간(a man of status) 또는 관계적 인간(a man of relation)이라고 할 수 있다. 그들이 나보다 우월한 신분의 소유자요 나와 특별한 관계가 있다는 점을 과시하자면, 어떤 방식으로든지 자신들이 알고 있는 유용한 정보, '젖을 먹어도 된다'는 어머니와 아버지의 비밀을 귀띔해주어야 했다.

나에게도 살 길은 있었던 셈이다. 그리하여 나는 기꺼이 자애심(慈愛心)을 베풀고자 하는 사람들 속에서 유리한 입장에 서게 되었다. 결국 젖을 떼기는 했지만, 젖에 대한 접근은 상당 기간 연장되었다. 나는 6살 정도까지 어머니 젖을 가까이 할 수 있었던 것 같다.

) 내가 창설한 최초의 신분 (

더욱 재미있는 사실은 나 역시 4~5살 무렵부터 젖에 대해 어른 행세를 하고 다녔다는 사실이다.

아기가 젖을 물고 있네!
그래 예쁜 아가야! 귀여운 아기!
아이고! 예뻐라! 젖 많이 먹어!

나는 동생이 젖을 물고 있을 때나, 젖을 물고 있는 동네 아기들을 볼 때마다 그들이 아주 귀엽다는 느낌을 갖곤 했다. 정말로 아기들은 그렇게 예쁠 수가 없었다. 그런데 나의 그런 감정은 아기가 예쁘다는 것에 대한 감탄만은 아니었다. 그 감탄에는 '나도 너와 같이 어머니 젖을 먹던 행복한 시절이 있었지만 이제는 젖을 뗀 어린이가 되었다.'는 향수 어린 감정이 포함되어 있었다.

물론 아이는 예쁘다. 그러나 그 향수 어린 감정에는, '나는 아기보다 우월한 아이' '너는 아직 젖을 먹는 아기' '아기는 나보다 미숙한 인간' '나는 너의 선배, 너는 나의 후배 아기'라는 감정이 섞여 있었다. '아기가 예쁘다', '아가야 젖을 많이 먹어라'라고 했던 내 말은 나 스스로를 그 아이보다 우월한 입장에 놓고 싶어하는 감정의 표현이기도 했다.

아니, 아이가 예쁘다는 것보다 내가 자애로운 선배라는 것을 확인하는 것이 더 중요했을 수도 있다. 나 역시 신분적 인간의 관점에서 그 아이를 바라보고 있었던 것이다. 그리고 나는 그런 감정을 취득함으로써 내 동생의 형이 될 수 있는 한국인의 정신적 품격을 갖추게 되었다. 그것은 바로 내가 누군가의 선배, 아저씨, 상사, 아버지 등의 자질을 배워가는 첫 계단에 올라선 것을 의미하기도 했다.

그 아이가 예쁠수록, 아기다운 아기처럼 젖을 물고 있을수록, 나는 완벽하게 젖을 뗀 훌륭한 선배가 될 수 있었다. 또 나의 자애로움을 강조하자면 그 아이를 실제보다 훨씬 더 예쁘고 귀엽고 어린애 같다고 감탄하는 것이 좋았다. 이 경우, 그 아이가 젖을 먹느냐 마느냐 하는 것은 그렇게 중요한 일이 아니었다. 아무튼 '아기가 예쁘다'는 나의 그 느낌은 '형' 또는 '선배'란 신분을 나 스스로에게 부여했던 최초의 사건이었다.

그 같은 감정은 초·중학교 시절 한 학년씩 진급할 때는 물론 내 인생의 중요 고비마다 계속 반복되었다. 예를 들어, 초등학교 시절 한 학년이 올라갈 때마다 나는 1학년에 새로 입학한 후배들을 보면서 "아휴, 요즘 1학년들은 왜 이렇게 작은지 모르겠어!" 또는 "올 1학년들은 작년 1학년 아이들보다 훨씬 더 작은 것 같아!"라며 그 전에는 그처럼 작은 아이들을 본 적이 없다는 듯이 말했다.

내 친구들도 다 그렇게 말했다. 나와 내 친구들은 신입생들에게 우월감을 드러내고 확인하려다 보니, 자기 자신도 크고 있다는 사실은 망각한 채, 새로운 신입생들은 작년 신입생들보다 작은 아이들이라고 얕잡아 보는 '작은 어른'이 되어가고 있었다. 우리들도 영락없는 신분적 인간으로 성장하고 있었다.■

초등학교 때만 그런 것도 아니었다. 중학교든 대학이든, 군대든 직장이든, 특히 교도소 같은 곳에 난생 처음 발을 들여놓으면, 그곳에 먼저 있던 사람들이 늘 취하는 행동이었다. 그들은 빙글빙글 웃음을 지으며 '음, 어린애가 하나 들어왔군!' 하는 표정을 짓고 있었다. 그

■ 이런 현상은 지금도 여러 형태로 남아 있다. 예를 들어, 우리는 4~5살 정도의 아이를 처음 만났을 때, 맨 처음 "몇 살이니?" 하고 물어본다. 그게 어린아이에 대한 인사법이다. 어른이 되어 사람을 처음 사귈 때도 "학번이 어떻게 되십니까?" 하고 묻거나, 아예 "85학번입니다." 하고 먼저 밝히기도 한다. 나는 대머리는 아니지만 머리숱이 적어 10살 정도 나이가 더 들어 보인다. 그래서 5살 위인 사람도 나를 처음 만나면 형을 대하듯 공손하게 말한다. 미안해서 얼른 내 나이를 밝히면, 갑자기 돌변해서 뻣뻣하게 나오고 아예 반말을 하는 사람도 있다. 이런 현상들은 모두 나이를 통해 신분의 우열을 가리는 우리의 습관들이다. 이렇게 볼 때, 4~5살 아이에게 "몇 살이니?" 하고 묻는 것은 우열조차 가릴 필요가 없는 상황임에도 '내가 너보다 어른이다.'라는 사실을 확인하는 어법이 아닐 수 없다. 어떤 아이들은 어른들의 그런 권위적 태도를 싫어해서 대답을 안 하는 경우가 있다. 그런 아이에게 꼭 말을 해야 한다면, "내 이름은 ○○○인데 네 이름은 이름이 뭐냐?"라거나 그냥 "네 이름이 뭐냐?"라고 말을 건네보라. 훨씬 좋은 대화가 이루어질 것이다.

같은 표정들은 초등학생들이 신입생들에 대해 자기 자신을 당당한 선배로 설정하는 것과 조금도 다르지 않았다.

나는 미국이나 유럽으로 여행을 하거나 한국에 사는 서양 아이를 만날 때, 그들이 자기보다 어린아이를 어떻게 대하는지 알아보려고 노력했다. 나의 관찰방법이 잘못된 것인지는 모르겠지만, 어떤 경우에도 한국 아이들처럼 행동하는 경우를 발견할 수 없었다. 그 아이들은 나이가 어리고 키가 작다는 이유로 작은 아이를 자기보다 열등한 후배로 보지 않았다. 사실 그들은 다른 사람의 나이 자체에 대해 우리처럼 관심을 기울이지 않는다. 따라서 작은 아이를 후배로 여기는 감정은 나이에 따라 신분을 나누는 사회의 아이들이 갖는 특유한 감정으로 이해된다.

) 신분의 감옥

젖을 떼는 문제에 있어 많은 사람들이 나의 선배가 되고, 내가 다른 아기의 선배가 되었다는 것은 중요한 의미가 있는 것 같다. 왜냐하면 '선배-후배' 관계는 우리 사회를 운영하는 중요한 방식인데, 그 사건들은 '선배-후배'라는 관계가 어떤 원리로 형성되는가를 최초로 보여주기 때문이다.

'선·후배 관계'에는 또 한 가지 주목할 만한 현상이 있다. 즉, 이 관계에서는 신분과 권위가 커뮤니케이션을 대체하는 현상이 벌어진다. 신분사회에서 말을 한다는 것은 전인권이란 사람이 말을 하는 것이 아니라, 어떤 사람과 나의 관계 속에서 주어진 나의 신분이 말을 하는 것이 된다. 다시 말해, '너는 젖을 먹어서는 안 된다.'는 말의 실제적 의미는 '나는 너보다 어른이다.'라고 말을 하는 것이 된다.

대표적인 예가 아버지였다. 아버지는 정말 '신분의 감옥'에 갇혀 있는 사람이었다. 아버지는 다른 사람과의 관계에서는 신분의 감옥을 벗어나는 경우도 있었지만, 자식들을 대할 때만큼은 그 감옥에서 벗어나지 못했다. 아버지는 내 생활에 대해서는 별로 관심이 없었다. 심지어 "올해 네가 몇 학년이냐?" 또는 "몇 살이냐?"라고 묻는 경우도 많았다. 대신 아버지는 나의 학교성적에 대해서만큼은 지대한 관심을 갖고 있었다. 아버지는, 자식의 나이를 몰라도 되지만 자식의 학교 성적에 관심을 기울이는 것이 아버지의 역할을 다하는 것이라고 생각했다.

이 문제에 대해서는 또 다른 적절한 사례가 있다. 1903년 사탕수수밭의 노동자가 되기 위해 미국 하와이로 이민을 떠난 한국인들이 있었다. 1916년 그 노동자들 중 한 명의 아들로 태어난 할아버지가 다음과 같은 증언을 했다.

그 할아버지가 10살 무렵의 일이었다. 하루는 아버지에게 "아버지, 내가 아버지를 안아도(hug you) 되나요?" 하고 물었더니, 아버지는 "안 된다."라고 했다. 아마 다른 미국 아이들처럼 아버지를 안아보고 싶었던 모양이다. "그럼 아버지 손을 잡아도(hold your hand) 되나요?" 하고 물었더니, 아버지는 그것도 "안 된다."라고 했다. 아들이 "왜 안 되나요?" 하고 물었더니, "나는 너의 아버지이기 때문이다."라고 대답했다고 한다.

미국 아이들은 아버지를 껴안아도 되고 아버지 손을 잡아도 되는데, 한국 아버지는 "아버지이기 때문에 안 된다."라고 했으니 그 할아버지는 참으로 혼란스러웠을 것이다. 사실 그 혼란은 80살이 넘은 증언 당시에도 가시지 않았다. 그래서 "그럼 나는 아버지에게 무엇을 할 수 있나요?" 하고 물었더니, 아버지는 "나를 만질 생각을 하지 말고, 내 말을 잘 듣고 나를 보고 따라 배워라."라고 했다고 한다.

그 옛날 한국의 아버지는 아들과 그처럼 구분되는 존재였다. 그것이 전통적인 부자관계의 원형이었다는 생각도 든다. 신분의 감옥에 갇힌 아버지와 나의 관계에도 그런 구석이 있었다.

) 신분사회의 커뮤니케이션 (

어른이 된 지금 나는 아버지가 아들의 나이와 학년을 정확히 몰랐다는 것을 무조건 탓하고 싶은 생각은 없다. 한국에서 남자들은 직장생활에 전력투구해야 하고, 퇴근 후에도 직장과 관련된 일을 하는 경우가 많다. 그렇게 바쁘게 살다 보면 둘째 아이가 몇 살인지 까맣게 잊을 수도 있다.

그러나 그것은 사랑하는 아내에게 좋은 옷과 좋은 집을 마련해주기 위해 죽어라고 일을 하지만 정작 사랑하기 위한 시간을 내지 않는 남편이 좋은 남편이 될 수 없는 것과 같다. 요컨대, 아버지는 아버지의 길을 가려고만 했고, 나더러는 나의 길을 가라고 했다. 정작 두 사람이 만나고 교류하는 길은 없었다. 바로 이것이 신분관계로 맺어진 아버지와 나의 관계였다.

또 아버지는 자신이 걸어온 길과 비교하며 나를 가르치려고 했다. 아버지는 "나는 20리 산길을 걸어서 학교를 다녔고 전깃불이 없어 호롱불 밑에서 공부했는데 뭐가 불편하다고 난리냐?"라는 말을 자주 했다. 한술 더 떠서 '나는 담배를 피우지만, 너는 어른이 되어도 담배를 피우지 말라.'고 하는 경우도 많았다.

아버지의 선한 생각은 백번 이해한다. 아버지는 이 세상에 좋은 것이라면 모두 아들에게 주고 그것을 아들이 갖기를 원했다. 그러나 친구를 사귄다는 것은 내 방식을 고집하는 것이 아니라, 친구의 처지를 이해해야 하는 것이 아닌가? 물론 아버지는 나와 친구가 된다는 생각도 하지 않았다. 아버지는 '아들과 아버지라는 관계'의 당사자가 되기보다는 그 관계를 초월하여 높은 곳에서 말하려고 했다. 그러다 보니, 가장 가까운 사람인 나에게 아버지 자신을 보여주지 않았다.

그런데 아이의 입장에서는 아버지의 명령 속에 담긴 진심을 알기가 결코 쉽지 않다. 그래서 '담배를 피우지 말라.'는 아버지의 말을 곧이곧대로 듣는 것이 아니라, 담배를 피우는 것이 그처럼 많은 권한을 가진 어른이 되는 길인 줄 알고 어느 순간 담배에 손을 대게 되는 것은 아닐까?

아버지는 아버지의 길을 고집했다. 자신의 의무감과 책임감을 먼저 생각할 뿐, 자신의 아들과 사귀는 방법을 모르고 있었다. 기분이 좋으면 헛기침을 하고 일이 안 풀려서 벼랑으로 떨어질 것 같은 순간에도 너털웃음을 지을 뿐, 식구들과 희로애락을 함께할 줄 몰랐다. 결국 아버지와 나는 같은 집에서 살았지만 완전히 딴 세상에 있는 사람이었다. 그 딴 세상의 주범은 '신분'이었다. 아버지에겐 아버지란 신분이 있었고 나에겐 아들이란 신분이 주어져 있었다.

대한민국은 더 이상 '양반·상놈'을 나누는 신분사회가 아니다. 그러나 행동 차원에서는 신분적 태도가 많이 남아 있다. 근대화를 시작한 지 100년이 넘었지만, 과거의 구습은 우리의 생각과 행동을 지배하고 있다. 바로 그런 의미에서 아버지란 신분은 이 세상 어디에나 있는 이름이지만, 가장 바꾸기 어려운 신분 중의 하나였다.

내 아버지야말로 대표적인 '신분적 인간'이었다. 아버지는 당신과 나, 사람과 사람이 모두 같은 인간이라고 생각하는, 유식한 말로 유적존재(類的存在, Gattungswesen)란 관념이 없었다. 오직 나를 자식이라는 관점으로만 대했다. 내가 어렸을 때는 나를 아직 인간이 덜 된, 미숙한 아이로 보았으며, 자신은 그 미숙한 아이를 성숙한 인간으로 키우는 막중한 임무를 떠맡았다는 것만 생각했다.

그 의무감이 아버지의 어깨를 짓눌렀다. 바로 그 의무감이 아버지를 더욱 신분의 감옥에 머물게 했다. 그리하여 혼자서는 나를 위해 백번 천번 기도를 올리지만, 내 앞에선 꿀 먹은 벙어리 같은 표정을 지었다. 당신의 마음이 깨진 거울처럼 조각난 경우에도 돌아서 먼 산을 바라볼 뿐이었다. 그것은 어쩌면 당연한 것이었다. 아버지가 생각하는 인간관계란 내면적 성찰이 아니라, 부자유친(父子有親), 붕우유신(朋友有信), 부부유별(夫婦有別)과 같이 외면적 차이를 기준으로 하는 인간관계에 바탕을 두고 있었기 때문이다.

두 개의 가족

그런데 아버지의 신분적 태도는 예상치 못한 결과를 초래했다. 아버지는 집안에서 절대적 권력을 누리는 것처럼 보였지만, 실제로는 허수아비일 때가 많았다. 모든 독재자에게 비극이 있듯이 우리 집에서 가장 높은 신분을 차지한 아버지에게도 비극은 있었다. 그 비극은 임금님 혼자만 자신이 벌거벗었다는 것을 모르는 것과 비슷한 비극이었다. 아버지는 우리 집이 실제로 어떻게 돌아가고 있는지를 알 수 없는 위치에 있었다. 머리와 입으로만 생각하고 명령했을 뿐, 한 번도 가족들의 생활 속으로 들어와본 적이 없었기 때문이었다.

그리하여 아버지는 돈을 벌어다주는 기계였을 뿐, 구체적인 상황에 이르면 속수무책의 빈 껍데기가 되곤 했다. 현대의 권력은 형식적인 지위나 신분이 아니라, 인간관계와 정보에 기반을 두고 있다. 집안에서 아무 일도 하지 않았던 아버지에게는 유용한 정보가 흘러 들어갈 수 없었다. 그런 까닭에 아버지는 권위만 높을 뿐, 실제로는 완전한 무권력자가 되었다. 아버지가 무권력자란 사실은 시간이 지날수록 점점 더 분명해졌다. 환갑과 칠순을 넘기고 경제적 역할마저 축소되자, 아버지는 말 그대로 우리 집의 '왕따' 신세가 되었다. 이 세상에 아버지를 의도적으로 '왕따' 시키는 가족이 어디에 있겠는가? 그러나 이것이 현재 우리 집의 엄연한 현실이다.

대신 어머니와 아이들은 시간이 지날수록 한통속이 되어 '어머니 공간'을 더욱 풍부하게 했다. 그 같은 조짐은 이미 내가 어렸을 때부터 있었다. 어머니와 아이들은 함께 이야기를 나누다가 아버지가 나타나면 갑자기 입을 다물고 우르르 자신들의 공간으로 사라지던 일이 그것이다. 이 광경은 아버지의 슬픈 미래를 예고하는 것이었다.

아버지는 '지배하지만 통치하지 않는 영국 왕' 처럼, 권위 있게 군림했지만 물 위를 떠도는 기름과 같았다. 그 물과 기름은 한 그릇 안에 있었지만 타인처럼 보일 때가 많았다. 그 대신 나머지 가족들은 풍부한 자유를 누렸다. 이처럼 우리 가족은 언제나 두 개의 가족으로 나뉘어 있었다. 하나는 아버지를 중심으로 하는 공식적 가족이요, 다른 하나는 어머니를 중심으로 하는 비공식적 모성가족이었다.

우리 집 안방이 두 개의 공간으로 나누어져 있었다는 것은 바로 두 개의 가족이 존재했음을 말해주는 증거였다. 아버지가 이유(離乳) 사건에서 어정쩡한 태도를 취할 수밖에 없었던 것도 그 일이 자신의 소관인지 어머니의 소관인지 판단하기 어려웠던 탓일 수도 있었다.

더 중요한 사실은 나 자신도 아버지와 같은 '신분의 관념'에서 벗어났다고 보기 어렵다는 점이다. 이미 5살 때, 동네 아이의 선배임을 자처했다는 것은 내가 아버지의 길, 아버지의 권위와 비극을 충실하게 답습해가고 있다는 증거였다. 40대에 들어선 요즘 내 생활도 그렇다.

나만 그런 것도 아니다. 학문을 직업으로 하다 보니 많은 종류의 지식인을 만나게 된다. 그런 분들 또는 그런 분들이 참여하는 단체조차 신분관계에 충실하다. 또 내 친구들 중에는 벌써 내 아버지처럼 가정에서 '왕따'를 당하는 사람도 나타나기 시작했다. 놀라운 역사의 반복이다.

어떤 측면에서 신분적 대화는 상당 부분 불가피하다. 사람과 사람

■ '이중가족 또는 어머니 중심 가족'에 대한 관심은 마저리 울프(Margery Wolf)란 인류학자에 의해 제기되었다. 그는 대만의 가족제도를 연구하면서 어머니에 의해 주도되는 하위가족(sub-family)이 있다는 사실을 발견하고, 그것을 '자궁가족(uterine family)'이라고 명명하였다. 여기서 말하는 모성가족은 울프의 자궁가족을 대체한 용어다. 그런데 대만의 자궁가족은 여기서 말하는 모성가족과 차이가 있다. 과거 대만에서는 장래 며느릿감을 6~7살의 어린 나이에 양녀로 받아들여 딸처럼 키우다가 며느리로 삼는 풍습이 폭넓게 존재했다. 양녀가 시어머니의 말을 잘 듣도록 교육한 후에 아들에게 장가를 들인다면, 시어머니 중심의 자궁가족은 훨씬 완벽하게 유지될 것이다. 과거 우리 나라의 조혼풍습도 며느리를 일찍 받아들여 길들이고 싶은 시어머니의 의견을 반영한 것으로 볼 수도 있겠다.—Margery Wolf, Women and the Family in Rural Taiwan(Stanford University Press, 1972) 참조.

의 대화가 언제나 자신을 모두 드러내는 알몸의 대화일 수는 없다. 그러나 아버지와 나 사이의 대화는 서로의 의견을 교환하는 대화(dialogue)라기보다 반복적으로 아버지와 아들이라는 신분을 확인하는 의식(ceremony)에 머물렀다는 점을 지적해두지 않을 수 없다.

5장

어머니는 왜 서로 다른 세 얼굴을 가지고 세 아들을 그처럼 극진하게 사랑했을까. 어머니의 '세 얼굴 현상'은 19살에 시집 온 새댁을 사람 취급조차 하지 않았던 가부장제도에 대한 적응이자 응전이었다. 지금 노인이 된 어머니와 아버지의 권력관계를 비교해보면, 세 얼굴 작전은 완전히 성공이다. 내가 어린 적, 안방의 두 공간에 있었던 어머니와 아버지의 권력관계는 이제 정반대로 역전되었다.

세 얼굴을 가진 어머니

) 동생의 죽음

나는 '어머니 공간'에서 대체로 행복했다. 아버지로 인해 이유(離乳) 사건과 비슷한 위기가 가끔 찾아왔지만 어머니와 나의 사랑은 더 굳건해졌다. 우리 두 사람은 본래 그렇게 되기로 약속했던 커플처럼 더 깊고 넓은 행복을 쌓았다.

주된 이유는 아버지가 자신의 신분을 유지하려고 했을 뿐, 어머니를 독점하거나 나를 훈육하겠다는 생각을 별로 하지 않았기 때문이다. 우리 집에는 늘 두 개의 가족이 있었고, 어머니와 나의 독립된 공간도 늘 확보되어 있었다.

정작 그 당시 어머니와 나의 관계를 위협했던 것은 동생과 형이었던 것 같다. 나는 이 사실을 전혀 의식하지 못하고 있다가, 내가 어른이 된 다음 어떤 사건을 겪으면서 분명하게 알 수 있었다.

우리 가족은 약 10여 년 전에 커다란 횡액(橫厄)을 당했다. 바로 내 밑의 남동생이 교통사고로 하늘나라에 가고 만 것이다. 어머니 젖을 다투며 함께 자란 그 동생이었다. 그때 동생의 나이 26살이었다.

그 사건은 갑작스럽게 찾아왔다. 나는 너무 슬펐고 어찌할 바를 몰랐다. 동생에게는 아름다운 애인이 있었는데, 그 사람의 슬픔도 말로는 다 형언하기 어려운 것이었다. 뭐니뭐니 해도 어머니의 슬픔이 가장 컸다.

어떤 위로도 어머니에게 도움을 주지 못했다. 어머니는 막내아들의 죽음을 받아들이지 못했고 어떤 점에서는 지금도 그렇다. 어머니는 사고 직후부터 앓아 누워 꼭 6개월을 꼼짝도 못하고 병석에서 보냈다. 그런데 동생의 죽음은 우리 가족의 슬픔과 관계없이 나에게 새로운 사실을 하나 알려주었다.

어머니는 세 아들을 두었다. 내 입장에서 보면, 형과 동생이 하나씩 있다. 형님과 나 사이에 누님이 한 분 있고 맨 끝에 여동생이 있지만, 여자 형제들 이야기는 일단 제외키로 하겠다.

동생 사건이 있기 전까지 나는 어머니가 세 아들 중에서 나를 가장 사랑하는 줄 알고 있었다. 정말 바보 같은 착각이었지만, 나이 서른이 다 되도록 그 사실을 의심해본 적이 없었다. 한술 더 떠서 나는 어머니의 독점적 사랑을 누릴 만한 자격이 있다고까지 생각했다. 초등학교에 입학한 이래, 나는 세 형제 중에서 가장 공부를 잘했고 가장 말썽을 덜 피웠으며 부모님 말씀을 가장 잘 듣는 아이라고 생각했기 때문이다. 그런데 동생의 죽음은 이 달콤한 착각을 모두 허물어버렸다.

천사의 음모(?)

명절이 다가오면 어머니는 아이들에게 새 옷을 한 벌씩 사주었다. 그러나 어머니는 늘 돈이 부족해서 고민을 했다. 멋내기를 좋아하는 누나와 남동생은 설빔을 입는다는 기쁨에 들떠 어머니 고민은 안중에 없었다. 내가 보기에 두 사람은 철이 없었다. 나는 좀 달랐다.

엄마, 나는 이번 설에 새 옷을 입지 않을래요. 누나와 동생에게 옷을 사주시고 나는 다음에 사주세요.

지금 생각해보아도 도덕 교과서에 나올 법한 말인데, 나는 늘상 그렇게 말하는 아이였다. 그러면 어머니는 "너는 어쩌면 그렇게 기특한 생각만 하냐?"라며 머리를 쓰다듬어주었다. 그렇게 양보를 하면 많은 사람들이 편안해질 수 있었다.

그런데 무엇이든 양보만 하는 것이 꼭 좋다고만 할 수는 없다. 오히려 남들과 경쟁할 때는 치열하게 경쟁하고, 경쟁의 결과를 툭지 있게 쟁취하는 것이 더 바람직할 수 있다. 특히 현대사회에서는 더욱 그렇다.

일방적으로 양보만 하는 것은 '천사의 음모'일 수 있다. 천사는 옷 한 벌을 양보함으로써 더 큰 사랑을 얻으려고 하는 것인지도 모른다. 사람은 누구나 얼마간 선행을 하고 얼마간 악행을 저지른다. 그러나 일방적으로 양보만 하는 아이는 '나는 선행만 했다.' '나는 사랑을 베풀었다.'는 자부심만 갖게 될 수도 있다. 그 자부심이 자만으로 변할 수도 있다.

만약 내가 '착하다'는 자부심을 얻기 위해 옷을 양보했다면, 그것은 '천사의 음모'다. 그것은 정정당당한 경쟁이 아니라 약간의 계략으로 남보다 우월한 지위를 차지하려 했다는 점에서 음모다. 실제로 내가 그런 자부심을 얻기 위해 양보를 한 것인지는 잘 모르겠다.

설빔은 한 가지 예에 지나지 않는다. 나는 다른 경우에도 양보를 잘

했다. 이런 사실은 혜경 아줌마와 계준 엄마도 다 알고 있었으며, 그 아줌마들은 나만 보면 "어른처럼 의젓하다."라고 칭찬해주었다. 어머니도 나에게 "믿음직스럽다."라는 칭찬을 자주 해주었다.

그런데 20년이 지난 후 이게 웬 날벼락이란 말인가? 동생의 장례를 치르고 난 뒤에 보니 나의 믿음은 사실이 아님이 드러났다. 어머니는 나보다 동생을 더 사랑했다는 증거를 하나씩 내놓기 시작했다. 그리고 그것은 나에게 색다른 반성과 사색의 기회를 주었다.

) 어머니의 배신 (

병석에 누운 어머니는 아버지에게 온갖 비난을 퍼붓기 시작했다. 어머니는 안절부절 마음을 진정시키지 못했고, 아버지가 옆에 있건 없건 동생이 생각나면 아버지에게 비난을 퍼부었다.

니네 아버지(남편이라고 부르는 것이 아니라)가 인덕이에게 해준 게 무엇이냐? 아무것도 없다. 입학식, 졸업식에 한 번도 나타난 적이 없었다. 그 아이가 군대에 갔을 때에도, 면회 한 번 안 간 사람이 니네 아버지다.

어머니는 동생에게 제대로 해주지 못했던 일들이 생각나거나, 그만한 또래의 다른 청년들이 씩씩하게 다니는 것을 보고 난 후면, 모든 것을 아버지에게 덮어씌우며 불평을 늘어놓았다. 식구들이 "뭣 좀 드셔보세요. 이러다가 더 큰일이 나겠어요."라고 해도 듣지 않았다.

세월이 흐르자 그 비난은 나에게로도 옮겨왔다. "인덕이는 너하고 달랐다!"라는 말까지 했다. 나로서는 충격적인 이야기였다. 형인 나를 더 좋은 위치에 놓고 비교했다면 모르겠지만, 노골적으로 동생을 더 좋게 말하는 것은 처음 겪는 일이었다.

열 손가락 깨물어 안 아픈 손가락은 없다. 그 중에서 한 손가락이 잘려나갔다면, 그 손가락에 더 많은 신경이 쓰이는 것도 당연한 일이다. 그런데 지금은 어머니의 그 쓰라린 심정을 얘기하자는 것이 아니다. 어머니가 동생을 추억하고 생각하는 방식에는 한국 가족의 핵심적 논리, 한국인들이 살아가는 방식이 어떤 것인지를 보여주는 그 무엇이 있었다. 나는 그 점에 주목하지 않을 수 없었다.

초기의 충격이 가신 후, 나는 기회가 있을 때마다 어머니가 동생을 그토록 절절하게 추억하는 이유가 무엇인지 알아보려고 했다. 물론 꼭 이유가 있어야 하는 것은 아니다. 죽은 자식을 추억하는 데 무슨 이유가 필요하겠는가.

그러나 나보다 동생을 사랑하는 것 같은 태도를 취하는 데에는 무슨 이유가 있을지도 모르는 일이었다. 나는 그런 것이 있는지를 찾아보려고 했다. 그래야 앞으로 어머니 마음에 더 들도록 행동할 수 있을 테니까 말이다. 그러나 그런 것은 별로 없었다. 굳이 그런 이유를 찾는다면, 기껏해야 '인덕이는 남자다웠다.'는 것밖에 없었다. 그것이 내가 찾아낼 수 있었던 가장 뚜렷한 이유였다.

어머니는 그 아이가 얼마나 씩씩하고 의리가 있는 아이였는지에 대해 수없이 얘기하곤 했다. 그런 것들은 나도 인정한다. 그 아이에겐 그런 점이 있었다. 그러나 그것이 나보다 동생을 더 사랑하는 이유라는 것은 납득이 안 되는 일이었다.

문제는 일관성이었다. 어머니가 평소에도 '공부를 잘하는 아이보다 남자처럼 씩씩한 사람이 더 좋다.'고 생각하는 사람이었다면 문제될 것이 없었다. 그러나 내가 아는 어머니는 그렇지 않았다. 내놓고 말은 안 해도 학교에서 공부를 잘하는 것이 더 좋다고 생각하는 경향이 많았다.

그렇지만 어머니가 동생을 더 깊이 사랑한다는 것은 움직일 수 없는 사실처럼 보였다. 동생의 죽음으로 인생관이 변했는지 '인권이 너는 공부만 하는 책상물림인데 반해, 네 동생은 신체도 건장하고 여자 아이들에게 인기도 많고 씩씩하고 의리가 있었다.'는 식의 이야기를 여러 번 했다. 내 입장에서 보면, 그건 이전에는 있을 수 없었던 어머니의 배신이었다.

) 내 동생 전인덕

어머니는 시시때때로 동생을 추억하기에 바빴다. 동생과 함께 우리 집에 놀러왔던 그 아이의 여자 친구들은 모두 상상 속의 며느리로 변해 있었다. '○○은 날씬하고 얼마나 동작이 빠른지, 지금은 시집가서 잘 살 거다.'라는 식이었다. 어머니는 동생이 설거지를 한 사건에도 강한 애착을 보였다.

우리가 태릉에 한 5년 살았잖냐. 한 번은 내가 몸이 아팠는데, 인덕이가 설거지를 해놓았지 뭐니. 아유, 설거지를 해도 어쩜 그렇게 깔끔하게 했니? 싱크대 뒤의 타일까지 비누를 묻혀 깨끗하게 닦아놓고, 그릇들이 겹치지 않게 어슷어슷 엎어놓았는데, 내가 나가보니 물기가 쏙 빠졌지 뭐니. 하나를 보면 열을 알 수 있지. 이놈은 뭐가 되도 될 놈이다, 그런 생각이

들더라.

　어머니는 그렇게 말해놓고 한바탕 눈물바람을 하곤 했다. 무슨 일이 있으면 추억에 젖어 그 사건을 자주 되뇌었다. 앞으로도 기회 있을 때마다 그 이야기를 할 것이다. 아주 감명 깊었던 모양이다.
　자식이 죽으면 가슴에 묻는다고 하더니, 어머니도 마찬가지였다. 작은 일 하나하나에 동생의 의미를 부여하며 그 아이가 살아 있을 때보다 더욱 큰 사랑을 새록새록 키워나가고 있었다. 설거지 이야기는 '동생이 무뚝뚝하고 투박한 아이지만, 한번 마음을 먹었다 하면 자상하고 섬세하게 행동할 수 있다.'는 뜻을 지닌 말이었다. 그것은 동생의 가장 큰 약점을 감싸고 도는 말이었다. 동생은 어머니의 상상 속에서 점점 더 완벽한 인간이 되어가고 있었다.
　그러나 나는 솔직히 좀 어이가 없었다. 어머니 말대로 인덕이 그 놈은 나와 종류가 다른 놈이었다. 그 녀석은 중학교 때부터 엘비스 프레슬리를 좋아했고 방학이면 머리를 기르고 이상한 옷을 입고 다녔다. 셔츠에 관한 기억도 잊을 수 없다. 녀석은 셔츠를 입을 때면 으레 속옷을 입지 않았다. 또 셔츠의 윗단추를 두세 개 풀어놓아 맨가슴이 드러나도록 했다. 아주 느끼한 패션 감각이었다. 좀 괜찮다 싶은 옷이면 나에게 말도 하지 않고 꺼내 입고 나가 골탕을 먹인 적이 한두 번이 아니었다.
　아니나 다를까, 녀석은 중학교를 졸업할 때쯤부터 여자 애들과 어울려 음악 다방이란 곳을 출입했다. 녀석은 나보다 키가 2~3cm 더 컸고, 보디빌딩(body-building) 같은 운동을 해서 건장했으니까, 남성적 매력이 더 많았다는 것도 인정한다. 그러나 내 입장에서 보면, 한마디로 건달이었고 사고뭉치였다.

설거지만 해도 그렇다. 동생이 나보다 설거지를 잘하고 많이 했을 리는 만무이다. 나는 대학에 입학한 직후부터 운동권이었기 때문에 '남녀가 동등하게 가사노동을 분담해야 한다.'는 것만큼은 철저하게 익혔다. 그래서 나는 빨래와 설거지는 물론 각종 요리와 밥도 잘했다.

더구나 나는 약간의 결벽증이 있어서 한번 일을 했다 하면 아주 깨끗하게 해놓아야 직성이 풀리는 성격이었다. 내 키도 178cm나 되니 남성적 매력이 아주 없는 것은 아니다. 그런데 어머니는 나의 매력과 내가 한 설거지는 까맣게 잊고, 동생이 어쩌다 한 번 한 설거지는 잊지 않고 애지중지했다.

편애도 그렇게 심각한 편애가 있을 수 없었다. 어머니는 그처럼 터무니없이 동생을 사랑하고 있었다. 심지어 어머니는 "인덕이는 너그러운 아이였는데, 너는 이기적인 놈!"이라는 말까지 했다. 참으로 동생이 횡액을 당하지 않았더라면 있을 수 없는 일이 연속적으로 벌어지고 있었다. 내 입장에서 보면 아닌 밤중에 홍두깨였다. 그러나 동생에 대한 어머니의 사랑을 누가 막을 수 있으랴?

) 두 번째 배신 (

동생으로 인한 나의 충격이 어느 정도 가라앉은 후, 나는 새로운 관찰거리를 생각하지 않을 수 없었다. 그것은 형과 어머니가 어떤 관계인지를 알아내는 것이었다. 나보다 동생을 더 사랑했다면, 나보다 형을 더 사랑하지 말란 법도 없지 않은가!

나는 또다시 충격적인 배신을 당하지 않기 위해 의심의 눈초리를 형과 어머니에게로 확대했다. 혹시 형을 더 사랑한다는 사실이 밝혀지더라도 실망을 하지 않기 위해 마음을 단단히 먹었다. 그러나 형은 그렇게 걱정하지 않아도 좋을 것 같았다. 형은 나보다 키가 2~3cm 작았고 몸무게도 3~4kg 적게 나갔다. 또 형은 섬세한 성격의 소유자였다. 어머니는 씩씩한 동생을 좋아했으므로 나보다 형을 더 사랑할 가능성은 적었다.

나는 몇 년에 걸쳐 강릉의 본가(本家)에 다녀올 때마다 어머니와 형이 단둘이 있는 장면마다 촉각을 곤두세웠다. 그렇다고 몰래 훔쳐보고 그런 것은 아니다. 그런 것이 무슨 큰 비밀도 아니니까 말이다. '도대체 두 사람은 어떤 이야기를 나누며 어떻게 애정을 교환할까?' 하는 것이 나의 주된 관심사항이었다. 어머니가 형과 함께 있을 때, '이 세상에서 장남, 너를 가장 사랑한다.'는 메시지를 말로는 아닐지언정, 몸짓이나 눈짓으로 전하는가 여부를 확인하는 것도 신경을 써야 할 일이었다.

그런데 아뿔싸, 이게 무슨 조화란 말인가. 관찰이 거듭될수록 나는 놀라지 않을 수 없었다. 그렇게 남성적인 동생을 사랑했던 어머니가 우리 세 형제 중 가장 여성적인 형을 끔찍이 사랑하고 있었다. 신기한 일이었다.

우선, 어머니와 형은 나누는 대화의 소재부터 차원이 달랐다. 당시, 형은 사업에 실패한 후 고향으로 내려가 조상 대대로 내려오던 농토에서 재기의 기회를 노리고 있었다. 형은 소와 닭, 흑염소를 길렀고, 배추와 무 같은 채소를 가꾸어 현금 소득을 올리고 얼마간의 배나무도 경작했다.

아버지는 그런 형을 못마땅하게 생각했다. 형이 날려버린 자신의 재산에 대해 책임을 추궁하는 기색도 역력했다. 그런데 어머니와 형은 단둘이 앉았다 하면 신기할 정도로 깨가 쏟아지고 있었다. 두 사람은 소가 새끼를 밴 이야기, 뜰 앞의 모란꽃이 작년보다 많이 피었다는 이야기, 장마철에 길의 지반이 약해져 경운기가 뒤집혀 고생한 사건 등 시시한 이야기를 늘어놓으며 하하호호 웃는 것이었다.

) 전원일기 (

어머니는 농촌형 여인이다. 학교교육을 많이 받지는 못했지만 생명에 대한 놀라운 직관력을 가지고 있다. 아들딸의 집을 돌아다니면서 말라비틀어졌거나 추운 날씨에 동해(凍害)를 입은 화초를 분갈이하고 돌보는 것이 어머니 취미다. 그렇게 손질한 화초는 며칠이 지나지 않아 다 살아났다. 나로서는 경이로운 일이었다.

언제부터인가 어머니는 몸이 편찮은 적이 많다. 방 안에서 지내야 하는 시간도 점점 많아지고 있다. 한 번은 이런 일이 있었다. 이름도 알 수 없고 못생기고 말라비틀어진 화초 하나를 방 안에 들여놓고 "내가 하루에 이애를 몇 차례씩 보며 산다. 애도 몸이 약한데 내가 잘 길러주어야지!"라고 말한 적도 있었다. 나는 처연한 생각이 들었다. 어머니는 그 화초를 애지중지했다. 다행히 화초도 살아났고 어머니 건강도 아주 좋아졌다. 그런 어머니를 볼 때마다 부끄러운 생각이 든다. '도대체 어머니는 어떤 인생을 살았길래 저토록 생명에 민감할 수 있단 말인가.' 하는 생각이 절로 든다.

어머니의 화초 사랑은 도시인들의 원예 취미와 성격을 달리 한다. 시집 오기 전 농사를 지으며 살았던 본능으로 이 세상의 모든 생명을 사랑한다. 어머니와 형은 바로 그런 점에서 닮았고 그들이 나누는 대화는 생명의 대화였다.

그럴 때마다 나는 부럽기도 하고 화가 나기도 했다. 나에게는 생명에 대한 감수성이 별로 없다. 두 사람의 대화를 별것 아니라고 할 수도 있다. 그런 대화가 돈을 만들어주는 것은 아니므로 이 세상 아무 짝에도 쓸모 없는 한담(閑談)이라고 치부해도 될 것이다.

그러나 두 사람 사이엔 따뜻한 사랑이 넘쳐 났다. 두 사람은 MBC 연속극 〈전원일기〉에 나오는 김혜자와 유인촌처럼 정담(情談)을 주고받았다. 그것은 복장이 터지는 일이었다. 나는 어머니와 단둘이 앉아 그처럼 아기자기한 이야기를 나누며 하하호호 웃어본 적이 없었다.

어머니와 나의 관계는 좀 권위적인 데가 있었다. 처음에는 몰랐는데 형과 어머니의 대화를 유심히 듣고 보니, 그런 점이 분명하게 느껴졌다. 나는 어머니에게 무언가를 많이 해드려야 한다고 생각하는 편이다. 어머니에게 더 좋은 먹을 것, 더 좋은 입을 것, 그리고 더 편한 생활을 제공하는 것이 나의 의무라고 생각한다. 즉, 나는 어머니에 대해 책임 있게 행동하려고 한다.

또 나는 지식에 대한 허영심과 다른 사람에게 지식을 자랑하려는 경향이 있다. 어머니에게도 마찬가지였다. 어머니에게는 〈KBS 9시 뉴스〉와 〈KBS 가요무대〉를 시청하는 것이 큰 즐거움이다. 또 뉴스에 나오는 세계 각국의 정치인들에게 깊은 관심을 갖고 있다. 바로 이 점이 어머니와 나의 연결고리 중의 하나이다. 예를 들어, 지금까지 어머니가 가장 좋아했던 정치인은 소련의 페레스트로이카를 주도했던 고

르바초프이다. 지금도 어쩌다 텔레비전 화면에 그의 얼굴이 비치면 어머니는 그가 요즘 어떻게 지내는지 알기 위해 질문을 한다. 물론 그때마다 나는 훌륭한 대답을 내놓는다.

사실 어머니의 학력과 평소 상식으로 볼 때, 정치인에 대한 관심과 판단력은 좀 높은 편이다. 세계적인 정치인에 대한 어머니의 관심은 나이든 한국 여성들이 갖고 있는 인물에 대한 허영심과 유사한 것이다. 평소 허영심이라곤 찾아볼 수 없는 어머니지만 유독 사람에 대해서는 터무니없이 높은 기준을 갖고 있다. 이런 점이 가끔 문제를 일으키기도 한다.

) 아버지를 닮은 아들 (

어머니는 지금 미국 대통령 '조지 W. 부시'의 아버지였던 '조지 H. W. 부시' 대통령도 좋아했다. 그의 라이벌이며 그토록 많은 인기를 누린 클린턴은 한 수 아래의 정치인으로 평가했다. 어머니는 당신의 그런 평가가 올바른 것인지를 알고 싶을 때에도 이것저것 묻는다.

어머니에게 그런 일을 설명하는 것은 식은 죽 먹기보다 쉬운 일이요, 어머니를 즐겁게 해드리는 것이니 나도 즐거운 일이다. 나는 그런 대답을 할 때마다 어머니가 나를 '훌륭한 아들'로 생각해줄 것이라고 믿어 의심치 않았다. 실제로 어머니는 내 대답을 들을 때마다 믿음직스럽다는 표정을 짓는다. 하지만 형과 어머니의 전원일기 대화는 나의 30년 믿음과 만족을 다 허물어버렸다.

더욱 큰 문제는 질투심과 자신감 상실이었다. 내 마음에 일단 질투의 불이 붙자, 어머니와 내가 나누었던 사랑마저 빛을 잃기 시작했다. 어머니와 형의 사랑에는 내가 넘볼 수 없는 그 무엇이 있었다. 사실 나는 어머니의 사랑을 지키기 위해 많은 노력을 했다. 예를 들면, 나는 내 자신의 문제를 화제로 삼지 않았다. 내 문제는 내가 알아서 처리하고, 어머니에게 걱정을 끼쳐서는 안 된다고 생각했기 때문이다.

그러나 어머니와 형의 관계를 알게 되자, 그때까지의 내 믿음이 흔들렸다. '진정한 사랑이란 무엇인가?' 하는 질문을 던지지 않을 수 없었다. 좋은 일이든 나쁜 일이든 언제나 함께 나누는 것이 최고의 사랑이 아닌가 하는 생각도 들었다.

정말 나를 화나게 만든 것은 형과 나를 대비하다 보니 나야말로 아버지를 쏙 빼닮은 아들이라는 점이었다. 나는 아버지의 나쁜 점만큼은 닮지 않으려고 애를 써왔다. 그러나 어머니와 나의 관계를 객관적으로 보게 되니, 나야말로 아들이라는 '신분의 감옥'에 갇힌 채 어머니를 대하고 있었다.

그것은 내 의지와 다른 것이었으며 억울한 일이었다. '나도 어쩔 수 없는 놈이구나.' 하는 탄식이 저절로 나왔다. 어머니와 형은 하루하루의 날씨 변화와 계절의 오고감을 화제로 삼았으며, 새싹처럼 커가는 자식들 이야기, 고향 마을 사람들에 대한 험담을 주고받았다. 그게 진정 사랑하는 사람들의 대화인 것 같았다.

그러나 나는 어머니가 아버지 욕이라도 할 것 같으면, '왜 사람 욕을 하나? 그러면 어머니만 손해다. 아버지가 안 밉다는 것이 아니라, 어머니 자신을 위해서도 아버지를 용서하라!'라고 목사님처럼 설교하는 경향이 있었다. 그런데 그건 바로 아버지의 전형적인 말투이기도 했다. 갑자기 그런 말투가 지긋지긋하게 느껴졌다. 나는 그런 버릇이 깊이 박힌 멋대가리 없는 '신분적 인간'이었다.

승부는 뻔한 것이었다. 나는 이번에도 패배하고 말았다. 가만히 보니까, 어머니는 서울 우리 집에 왔을 때도 강릉으로 틈틈이 전화로 걸어 형과 대화를 나누었다. 소가 새끼를 낳았다는 소식이라도 있으면 전화통을 붙잡고 그렇게 좋아할 수가 없었다. 어머니가 형 역시 이 세상 그 누구보다 사랑한다는 것은 명명백백해졌다. 어머니가 나만을 그처럼 사랑한다던 속삭임은 거짓임이 드러났다. 그것은 허망한 일이요, 과장해서 말하면 30년 인생의 기둥 하나가 무너지는 사건이었다.

세 얼굴을 가진 어머니

어머니가 동생과 형을 더 사랑한다는 것도 다 받아들일 수 있는 일이다. 내 형과 동생인데 그게 무슨 문제가 될 수 있는가. 30년 동안 착각과 망상 속에 살았으니 그것도 행복이라면 행복이다. 문제는 내가 가족의 실상을 30년 동안 착각하고 있었다는 것이었다. 그것은 내가 바보였다는 뜻이었다.

내가 바보일 리는 없겠지만, 어머니와 가족의 관계에서 까맣게 모르는 부분이 있었다. 최소한 그 점에서는 바보였다. 나만 바보가 아니라, 내가 아는 한 세 아들이 모두 바보였다. 여러 가지 상황을 종합해볼 때, 동생과 형도 '어머니가 나를 가장 사랑한다.'고 생각하고 있었다. 이것은 중요한 문제였다.

우리 형제가 왜 바보가 되었는지에 대해 생각해보지 않을 수 없었다. 여러모로 살펴보니 비밀은 어머니에게 있었다. 물론 나에게도 책임이 있겠지만, 근본적으로 어머니 책임이었다. 그것이 최종적으로 내가 도달한 결론이었다.

어머니는 결과적으로는 세 아들을 모두 바보로 길렀다. 그리고 어머니의 바보 육아법은 어머니가 세 얼굴을 가지고 있던 데서 비롯된 것이었다.

첫째, 어머니는 건달 기질이 다분했던 동생에 대해서는, 느끼한 남성미와 건달들이 때때로 보여주는 화끈함에 신뢰를 표하는, 얼굴이 잘생긴 남자 가수라면 무조건 좋아하는 멍텅구리 여자가 되어 동생을 대했다.

둘째, 섬세하고 생명에 대한 민감한 감각의 소유자이지만 자본주의적 생존경쟁에는 어울리지 않았던 형에 대해서는, 사근사근하고 청순한 여인으로 변신하여 무한정의 시간을 투자하며 그의 하루하루를 보살피려 했다.

셋째, 공부나 하고 세상물정 모르는 나에게는 지적 허영심과 도덕적 자만심에 박수를 쳐댔다. 그리고 지식인의 허위의식에 굴복하는 봉건적 여인이 되어 나를 대했다. 더구나 나는 어머니의 또 다른 아버지가 되어 있었다.

어머니는 이렇게 세 개의 얼굴을 가지고 있었다. 그러나 어머니는 자신이 세 개의 얼굴을 가지고 있었다는 사실을 몰랐음은 물론, 어머니 자신의 얼굴은 아예 버리고 살았다. 다시 말해, 어머니는 세 얼굴을 가지고 있었지만, 사실은 사랑이란 이름표를 단 '어머니라는 신분'의 한 얼굴을 가지고 살았다.

세 개의 얼굴 중 마지막 얼굴이 어머니의 전부라고 생각했던 것은

내 잘못이었다.˙ 아니, 어머니의 연기가 너무 완벽했으므로 내 잘못
은 아니었다. 아니 그것은 연기가 아니라 실제의 삶이었고, 어머니는
어머니라는 역할을 자신과 동일시했다. 그래서 세 아들 모두를 속일
수 있었다. 아마 어머니에게 아들이 하나 더 있었다면 분명 또 다른
얼굴을 하나 더 개발했을 것이다. 이것이 현재까지 드러난 어머니의
실체였다.

▪ 이 같은 자기중심성은 한국 남성들에게 흔한 증상인 것 같다. 박정희 대통령의 사례는 형
제 사이에서 자기중심성이 어떤 양상으로 전개되는가를 보여주는 적절한 경우인 것 같다.
그 증거는 《나의 어린 시절》이란 원고지 50매 분량의 회고록이다. 이 기록은 53살 되던 해
인 1970년 4월 26일 직접 만년필로 작성한 것으로 거기에는 다음과 같은 내용이 나온다.
"어머니는 …… 우리 7형제를 남 못지 않게 키우시느라 모든 것을 바치셨다. …… 학교에
다니는 나보다 더 고생을 하시는 분이 어머니이시다. 시계도 없이 새벽 창살을 보고 일어나
서 새벽밥을 짓고 도시락을 싸고 그 다음에 나를 깨우신다. 겨울에 추울 때는 세숫대야에
더운물을 방 안에까지 들고 와서 아직 잠이 덜 깬 나를 세수시켜주시고 밥을 먹여주신다.
…… 학교에서 돌아오는 시간이 늦어도 어머니께서는 늘 그 장소에 나와 계시다가 더 늦을
때에는 동네 어귀 훨씬 밖까지 형님들과 함께 나오셔서 '정희 오느냐' '정희 오느냐' 하고
부르시면 '여기 가요' 하고 대답하면서 집으로 돌아간다." 이 회고록은 여기에 인용된 것 말
고도 어머니에 대한 추억과 그리움이 압도적으로 많은 분량을 차지한다. 즉, 그의 어린 시
절은 나의 어린 시절과 마찬가지로 어머니에 대한 추억으로 가득한 시기였다. 그에 비해 아
버지를 비롯하여 다른 모든 인물들은 엑스트라로 전락한다. 특히, 셋째 형 박상희에 대한
묘사가 빠진 것은 주목할 만하다. 박상희는 11살 연상으로 그에게 많은 영향을 끼친 인물이
다. 어린 시절 박정희가 모방하고 싶은 영웅이었고, 대구사범 시절에는 용돈을 마련해주었
던 후견인이었다. 그는 적절한 남성적 인물이 부재하는 박정희 가문에서 박정희가 믿음을
갖고 의지할 수 있는 거의 유일한 남성이었다. 그러나 박정희는 셋째 형에 대해서조차 "어
머니는 나의 셋째 형 상희 씨를 구미보통학교에 입학시켜 공부를 시키셨다."라고만 언급하
고 있을 뿐이다. 한때 형을 영웅시한 것과는 크게 대조되는 현상이다. 그 같은 태도는 내가
우리 가족을 생각할 때, 어머니를 중심으로 생각할 뿐, 동생-어머니, 형-어머니의 관계에
대해 별다른 이해가 없었던 것과 유사한 것이었다. 독자 여러분도 자신의 사례를 생각해보
면 이와 비슷한 경우가 많을 것이다.

어머니의 응전과 우리의 슬픔

어머니는 왜 서로 다른 세 얼굴을 가지고 세 아들을 그처럼 극진하게 사랑했을까. 그런 질문을 던져볼 필요가 있는 듯하다. 물론 그것은 자식에 대한 본능적 사랑, 모정(母情)에서 온 것이라고 할 수 있다. 그러나 세 얼굴 현상에는 어머니의 사랑이 전달되는 한국적 방식이 있는 것 같다.

한마디로 세 얼굴 현상은 여성, 곧 어머니의 지위가 너무 낮았기 때문에 생겨난 현상이다. 과거의 여성들은 살림살이를 하는 것과 아이를 키우는 것 외에 다른 자유가 없었다. 나의 어머니도 그랬다. 19살 나이에 낯선 곳에 시집을 왔을 때, 어머니를 편들어주는 사람은 아무도 없었다. 시아버지나 남편이 편을 들어줄 가능성이 있었지만, 그건 운이 좋은 경우이고 어머니는 운이 별로 좋지 못했다.

나를 낳았을 때만 해도 그렇다. 그때 나의 부모는 직장 때문에 고향인 강릉을 떠나 강원도 철원으로 막 이사를 한 후였다. 시댁이나 친정 사람들의 도움을 받을 수가 없었다. 나는 새벽에 태어났는데, 아버지는 그날 아침 어찌어찌 한 솥의 미역국과 한 솥의 밥을 지어놓았다고 한다. 그러나 그 후에는 자녀양육과 관련하여 아무 일도 하지 않았다고 한다. 이것이 어머니가 평생 가슴에 담고 있는 한(恨)의 하나이다. 정작 어머니와 나를 돌보아준 것은 우리가 세 들어 살던 집인 '근숙이 누나네 식구들'이었다고 한다. 어머니는 근숙이 누나네 식구들에 대한 고마움을 지금도 잊지 않고 있다.

어머니는 아들을 하나씩 낳을 때마다 크게 달라졌다. 첫아들인 형을 낳았을 때, 어머니는 비로소 전씨 가문의 사람이 되었다. 19살 나이로 시집을 왔을 때, 어머니는 당시 초등학교에도 입학하지 않은 삼촌보다 계급이 낮았고, 겨우 전씨 가문의 개보다 신분이 높았을 뿐이었다. 그러나 첫딸인 누나와 둘째 아들인 나를 낳았을 때는 시부모에게도 큰소리를 칠 수 있게 되었다고 한다.

요컨대, 어머니가 아들을 낳는다는 것은 그것 자체로 사람이 되는 길이었다. 과거 어머니들이 아들을 편애한 것은 자신의 노후를 보장해줄 사람이기 때문에 그랬다는 말이 있다. 그런 측면도 많다. 그러나 그것만은 아니다. 아들을 낳는 것 자체로 엄청난 신분의 상승이 일어났다. 아들의 어머니가 되었기 때문이다. 그건 왕비마마가 세손을 낳는 것과 똑같은 의미를 지녔다.

그리하여 어머니는 동생을 낳은 다음, 그 앞에서 찍소리도 하지 못했던 아버지에게조차 호랑이처럼 큰소리로 말할 수 있게 되었다. 어머니 혼자서는 아무 의미 없는 존재였지만, 세 아들을 통해서 진정한 인간이 되었던 것이다. 그러니 어찌 아들을 사랑하고 편애하지 않을 수 있었겠는가? 또 아버지-남편-아들로 이어지는 삼부종사의 길에서 어머니 마음대로 주무를 수 있는 남자는 세 아들뿐이었다.

요컨대, 어머니의 '세 얼굴 현상'은 19살에 시집 온 새댁을 사람 취급조차 하지 않았던 가부장제도에 대한 적응이자 응전이었다. 지금 노인이 된 어머니와 아버지의 권력관계를 비교해보면, 세 얼굴 작전은 완전히 성공이다. 내가 어릴 적, 안방의 두 공간에 있었던 어머니와 아버지의 권력관계는 이제 정반대로 역전되었다.

어머니는 여러 자식들 집을 돌아다니며 하하호호 잘 지내고 있는 반면, 아버지는 이빨 빠진 호랑이처럼 형님 댁에 웅크리고 있다. 어떤 사람들은 '쌤통이다!' 하고 박수를 칠지 모르지만, 나로서는 영 불편하다. 이제는 30년 전과 정반대로 아버지가 슬픈 얼굴을 하고 있기 때문이다.

세 얼굴 현상은 이래저래 우리의 슬픈 역사를 대변한다. 그것은 30년 동안 한 번도 자기 자신의 얼굴은 내세우지 못한 채, 자식들을 위해 살아온 한 여인의 자화상이다. 그래도 실패보다는 성공을 했으니 좀 낫다. 그러나 지금은 아버지가 어머니의 세 얼굴을 질투 어린 시선으로 바라보고 있다. 그래서 세 얼굴 현상은 한국 사람 모두의 슬픈 역사가 된다.

) 이천수 선수의 지적 (

그 슬픈 역사는 가정에서만 벌어진 것이 아니었다. 정치·사회·경제적으로도 슬픈 역사는 반복되었다. 2002년 월드컵 때의 이야기다. 한국 축구는 월드컵을 대비해 총력을 기울이고 있었지만 이렇다 할 성적을 내지 못했다. 시범 경기에서 유럽 팀은 물론, 일본에게도 패배하는 등 어떤 의미에서는 절망의 늪을 헤매고 있었다.

답답한 시간은 계속되었다. 그런 답답함이 지배하던 2001년 2월 11일의 일이다. KBS는 월드컵 1년 여를 앞두고 〈일요스페셜〉을 통해 한국 축구의 문제점을 점검하는 프로그램을 방영했다. 이천수 선수는 그 프로그램에 나와 흥미로운 사실 한 가지를 지적했다.

(한국의) 감독님들은 중요한 문제가 발생했을 때, 문제가 되는 선수를 '따로 불러' 질책하거나 칭찬을 한다.

이천수는 감독이 선수를 '따로 불러' 대화하는 방식에 굉장한 답답함을 느꼈던 것 같다. 나는 그 말을 듣고 잠시 긴장했다. 감독이 선수를 '따로 불러' 대화하는 방식은, 어머니가 세 아들을 분리해서 사랑하는 것과 같은 현상이었기 때문이다.

이것은 매우 중요한 문제다. 축구에서 A 선수가 팀 동료 B, C 선수의 생각을 알 수 없다면, 어떤 일이 벌어질까? 이천수는 이렇게 말했다. "감독님이 선수들을 '따로 불러' 얘기하면, 나는 다른 선수들이 감독님으로부터 무슨 지시를 받았는지 모르는 상태에서 경기를 하게 된다."라고. 그것은 내가 같은 가족이면서도 '어머니-동생', '어머니-형'의 관계를 모르는 것과 마찬가지였다.

우리는 사람을 '따로 불러' 말하는 데 익숙하다. 회사의 부장님은 "어이, 김 과장 이리 와봐!" 하고 밀담 아닌 밀담을 나눈다. 학교 선생님은 종례 시간에 "○○○, 방과 후에 교무실로 와!" 하고 특정 학생을 '따로 부른다'. 선생님이 그렇게 명령하면, 사람들은 그때부터 선생님의 진정한 지도가 시작된다고 생각하고, 그런 가르침을 많이 주는 선생님을 좋은 선생님이라고 평가하기도 한다.

) 분리사랑과 분리통치 (

사람을 '따로 불러' 대화하는 것으로 가장 유명한 사람들은 정치인이다. 한국의 정치인들은 가신이나 계보원을 따로 불러 정보도 듣고 지시를 내린다. 경우에 따라서는 정치자금도 건넨다. 다른 사람들은 그 정치인이 자신의 부하와 무슨 이야기를 나누었는지 전혀 알 수가 없다.

이승만 대통령도 그랬고, 박정희 대통령은 더욱 그랬으며, 3김도 박 대통령 못지 않았다. 이승만 대통령은 1950년대 전반 군부를 대표하던 두 명의 장성 정일권과 최경록을 '따로 불러' 조국에 대한 그들의 사랑과 충성을 칭찬한 다음, 교묘하게 둘 사이의 경쟁관계를 조성했다.

박정희 대통령은 군부, 중앙정보부, 대통령 비서실, 공화당, 내각 등을 철저하게 '따로 불러' 통치했으며, 10·26사건은 서로 다른 부하들 사이의 경쟁이 상상을 초월할 정도였음을 보여주는 사건이었다. 이것을 보고 우리는 '분리통치(divide and rule)'라고 하며, 분리통치는 나쁜 관행이라고 한다. 낡은 정치 청산을 표방한 노무현 대통령은 이들보다 훨씬 덜할 것이 분명하지만 아직 장담할 수는 없다. 노무현 개인의 문제가 아니라, 분리통치는 그만큼 뿌리가 깊기 때문이다.

'따로 불러' 대화를 한다고 해서 모든 현상을 다 똑같이 취급할 수는 없다. 선생님이 학생을 '따로 불러' 대화하는 것과 정치인이 부하를 '따로 불러' 대화하는 것을 어떻게 같이 볼 수 있겠는가.

물론 '어머니-아들' '선생-학생'의 대화는 '부장-과장' '정치인-부하'의 관계보다 순수하다. 그러나 인간관계를 맺는 방식은 동일하지 않을까? 이 모든 관계에서 사람들은 지나치게 흘러넘치는 사랑을 주고받거나, '우리는 지금 흘러넘치는 사랑을 주고받고 있다.'는 사실을 가식적으로나마 서로 확인해야만 안심을 할 수 있는 상태에 있는 것이 아닐까? 그래서 시도 때도 없이 함께 모여 식사를 하고 있는 것은 아닐까?

특별한 애정은 좋은 것이다. 교사는 학생 모두에게 특별한 애정을 가질수록 좋다. 또 감독이 선수를 '따로 불러' 대화하는 것이 언제나 잘못되었다는 것도 아니다. 살다 보면 '따로 만나' 대화해야 할 경우도 많다. 문제는 어떤 경우에 '따로 만나' 개인적인 대화(private communication)를 나눌 것이며, 누구와 어떤 문제가 생겼을 때 공적 대화(public communication)를 할 것이냐에 대한 경계가 뒤죽박죽이라는 것이다.

또 '따로 불러' 대화하는 방식이 너무 자주 일어나다 보면, 공동체의 연합을 파괴할 수도 있다. 우리 집의 경우만 보더라도, 세 아들 모두가 '어머니는 나를 가장 사랑한다.'고 생각하고 있었다. 이런 상황에서는 튼튼한 형제애, 건전한 가족애가 생겨날 수 없다. 또 그것은 어머니, 선생님, 부장, 정치인 등 윗사람의 권력이 아랫사람보다 현저하게 강하다는 것을 나타내는 권력 지향적 대화 방법이라는 것도 명심해두어야 할 것이다.

6장

나의 어머니도 극진한 사랑을 통해 새 아들에게 동굴의 우상을 만들어주었다. 그 우상은 내가 '도덕적으로 신하며 훌륭한 사람'이라는 우상, '특별한 사람일지도 모른다'는 우상, 최종적으로 '이 세상은 내가 의도한 대로 움직여져야 한다'는 우상' 들이다. 그 같은 우상들은 거의 황제나 가질 수 있는 우상이란 점에서 '동굴 속 황제의 우상'이라고 할 만하다.

동굴 속 황제

) 인삼 사건

어머니가 동생이나 형을 더 사랑했을 수도 있다는 것은 당연한 일이지만, 그것을 발견하고 새삼스럽게 알게 된 것은 신기한 체험이었다. 그만큼 나는 나 자신에게 빠져 있었고 나를 그런 사람으로 만든 것은 어머니였다.

어머니가 형이나 동생을 더 사랑했다는 체계적이면서도 일관된 증거는 더 이상 발견되지 않았다. 어머니는 나 또한 사랑했으며 그 방법이 달랐을 뿐 세 아들 모두를 똑같은 온도로 사랑했다.

바로 그 점이 어머니가 아버지와 다른 점이었다. 아버지는 '학교공부를 잘하는 것은 다른 것을 잘하는 것보다 훌륭하다.'는 기준에 따라 공공연하게 세 아들의 서열을 매기는 경향이 있었다. 또 그것과 비슷한 기준을 몇 가지 더 갖고 있었다.

그러나 어머니는 그런 기준을 세우지 않았고 세 아들을 똑같이 '가장 사랑스러운 아들'로 대했다. 나는 다른 형제들 몰래 인삼을 먹기도 했다. 아마 형이나 동생이 그 광경을 보았다면, 어머니가 나만 사랑한다고 섭섭해했을 것이다.

우리 마을에는 인삼을 파는 상점이 없었다. 대신 인삼을 등에 지고 팔러 다니는 상인이 있었다. 그 상인은 일년에 두세 차례 나타났는데,

그때마다 어머니는 한 번에 일주일 정도 분량의 인삼을 사서 나에게 먹였다.

몰래 인삼을 먹는 일은 게릴라 작전을 방불케 했다. 어머니는 나를 집 뒤쪽 담 밑으로 데리고 가 인삼을 먹였다. 집에 다른 사람이 없다 싶으면 그냥 부엌에서 얼른 먹기도 했다. 어떤 경우든 인삼을 다 먹어 치울 때까지 어머니는 지켜 서서 감시를 했다.

왜 이렇게 몰래 먹어야 해?
왜 동생은 안 주고 나만 먹어?

나는 그렇게 물어보았다. 그것도 여러 번 물어보았다. 그때마다 어머니는 "너는 몸이 약해서 그래!"라고 대답했다. 나는 그 말에 동의할 수 없었다. 나는 학교도 잘 다녔고 결석도 안 했으며 축구도 잘했다.

그러나 어머니의 뜻을 받아들이기로 했다. 나는 '몸이 약한 아이'가 되기로 했다. 인삼 먹은 이야기를 해줄 수는 없었지만, "엄마가 그러는데 나는 몸이 약하대. 내가 생각해봐도 좀 몸이 약한 것 같애."라고 다른 형제들에게 떠들었다. 그렇게 해야만 조금이라도 죄의식이 덜어질 것 같았다.

사랑은 많은 거짓말을 만들어낸다. 폐쇄적인 사랑은 더욱 그렇다. 아마 이 세상에 사랑이 없다면 거짓말도 90% 이상 사라질 것이다. 어머니의 사랑은 다른 식구에게조차 비밀을 만들어낼 만큼, 연인이나 부부를 방불케 할 정도로 달콤하고 폐쇄적인 데가 있었다. 그리고 어머니는 나 몰래 다른 아들과 또 다른 사랑의 비밀을 만들었다.

) 분리사랑

그렇다. 어머니의 사랑은 분리된 사랑(divide and love)이었다. 그 사랑은 거의 무의식적인 것이었지만, 한 아들에게 나머지 두 개의 다른 얼굴을 절대 보여주지 않는, 유능한 바람둥이의 사랑 같은 데가 있었다.

그것은 황진이보다 정도가 심한 것이었다. 황진이야 오늘은 서경덕, 내일은 벽계수, 모레는 또 다른 남자를 사랑했지만, 적어도 한 시기에는 한 남자만 사랑했다. 그러나 어머니는 세 아들을 동시에 사랑했다. 더구나 세 아들은 20년 가까이 한 공간에 거주했으니, 어머니의 거짓말 실력은 놀라운 것이었다.

그렇다고 해서 어머니의 사랑이 언제나 비밀스러웠던 것은 아니다. 그것은 우리 집에서 공인된 것이었다. 혹시 동생과 어머니가 단둘이 속삭이는 것을 다른 식구가 보았다고 해도 특별히 의심을 살 이유는 없었다. 어머니는 누구에게나 늘 그런 식이었다. 요컨대, 어머니의 분리사랑은 의도적인 것이라기보다는 구조적인 것이었으며, 우리 집 문화에 깊이 뿌리를 내린 것이었다.

그런 분리사랑이 가능했던 것은 우리 세 형제의 나이와 서열이 중요한 의미를 지니고 있었기 때문이다. 다른 가정에서도 그랬겠지만, 우리 집에서도 형과 아우의 서열은 누구도 훼손할 수 없는 질서를 의미했다. 어머니는 나와 동생이 싸움을 했을 때에도 형제간의 우애를 먼저 강조했다.

분쟁의 원인과 시비, 곧 싸움의 진실(truth)은 나중 문제였다. 싸움이 심해지면, 어머니는 두 아들을 모두 야단치기도 했다. "너는 형이니까 양보를 해야 한다."라거나, "사실은 동생을 야단쳐야 하지만 형이니까 너를 야단치는 것이다."라는 식으로 말했다. 그것은 동생에게도 마찬가지였다. 어머니는 동생의 잘못을 지적하는 것이 아니라, "형에게 대들면 어떻게 하니?" 또는 "네가 동생이니까 형에게 져야 한다."라고 말했다. 요컨대, 어머니는 언제나 형과 아우의 신분관계를 분명히 해두려고 했다.

이와 같은 분쟁중재 방식은 형제간의 우애를 돈독히 하려는 의도를 가진 것처럼 보인다. 그렇게 하면 형제간의 우애가 좋아지는 것처럼 보이는 경우도 있을 것이다. 그러나 내가 보기에 최종적 결과는 반대였다.

어머니의 중재로 싸움이 종결되었을 때, 나는 그 전보다 동생을 더 사랑하게 된 것이 아니라, 전보다 나 자신을 더 사랑하게 되었다. 싸움이 끝났을 때, 나는 내가 잘못해서 싸움이 벌어진 경우에도 '내가 참고 양보해서 싸움이 끝났다.'고 생각하는 경향이 있었다. 또 '나는 아무 잘못이 없지만 어머니를 보아 참았다.'고 생각하기도 했다. 이 같은 생각은 내가 동생보다 도덕적으로 더 우월하다는 감정으로 연결되었다.

사정은 동생도 마찬가지였다. 그 녀석도 '동생이니까 참은 것이지 나는 잘못한 게 없다.'는 태도를 보이곤 했다. 그 결과 동생과 나는 이전보다 서로를 더 사랑하게 된 것이 아니라, 자기 자신을 더 사랑하게 되었다. 물론 나는 다른 사람들보다 동생을 더 사랑했다. 그러나 그것은 어디까지나 형의 관점에서 동생을 사랑한 것이지, 인간 대 인간으로 사랑한 것은 아니었다. 그것은 아버지가 나를 사랑하는 방식과 유사한 것이었다. 어느덧 나는 '작은' 아버지가 되어가고 있었다.

결국 나와 동생의 형제애는 먼저 한 인간에 대한 인정과 존경의 기초 위에 건설된 형제애가 아니라, 형이나 동생이란 신분관계와 자기 사랑(narcissism)이란 모래 위에 건설된 허술한 집이었다. 부끄러운 이야기이지만 우리 집의 형제애에는 그런 구석이 있었다. 그리고 어머니의 분리사랑은 여기에 막대한 영향을 미쳤다.

어머니의 분리사랑은 형제들 사이의 사랑이 어디로 흘러가든 관계 없이 세 아들 각각이 '어머니는 나를 가장 사랑한다.'고 생각하도록 만들면 그만인 사랑이 아니었을까? 그것은 이 땅의 남성들을 향한 여성과 어머니들의 눈에 보이지 않는 복수일지도 모르는 일이었다.

) 즉각적 만족의 육아원리 (

어머니의 분리사랑은 '즉각적 만족을 주는 사랑'이기도 했다. 그것은 시간적 측면에서 즉각적이란 뜻을 갖는데, 내용적 측면에서도 '내가 원하는 대로' 즉시 충족시켜주는 사랑이었다.

어머니의 분리사랑은 일체의 절차와 형식, 방법과 원리를 거부하는 직관적이고 순수하며, 낭만적이고 열정적이며, 거침없는 사랑이었다. 예를 들어, 어머니는 내가 먹고 싶다고 하면 즉각 먹을거리를 마련해 주었다. 어렸을 적 젖을 먹을 때에도 시간을 정해놓고 먹였던 것이 아니라, 아무 때나 먹고 싶을 때 먹을 수 있게 해주었다.

배설을 하고 싶을 때에도 즉시 배설을 할 수 있도록 해주었다. 방 안에 있었던 요강이나 깡통은 이동식 간이 화장실이 되어 때와 장소를 가리지 않고 즉각적으로 배설할 수 있게 해주는 편리한 도구였다.

나는 그 어떤 의도적인 육아훈련도 받지 않았다. 어린아이에게는 먹는 것과 배설하는 것이 매우 중요하다. 아주 어렸을 때는 그게 생활의 거의 전부일 수도 있다. 그러나 나는 그런 것에 대해 체계적인 훈련을 받은 적이 거의 없었다. 어머니는 '똥오줌 정도는 때가 되면 다 가리게 될 것'이란 자연의 육아법에 따라 나를 양육했다. 자연의 육아법에 대한 어머니의 신념은 아주 강했다.

이 같은 육아철학은 한국인의 가치관, 인간관과 깊은 관련이 있는 듯하다. 그 가치관은 인간이 선하다는 '성선설(性善說)'이다. 아예 0~6살 정도의 아이는 천사와 같다고 생각하기도 한다. 나도 어릴 적에는 '아무 잘못이 없는 천사' 같은 대접을 많이 받았다. 어머니는 나에 대해 미신에 가까운 신뢰감을 갖고 있었다. 그래서 그런지 나도 나 자신에 대해 거의 미신에 가까운 신뢰감을 갖고 있었다.

어머니는 내 잘못을 들추거나 인내심을 요구하지도 않았다. 하다못해 돌부리에 걸려 넘어져도 나의 부주의를 탓하기보다는 "왜 그 돌이 재수 없게 거기에 있었냐?"라며 돌 탓을 할 정도였다. 어머니의 시선도 늘 나를 향해 있었다. 더 정확하게 말하면, 나의 좋은 점에만 시선이 열려 있었다.

학교에서 소풍을 가거나 운동회를 하면 어머니들이 줄줄이 따라 왔

- 최근 나는 기발한 이동식 간이 화장실을 보았다. 2003년 2월, 오후의 여유로운 지하철 안이었다. 4살쯤 되어 보이는 아들과 젊은 어머니가 건너편에 앉아 있었다. 그런데 그 아이가 어떤 신호를 보내니까, 어머니는 화다닥 놀라더니 배낭을 뒤져 플라스틱 빈 우유통을 꺼내 아이의 고추 앞에 들이댄 후 그곳에 오줌을 누게 했다. 볼일이 끝나자 두 사람은 지극히 만족스러운 표정을 지었다. 아들은 아주 시원하다는 듯 황제 같은 만족의 표정을 지어 보였고, 어머니는 주변을 더럽히지 않고 깨끗하게 일 처리를 했다는, 자신의 준비가 적중한 것에 대해 만족해했다. 재미있는 광경이었지만, 똑같은 상황에서 여자 아이에게는 그런 서비스를 제공할 수 없다는 사실을 생각하면, 어떻게 하든 제3의 방법을 찾아야 했을 것이다.

장 프랑수아 밀레, 〈어머니와 아들〉, 1857년 작. 남자 아이들에게 오줌을 누게 하는 것은 동서양 어머니들의 공통된 업무였던 것 같다. 그 옆에서 누나로 보이는 여자 아이가 부럽다는 듯 쳐다보는 모습이 흥미롭다.

다. 그럴 때 어머니는 내가 다른 아이들 틈에서 얼마나 훌륭하게 행동하는가만 보려고 했다. 다른 아이들이야말로 자주 볼 수 없던 아이들이니 더 신기하고 흥미로울 수도 있었을 텐데, 어머니는 다른 아이들에 대해서는 관심 밖이었다.

그런 행사가 끝나고 나면, 다른 아이들과 비교할 때 별로 잘생기지도 않은 내 얼굴과 별로 훌륭하지도 않은 내 행동에 관한 이야기가 며칠 동안이나 계속되었다. 그런 이야기들 역시 나 자신에 대한 자부심과 스스로에 대한 신뢰감을 한껏 키워주었다.

) 반(反)가족적 사랑 (

어머니의 분리사랑은 자식에게 가능한 한 많은 사랑을 베풀고 싶은 어머니 자신의 욕망을 즉각적으로 충족시켰다는 점에서도 즉각적 사랑이었다. 나의 어머니는 자식에 대한 사랑을 거의 통제하지 못했다. 바로 이 점 때문에 어머니의 사랑은 무모한 일면을 갖고 있었고 반(反)가족적·반(反)사회적 성격을 띠게 되었다.

예를 들어, 어머니가 나에게 인삼을 먹여야 한다고 생각했을 때, 거기에는 두 가지 방식이 있었을 것이다. 첫째, 아버지나 다른 형제들에게 알려가면서 동의를 얻거나, 다른 형제들에게도 인삼을 먹게 해주는 것이다. 물론 이 방법을 택하자면 비용도 더 들고 복잡한 일들이 생겨날 것이다.

그러나 그처럼 복잡한 과정을 받아들이는 것이야말로 '가족이라는 사회'를 존중하고 보호하는 것이 된다. 그런데 어머니는 가족이 하나의 사회이며, 웬만한 일은 아버지에게도 알려야 한다는 의식이 없었다. 오히려 '이런 일로 아버지를 귀찮게 할 필요는 없다.'는 말을 자주 했다. 어머니의 분리사랑은 그와 같은 가족적·사회적 협동을 무시하고 벗어났다는 점에서 반가족적·반사회적이었다.

둘째, 다른 형제들 몰래 먹이는 방식이다. 이건 즉각적이면서도 첫 번째 방법에 비하면 손쉬운 방법이다. 그러나 어머니는 다른 가족은 물론, 나의 의견도 묻지 않고 인삼을 먹였다. 그런 점에서 어머니의 사랑은 일체의 형식과 절차를 거부한 사랑, '어머니에 의한, 어머니를 위한, 어머니의 사랑'이었다.

나는 "왜 동생은 안 주고 나만 먹어?"라며 저항을 해보기도 했다. 그러나 어머니의 흘러넘치는 사랑과 공범자라는 특수 지위 때문에 다른 식구들 앞에서는 입을 다물 수밖에 없었다. 그리고 내 마음에 쓸데없는 비밀이 하나씩 쌓이다 보니, 나도 가족이라는 사회로부터 조금씩 멀어졌다.

우리 집에서 어머니만큼 가족을 사랑하는 사람은 없었다. 그러나 어머니의 그 사랑은 반가족적 성격을 지니고 있었다. 정말 아이러니컬한 이야기다. 물론 어머니가 그렇게 행동했던 것에 대한 최종적 책임은 남성중심적 권위주의 문화에 있는 것이지만, 어머니의 사랑이 반사회적 특성을 가졌다는 것은 움직일 수 없는 사실이었다.

자식에 대한 어머니의 과잉보호가 가끔 언론의 도마 위에 오른다. 본래 그것은 다른 집 아이를 제쳐놓고 내 아이만을 사랑하는 현상으로 알려져 있다. 그러나 그 같은 과잉보호의 논리는 내 아이들 사이, 가족 안에서도 이미 벌어진 일이었다.

심지어 어머니는 "너는 몸이 약해……"라는, 어떻게 보면 자신의 자식에게 불리할 수 있는 사실까지 날조하며, 후닥닥 날림공사를 해 치우듯 즉각적 사랑을 제공했다. 그런 어머니의 육아법이 약한 아들 을 만들고 있었다. 나는 어머니의 사랑에 짜증을 낸 적도 있었지만, 시간이 갈수록 점점 더 익숙해졌고 점점 더 자기중심적인 아이가 되 었다.

) 동굴 속 황제 (

이처럼 나는 같은 공간에 살면서도 다른 식구들로부터 체계적으로 격리된 '모성의 공간'에 서 양육되었다. 영국 철학자 프란시스 베이컨(Francis Bacon, 1561~1626)은 이런 유형의 공간에서 생기는 편견과 가치관을 '동굴의 우상 (idola specus)'이라고 불렀다.

베이컨은 인간의 신념이나 지식이 대부분 미신에 가까운 우상(偶像)과 편견이라고 설파한 최초의 철학자였다. 그는 인간의 사고가 심리적·환경적 요인에 의해 심각하게 왜곡될 수 있음을 역설했다. 그는 이 같은 인식장애를 《신기관(Novum Organum)》이란 저서에서 네 가지 우상론으로 정리했다.

그 중 '동굴의 우상'은 개인이 갖기 쉬운 우상(idola)이다. 동굴의 우상은 결코 어리석은 사람들이나 갖게 되는 우상을 지칭하는 말이 아니다. 그의 우상론은 당대 최고의 지식인들을 향한 절규였다. 그에 따르면, 동굴의 우상은 학식이 많은 사람의 가르침, 타인과의 교제, 감명 깊게 읽은 책 등을 통해 생겨난다.

베이컨은 참 이상한 이야기를 한다. 대학 교수처럼 지식이 많은 사람의 가르침을 받고 세계의 명저를 읽으면, 지혜가 넓어지는 것이 아니라 오히려 동굴의 우상이 생겨날 수 있다고 경고한다. 이처럼 모두 당연하게 여기는 지식을 부정하고 그 이면을 들여다본 데에 베이컨의 근대성이 있다.

사랑도 '동굴의 우상'을 만들어낼 수 있다. 나의 어머니도 극진한 사랑을 통해 세 아들에게 동굴의 우상을 만들어주었다. 그 우상은 내가 '도덕적으로 선하며 훌륭한 사람이라는 우상', '특별한 사람일지도 모른다는 우상', 최종적으로 '이 세상은 내가 의도한 대로 움직여져야 한다는 우상' 등이다.

그 같은 우상들은 거의 황제나 가질 수 있는 우상이란 점에서 '동굴 속 황제의 우상'이라고 할 만하다. 30년 동안 '어머니가 세 아들을 똑같이 사랑한다.'는 평범한 사실조차 몰랐던 것도 그 우상 때문이었다. 세 형제 중 나만이 특별한 사람이라고 생각하다 보니, 형과 동생의 존재가 눈에 들어오지 않았던 것이다.

황제란 무엇이든 명령할 수 있는 사람이다. 다른 사람은 몰라도 나는 어머니에게 모든 것을 명령할 수 있었다. 아니, 어머니는 요구와 명령을 하기도 전에 내 모든 필요를 충족시켜주었다. 그런 의미에서 어머니는 나의 필요와 요구를 잘 알고 있는 하녀이자 신하였다.

어머니는 정말로 나를 왕자, 황제의 아들처럼 대우했다. 어머니는 기분이 좋아지면 나를 '우리 왕자님!' '우리 왕자님!' 하고 불렀다. 그것은 내가 크면 어떤 분야나 지위에 있든 황제와 같은 존재가 되길 바라는 마음이 담긴 호칭이었다. 시간이 지날수록 나는 최소한 어머니에게만은 점점 더 황제로 군림하게 되었으며, 어머니는 점점 더 하녀가 되어갔다.

그럼에도 불구하고 나는 어머니의 무한한 사랑에 감사했던 것이 아니라, 내가 '특별한 아이'이기 때문에 그런 사랑을 받을 자격이 있다고 생각하게 되었다. 그처럼 배은망덕한 생각을 해도 어머니는 괘념치 않았다. 그 사랑 속에서 나는 점점 더 동굴 속의 황제가 되었고 이 세상은 나를 중심으로 움직여야 한다는 생각을 하게 되었다.

) 빨리빨리 병과 허영심 (

어머니에게서 왕자님 같은 대우를 받으면서 나는 보통의 황제들이 갖는 성격을 대부분 갖게 되었다. 물론 실제의 황제가 아니기 때문에 그 성격을 있는 대로 다 펼쳐 보일 수는 없었다.

황제의 성격에는 여러 가지 특징이 있다. '빨리빨리' 병도 그런 특징의 하나일 것이다. 나는 무슨 일이든 내가 원하는 대로 즉각즉각 해치우려는 경향을 갖고 있다. 식당에 갔을 때 음식이 제때에 나오지 않거나, 바쁘게 운전을 하고 있는데 갑자기 다른 차가 끼어들면 곧 그 병이 발동한다.

물론 언제나 그런 것은 아니다. 보통 때는 인자한 황제처럼 너그럽다. 음식을 주문할 때도 "아줌마, 아무 거나 편한 대로 천천히 주세요."라고 말하거나, 조급하게 구는 사람이 있으면 마음속으로 꾸짖기도 한다. 그러니까 나는 평소 마음씨가 좋은 아저씨이며, 좋은 사람이 되기 위해 매일같이 작은 선행을 실천하며 산다.

그러나 어떤 결정적인 순간, 내 마음에 거슬리는 일이 벌어지면, 어느새 동굴 속 황제가 되어 짜증을 내고 까다롭게 군다. 주차 문제처럼 하찮은 일로 큰 싸움을 벌인다거나, 홧김에 뭐 한다는 식으로 그때그때의 기분에 따라 움직인다. 이런 것보다 훨씬 더 볼썽사나운 증상도 많은데, 그런 것들은 독자의 상상에 맡기겠다.

이런 나를 보고 사람들은 '빨리빨리' 병이 있어서 그렇다고 하고, 어떤 사람들은 '성질 급한 사람 치고 나쁜 사람 없다.'며 위로하기도 한다. 물론 그런 진단도 틀린 말은 아니다. 그러나 모든 일을 즉각즉각 해치우려는 내 습관에는 '나 자신도 어쩔 수 없는' 더 크고 고약한 원인이 있었다.

내가 가진 황제적 증상의 또 다른 특징은 허영심이다. 보통 허영심은 자기 분수도 모른 채 명품 핸드백을 들어야 하고, 고급 외제 승용차를 타는 것과 같은 형태로 나타난다. 그러나 그런 것들은 표면적 증상에 불과하다. 허영심의 근원적 증상은 '나는 남보다 우월한 존재'라고 생각하는 것이다. 나는 바로 그런 의미의 허영심, 모성의 동굴에서 길러진 허영심을 지니고 있다.

내가 가진 것과 같은 허영심의 본질을 가장 잘 꿰뚫어본 사람은 아마 토마스 홉스(Thomas Hobbes, 1588~1679)였던 것 같다. 홉스는 '만인에 대한 만인의 투쟁'이라는 말로 유명한 정치철학자다. 그런데 홉스에 따르면, 그 투쟁은 '내가 우월하다'는 허영심에서 생겨난다. 어느 정도의 허영심이냐 하면 남이 나를 인정하지 않으면, 그를 죽여버림으로써 그 사실을 인정하도록 만들 정도의 허영심이다.

그러니까 홉스의 관점으로 보면, 외제 핸드백이나 고급 승용차는 타인에 대해 '내가 너보다 우월하다'는 사실을 인정하도록 만들기 위한, 인정투쟁(recognition struggle)의 도구인 셈이다. 다만 나의 허영심은 홉스가 말하는 허영심과 다른 구석이 있다. 즉, 홉스의 허영심이 타인을 죽여서라도 굴복시키겠다는 전투적·육체적 허영심이라면, 동굴 속 황제의 허영심은 다분히 정신적·윤리적 성격을 띤다. 어떻게 보면 좀더 고상하고 좀더 내숭이며 위선적이다.

) 진선미의 화신＝신분적 인간 (

'동굴 속 황제'의 허영심에 대해 좀더 깊이 생각해보면, 두 가지의 특징적인 증상이 있는 듯하다. 첫째는, 그저 '남보다 우월하다'는 데서 머무는 것이 아니라, 스스로를 '진선미(眞善美)의 화신'이라고 생각하며, 이 사실을 끊임없이 타인에게 주지시키려 한다는 것이다. 둘째는, 자신의 심리적 영토가 있다고 생각하고 그것을 끊임없이 넓히려 한다는 것이다.

동굴 속 황제가 스스로를 '진선미의 화신'이라고 생각한다는 이야기는 다소 복잡한 설명을 요한다. 동굴 속 황제가 '충분히 근대화되지 못한 전근대적 인간'이란 관점에서 설명하면 좀더 분명해질지 모르겠다. 스스로를 '진선미의 화신'이라고 생각하는 것 자체가 전근대적 사고방식이기 때문이다. 그렇게 생각하는 이유가 궁금한 사람은 옆의 각주를 참조해주기 바란다.

그러나 그보다 먼저 다음과 같은 사실을 분명히 해둘 필요가 있다. '동굴 속 황제'냐 아니냐 하는 문제는 가방 끈의 길고 짧음과 경험의 많고 적음과는 별로 상관이 없다. 어떤 사람이 서울 같은 초현대적 도시에 살고, 일류 대학을 졸업했으며, 잘 나가는 벤처 기업 같은 직장에 근무하고, 유럽이나 미국에서 거주한 경험이 많다고 하더라도 '동굴 속 황제'일 수 있다.

  한국처럼 물질적·정신적 발전 정도가 불균등한 사회에서는 학교 교육을 많이 받고 사회 경험이 많다 하더라도, 근대적 정신의 핵심을 제대로 익히지 못하면 더 깊은 동굴 속으로 들어간 황제가 될 수 있다. 예를 들어, 스스로가 '진선미의 화신'인 것처럼 행동하거나, 다른 사람의 의견은 무시하면서 '그게 아니고 이게 맞는 것'이라며 자기 주장을 집요하게 펼치는 사람은 '동굴 속 황제'일 가능성이 높다.

  그렇다고 동굴 속 황제가 때와 장소를 가리지 않고 언제나 '나는 이

• '진선미'를 판정하는 기준은 근대사회가 성립된 이후 정반대로 바뀌었다. 조선과 같은 봉건사회에서는 지방적 권위에 바탕을 둔 진선미가 존재했고, 그 진선미를 결정하는 사람도 분명하게 존재했다. 예를 들어, 신분이 높은 사람은 신분이 낮은 사람에 대해 진선미 모든 면에서 우월한 존재였다. 아버지는 아들에 대해, 스승은 제자에 대해 우월한 존재였다. 그러나 근대사회가 출현하면서 신분의 권위는 붕괴되고, 무엇이 진선미이고 누가 그것을 결정할 것인가 하는 문제에 심각한 혼란이 생겼다. 지금 한국사회는 이 문제를 제대로 해결하지 못한 채 과도기적 혼란에 빠져 있다. 답은 분명하다. 근대사회에서는 절대적 진선미가 존재할 수 없으며, 어느 누구도 독단적으로 진선미를 결정할 수 없다. 이 경우, '어떤, 또는 누구의 진선미가 가장 우월하냐'에 대한 결정은 개인 각자의 마음속에서만 존재할 뿐이다. 그 결정을 타인에게 강요할 수 없다. 기껏해야 공동체의 질서를 잡기 위해, 여론조사나 투표와 같은 다수결 원칙 또는 월급 액수 등에 따라 우열을 정할 뿐이다. 그러나 다수결 원칙에 따라 정해진 진선미도 '편의상 임시로' 그렇다는 것이지 절대적 진선미가 아니다. 요컨대, 근대사회에서는 절대적 진선미의 공간이 사라지고, 그 대신 공동체 질서를 유지하기 위한 형식과 방법 및 절차 등이 중요한 의미를 갖게 된다. 이 같은 변화를 서양 학자들은 '신분에서 계약으로'라고 표현하는데, 이 책의 어법으로 말하면 '진선미에서 절차로' 또는 '진리에서 형식으로'라고 말할 수 있을 것이다. 따라서 만약 당신이 신봉하는 진리를 절대적 진리라고 주장하는 경향이 있다면, 스스로 봉건적 사상의 소유자가 아닌가 하고 의심해보아야 한다. 이렇게 놓고 보면, 아이에 대한 무한한 신뢰에 기초하고 있는 어머니의 분리사랑과 즉각적 만족의 원리에 입각한 육아관습은 진선미 결정의 근대적 방식을 거부한 채, 절대적 진선미를 자녀에게 주입하는 육아방식이라는 뜻이 된다. 또 '동굴 속 황제'에 대한 이 책의 언급들은 '아직 충분히 근대화되지 못한 나 자신과 우리들'에 대한 분석이라고 할 수 있다.

세상에서 가장 뛰어난 진선미의 소유자'라고 주장하는 것은 아니다. 평소에는 오히려 무덤덤하게 살아가며 아무런 우월감도 없는 것처럼 보인다. 특히, 자신의 스승이나 선배 앞에서는 '저는 아무것도 모릅니다.'라는 태도를 취하기도 한다. 그분들은 진선미 모든 면에서 자신보다 우월한 존재라고 생각하기 때문이다.

그러나 학교나 직장처럼 비슷한 처지에 있는 사람들끼리 모여 있고, 어떤 결정적인 문제가 발생했을 때, 동굴 속 황제는 본색을 드러낸다. 다시 말해, 동굴 속 황제가 '진선미의 화신'인 것처럼 행동하는 것은 동료나 이웃 또는 형제, 즉 비슷한 처지에 있는 타인과 관계를 맺게 되는 순간 더 잘 드러난다는 말이다. 그 순간 그는 자기가 타인보다 더 올바른 생각을 하며, 더 선한 마음을 가졌으며, 더 아름다운 존재라고 주장한다.

동굴 속 황제는 결코 절대적 의미에서 '진선미의 화신'임을 주장하지 않는다. 그는 자기보다 신분이 높은 사람에 대해서는 진선미를 다툴 생각조차 하지 않는다. 향단이는 자신이 아무리 예쁘다고 해도 춘향 아씨 앞에서는 감히 그 아름다움을 뽐내지 않는 법이다. 그러나 옆집에 사는 향순이가 아무리 예뻐도 향단이는 죽어라고 자기가 더 예쁘다고 생각하는 증상을 갖고 있다.

또 동굴 속 황제는 자신의 친구가 공부를 열심히 하여 좋은 성적을 올린 경우에도 객관적 사실을 인정하기보다 '그 친구는 머리가 나쁜데 미련하게 공부를 해서 좋은 성적이 올렸다.'고 말한다. 우리 나라 속담에 '지는 게 이기는 것'이라는 말이 있는데, 이것 역시 동굴 속 황제들을 위로하기 위한 속담이다. 오죽 지는 것을 싫어했으면 지고 있는 경우에도 '네가 이기는 것'이라고 해야 했을까.

그러나 이처럼 비슷한 처지에 있는 사람들이 도토리 키 재는 식으로 싸우는 것은, 그 순간 지고 이기는 차원의 문제가 아니었다. 그것은 신분사회에 기원을 둔, 전근대적 인간인 동굴 속 황제들이 결코 양보할 수 없는 삶의 방식이었다. 그런 의미에서 동굴 속 황제는 인간 대 인간의 관계를 신분적 관점에서 바라보는 신분적 인간(a man of status)이라고 할 수 있다.■

심리적 영토의 확장

스스로를 진선미의 화신이라고 생각하는 특징 외에, 동굴 속 황제의 또 다른 특징은 자신의 심리적 영토를 가지고 있으며, 그 영토를 끊임없이 넓히려고 한다는 것이다. 2장에서 나는 '다면적 자아의 소유자' 또는 '여

■ 동굴 속 황제의 이런 특성은 신분사회에서 다수의 진선미가 공존한다는 사실로부터 생겨난다. 이것은 현실 세계의 황제가 한 사람일 수밖에 없는 것과 커다란 차이가 있다. 예를 들어, 조선시대에는 신분이 낮은 사람도 나름대로 진선미의 화신, 동굴 속 황제가 될 수 있었다. 노예는 노예의 처지에 알맞게 행동하고, 여자는 시대가 부과한 덕목에 알맞게 행동함으로써 자신은 '진선미의 화신'이라고 주장할 수 있었다. 나는 내 어머니가 그런 여인이었다고 생각한다. 또 젖을 뗐다는 이유로 동네 아기에 대해 스스로를 우월한 존재로 생각한 그 순간, 나는 그 아이에 대해서 '진선미의 화신'이라고 주장한 것이다. 결혼 여부로 어른과 아이를 구분했던 관습은 일상의 작은 차이들 모두가 진선미를 체계화하고, 신분이 낮은 사람도 진선미의 화신이 될 수 있음을 보여준다. 그런 의미에서 스스로를 '진선미의 화신'으로 여기는 사고방식은 봉건사회 또는 신분사회의 보편적인 언어요 규칙이었다. 우리말에 '도토리 키재기 한다'는 말이 있는데, 그것은 비슷한 위치의 사람들이 자기가 더 진선미에 가깝다고 주장하는, 자신의 존재 가치를 증명하려는 처절한 투쟁이며 봉건시대의 보편적인 삶의 방식이었다. 어떤 두 사람이 별것도 아닌 것을 가지고 옥신각신하는 것도 서로가 진선미의 화신이라고 주장하는 삶의 방식이라는 말이다. 지금도 도토리 키재기를 하는 사람들이 많은 것을 보면, 우리 나라는 동굴 속 황제들의 나라가 아닐까?

러 개의 자아'를 갖고 있다고 했다. 이것을 다른 말로 표현하면, 동굴 속 황제는 '확대된 자아(extended self)'를 갖고 있으며, 그 확대된 자아를 더욱 확장하려 한다는 것이다. 그리하여 동굴 속 황제는 무슨 일이 잘되면 '자아가 확장되는 것 같은 느낌을 받는다.'고 말한다.

입으로는 밥을 씹으면서, 눈으로는 신문이나 텔레비전을 보고, 머리로는 잠시 후 만날 사람에게 무슨 이야기를 할까 궁리하는 다기능적 능력의 소유자가 동굴 속 황제이다. 또한 무엇인가 일단 손을 대었다 하면 자신의 소유물처럼 생각한다. 그리하여 그에게는 고향도 내 것이고, 대한민국도 내 것이며, 출신 학교도 내 것이며, 가족도 내 것이고, 직장도 내 것이 된다. 요즘에는 그런 사실을 노골적으로 내세우는 사람이 적어졌지만, 변형된 형태로 심리적 영토를 넓히려는 사람들은 여전히 많다.

동굴 속 황제가 심리적 영토를 넓히려고 하는 경향은 너무도 뿌리 깊고 어처구니가 없어서 코믹한 일들을 많이 일으킨다. 멀리 갈 것 없이 내 경우를 보면, 나는 스스로를 '카페트의 도사'라고 자부하는 경향이 있었다. 물론 세상에는 나보다 카페트에 대해 더 잘 아는 사람이 많다. 그러나 나는 친구와 카페트 이야기를 할 때, 친구는 카페트에 대해 잘 모를 것이라고 쉽게 단정하며, 무조건 내가 더 잘 아는 것처럼 행동한다.

그 이유는 내가 카페트 회사에 2년 정도 다니며 매일같이 카페트와 함께 산 경험이 있고 내 친구는 그렇지 않기 때문이다. 그 일은 벌써 15년이 지났건만, 나는 지금도 카페트만 보면 익숙한 느낌이 들고 카페트에 대해서는 무엇이든 다 아는 것 같은 착각에 빠진다. 그래서 여러 가지 실수를 많이 했다.

내 친구 중에도 그런 녀석이 있다. 그는 자동차 회사의 엔지니어인데, 길을 가다가 어떤 차를 보면, "야야, 저 차 내가 만든 거야!"라며 자랑한다. 그럴 때 녀석의 표정을 보면, 그 회사에서 나오는 몇몇 차종은 모두 자기 혼자 만든 것 같다. 녀석도 동굴 속 황제이다.

법원이나 관청의 수위 아저씨들 중에도 '진선미의 화신'이 많은 것 같다. 처음 가는 곳이라 얼떨떨한 표정이 되어 뭘 물어보면, 묻는 말에 대답을 하는 것이 아니라, 자신이 아예 법의 권위자인 것처럼 행동한다. 물론 그 법원에 근무하는 판사 친구를 만나러 왔다는 사실을 알게 되면 수위의 태도는 돌변한다.

공부하는 학자로서 제일 난감했던 것은 책에 관한 것이다. 나는 플라톤을 한두 번 뒤적여본 적이 있으면 플라톤을 다 아는 것처럼 착각하는 버릇이 있었다. 무엇이든 한번 관계를 맺었다 하면 내 것이 된 줄로 착각하기 때문이다. 그 정도는 양반이다. 《막스 베버 전집》을 사서 책꽂이에 꽂아놓았다는 이유로 막스 베버(Max Weber, 1864~1920)를 잘 안다고 착각한 적도 있었다.

심지어 경제학자나 회사원인 내 친구가 플라톤 이야기를 하면, 굳이 틀린 이야기도 아닌데, 괜히 속이 뒤틀리고 이상한 느낌이 들곤 했다. 플라톤이나 막스 베버는 정치학을 전공한 나의 소유물인데, 엉뚱한 직업을 가진 의사나 경제학자가 뭐라고 하면, 다른 집 사람이 내 아파트 열쇠를 들고 있는 것처럼 이상했다는 말이다. 사정이 이 모양이니 나의 학문이 제대로 발전할 수가 없었다.

우리 나라 말에는 '미국에 가보았냐?' 또는 '최인훈의 《광장》을 읽어보았냐?'라는 식으로 어떤 것에 대한 경험의 유무를 묻는 어법이 있다. 그런 질문에는 미국에 한번 가보면 미국을 다 알게 되고, 《광장》

처럼 유명한 작품을 읽어보아야만 비로소 함께 이야기할 만한 교양을 지닌 사람이라는 의미가 들어 있다. 그와 같은 말투 역시 동굴 속 황제들의 전형적인 말투이다.

그 같은 말투는 경험의 유무 또는 많고 적음이 곧 정신적 소유물의 많고 적음을 판별하는 기준이 되고, 정신적 소유물의 많고 적음이 신분의 높낮이를 결정한다고 보는 동굴 속 황제의 인식 태도를 보여준다. 그것은 무엇이든 한번 보거나 만진 적이 있으면 다 제 것이라고 생각하면서 심리적 영토를 넓혀 나가는 전근대적·신분적 인간의 논리를 담고 있다. 아무튼 동굴 속 황제는 한번 손을 대었다거나 한번 관계를 맺었다 하면 다 제 것으로 여기는, 그야말로 마이다스의 손을 가진 전지전능한 황제라고 할 수 있다.

▪ 요즘이야 그런 사람들이 별로 없겠지만, 과거의 동굴 속 황제들은 한 번의 동침은 여자의 모든 것을 가진 것이라고 생각했다. 또 여자들은 한 번의 동침이 남자에게 모든 것을 바쳤거나 모든 것을 잃은 것이라고 생각했다. 다른 한편, 동굴 속 황제는 이미 제 손 안에 들어온 소유물을 대수롭지 않게 여기면서 새로운 소유물을 찾아 나선다. 역시 심리적 영토를 확장해야 하기 때문이다. 그래서 바람둥이는 매번 새로운 여자를 정복하며 살아야 일시적으로나마 온전한 생활을 하고 있다는 느낌을 가질 수 있는 동굴 속 황제일 가능성이 높다. 또 우리 사회에는 첫날, 첫만남, 첫눈, 첫날밤, 첫사랑 등을 강조하거나 첫 경험만이 순수하다는 생각이 만연해 있다. 처음을 지나치게 강조하는 것은 그것으로 사건의 전체가 완성되었다고 생각하는 동굴 속 황제의 사고방식이 아닐까? 세상의 이치를 보면 첫 경험은 시작일 뿐이다. 첫 경험만으로는 아무것도 가질 수 없고 아무것도 알 수 없다. 물론 막연하고 순수한 느낌은 있을 것이다. 그러나 그 느낌을 바탕으로 두 번, 세 번, 열 번, 백 번을 반복할 때, 본격적인 삶과 앎이 시작된다. 그래서 반복이 중요하다. 자꾸 새로운 것을 추구하는 것이 아니라, 한 가지를 놓고 꾸준하게 반복하는 것이 중요하다. 그래서 나는 반복을 그냥 반복이라고 하지 않고 '위대한 반복'이라고 말한다.

7장

우리 집의 모든 사람과 물건에는 보이지 않는 서열이 매겨져 있었는데, 아침 청소의 목표는 간밤에 흐트러졌던 그 순서와 질서를 복원하는 것이었다. … 우리 집 아침 청소는 아버지에 대한 공경과 나라에 대한 충성을 표시하는 예배였다. 그 복잡한 절차와 장식은 귀찮은 것이기도 했으나, 일단 청소를 마치고 나면 세상은 지난밤 사이에 흐트러진 질서를 다시 회복했다는 뿌듯한 느낌을 주었다.

아름답고
성스러운
질서

) 아버지의 질서 속으로 (

어머니가 나를 '동굴 속 황제'로 만들었다고 하지만, 아버지의 공간에 편입되기 전까지는 모성의 공간에 갇힌 황제에 지나지 않았다. 아버지는 만 6살 때까지 나를 어머니에게 맡겼으며, 나는 아직 어머니의 아들일 뿐이었다. 더 넓은 사회를 살아가는 진정한 '동굴 속 황제'가 되기까지는 좀더 긴 여정이 남아 있었다. 그 여정의 첫 번째 안내자는 아버지였다.

한마디로 '어머니 공간'이 '동굴 속 황제'의 탄생지였다면, '아버지 공간'은 '동굴 속 황제'의 성장 공간이었다. 어머니는 진선미의 씨앗을 뿌렸고 아버지는 그 씨앗에 물과 거름을 준 격이었다. 어머니의 분리사랑이 가부장적 권위에서 비롯되었다는 것을 생각하면, 그 역(逆)도 성립할 것이다.

내가 아버지의 질서 속에 본격적으로 편입된 것은 초등학교에 들어가기 전의 일이었다. 그때가 정확히 언제였는지는 잘 알 수 없지만, 막내인 여동생이 태어날 무렵이었다는 것은 분명하다. 그 무렵 나는 '어머니 공간'을 떠나 '아버지 공간'으로 잠자리를 옮겨야 했다.

어머니는 남동생과 새로 태어난 여동생을 양편에 데리고 자야 했으므로 나는 더 이상 '어머니 공간'에 머물 수 없었다. 이때 나는 처음으로 내 자신의 이불과 요, 나만의 베개를 배정받았다. '어머니 공간'에서는 가질 필요도 없고, 가질 수도 없었던 나만의 독립성이 생기기 시작한 것이다.

'아버지 공간' 쪽으로 잠자리를 옮기는 것은 제법 격식을 갖춘 통과의례였다. 나는 지금도 이불을 배당받던 날의 안방 풍경과, 베개 옆에 수놓인 무늬의 색깔과 모양, 나 자신의 느낌을 뚜렷이 기억하고 있다. 그날 나는 '내가 무척 컸다', '나도 이제 사나이다'는 자부심에 충만해 있었다.

어쩌면 나는 갑작스러운 잠자리 이동에 불안을 느껴 '엄마 옆에서 자겠다'고 버텼을지도 모르겠다. 부모님들이 '그것은 네가 아버지처럼 튼튼한 사나이가 되었다.'는 뜻이라고 나를 추켜세웠던 기억이 난다. 또 그 잠자리 이동은 하루이틀 사이에 전격적으로 이루어진 것이 아니라, 오늘은 '어머니 공간'에서 자고 내일은 '아버지 공간'으로 옮기면서 여러 날에 걸쳐 이루어졌을지도 모른다.

몇 년 뒤 나는 내가 사랑했던 동생이 '나도 사나이가 되었다.'는 허영심을 잔뜩 안고 내 옆자리로 옮겨오는 것을 보았다. 나는 가소로운 눈빛으로 그 녀석을 바라보았다. 그는 영락없는 나의 후배였다. 나와 동생은 그렇게 아기의 신분에서 벗어나 한 사람의 남성으로 첫걸음을 내디뎠다.

) 밥상의 질서 (

'어머니 공간'이 만족의 공간이었다면, '아버지

공간'의 가장 큰 특징은 질서였다. 어머니가 세 아들을 차별 없이 사랑했다면, '아버지 공간'에서는 모든 것에 순서와 엄격한 격식이 있었다.

질서! 그것이야말로 아버지를 나타내는 추상명사였다. 그 질서의 핵심은 '아버지 → 형 → 나 → 남동생'의 순서로 이어지는 남자들의 서열이었다. 어머니와 여자 형제들은 이 질서체계에서 슬쩍 옆으로 벗어나 있었다.

중학생인 형은 자신의 방에서 지냈지만 형의 지위는 계속 안방에 남아 있었다. 식구들이 모여 밥을 먹을 때, 형은 네모난 밥상에서 아버지 건너편에 앉았다. 그 자리는 우리 집 2인자가 앉는 자리였다. 형이 외지에 나가 고등학교를 다닐 때에도 어머니는 형의 밥을 두 번째로 펐다. 어느 정도 시간이 지난 후, 형의 밥을 먹는 사람은 넓적한 그릇에 밥그릇을 엎은 후 일단 숟가락으로 밥의 형태를 무너뜨린 다음 먹어야 했다. 그것은 그 순간 형이 그 밥을 먹었다고 간주하는 의식(儀式)이었다. 형의 밥을 가장 자주 먹었던 사람은 어머니였다. 어머니는 더운밥을 두고 차가워진 형의 밥을 드시는 경우도 많았다.

그리고 보니 밥 자체에도 질서가 있었다. 그 당시 우리 집에서는 감자와 보리가 섞인 밥을 자주 먹었다. 그런데 이 밥이 참 신기한 밥이었다. 솥의 맨 밑바닥에는 물에 불린 통보리와 감자를 안치고, 그 위에 흰쌀을 따로 안친 밥이었다. 그 밥은 '보리밥-흰쌀밥'의 이층밥이 되거나, '보리밥-감자-흰쌀밥'의 삼층밥'이 되었다. 시루떡처럼 층이 딱 나누어져 있었다.

밥을 푸는 순서도 정해져 있었다. 아버지 → 형 → 나 → 남동생의 순서로 남자들의 밥을 먼저 푸고, 그 다음 누나와 여동생의 밥 그리고 어머니가 마지막이었다. 결국 아버지 밥은 순백의 하얀 쌀밥이 되었고, 형과 나의 밥에는 보리가 조금 섞였고, 어머니의 밥에는 쌀이 거의 섞이지 않았다.

이 밥그릇의 질서는 나의 민주 정신에 위배되는 것으로 큰 고민거리였다. 그건 너무 불평등한 일이었다. "엄마, 아버지께 흰쌀밥을 드리는 것은 그렇다 치고, 나머지 식구들 밥은 쌀과 보리가 똑같이 섞이도록 담자, 응!" 나는 그렇게 건의했다. 그러나 어머니는 가타부타 말이 없었다.

누구는 쌀밥을 먹고 누구는 보리밥을 먹는다는 사실, 그리고 나 자신이 쌀밥을 많이 먹는 쪽에 속한다는 사실은 내 마음을 괴롭혔다. 나는 여러 번 개혁을 단행하려고 노력했으나 밥주걱을 쥔 사람은 어머니였다.

그렇다. 우리 집 밥상에는 엄격한 질서가 있었고, 아버지는 밥상에서 가장 깍듯한 권위를 누렸다. 우리 집 식사는 밥상의 주재자인 아버지가 맨 마지막으로 임석하여 수저를 들면서 "자, 먹자!"라고 선언했을 때 비로소 시작되었다. 그러면 형, 그 다음 나, 또 그 다음은 바로 밑의 남동생이 수저를 들고 국그릇에 손을 댔다.

순서에 따라 수저를 드는 것은 멋진 군복을 입은 군인들이 차르륵 소리를 내며 총을 올리고 내리는 것보다 더 질서 있고 절묘한 움직임이었다. 그 동작의 아름다움은 나에게 미(美)에 대한 깊은 인상을 심어주었다. 또 그것은 무엇이 옳고 그른 것인지에 대해서도 말해주는 것 같았다.

그렇게 밥상의 질서를 지키고 격식을 차린다는 것은 우리 식구들이 도덕적이며 사람답게 사는 격식을 지킨다는 뜻이었다. 나는 그 질서를 사랑했다. 그러나 여자들의 밥상에는 질서와 순서가 없었고, 남자들과 떨어져 한쪽 구석에서 옹기종기 모여 식사를 했다.

) 두 가지 잠자리 (

'아버지 공간'에서는 모든 일이 아버지로부터 시작되고 아버지에서 끝이 났다. 이부자리와 베개에도 서열이 있었다. 이불과 요의 크기와 색깔에도 차이가 있었으며, 베개에 놓아진 수(繡)의 모양도 각각 달랐다. 아침에 이불을 갤 때에도 아버지 이불부터 개야 했고, 밤에 이불을 펼 때에도 아버지 이불부터 펴야 했다.

이것 역시 나의 민주적·근대적 정신을 괴롭혔다. "아버지 이불을 먼저 개야 한다면, 옷장에 넣을 때도 먼저 집어넣고, 이불을 펼 때에는 가장 계급이 낮은 사람이불부터 펴야 할 것이 아닌가!" 이것이 나의 생각이었다. 당시 나는 박정희 시대의 아들로 일의 능률을 중요하게 생각했다.

그러나 어머니는 다르게 생각했다. 아버지 이불이 다른 사람의 이불 밑에 깔려서는 안 되기 때문에 아버지 이불은 맨 나중에 넣고 맨 먼저 펴야 한다고 말했다. 나는 어머니의 주장이 번거로운 것이라고 느꼈다. 그러나 어머니는 이불 정리처럼 하찮은 일에도 아버지의 권위를 생각했다.

'아버지 공간'에 있는 이부자리들은 모두 깨끗했다. 빳빳하게 풀을 먹인 이부자리는 잠자는 행위마저 격식 있는 것으로 만들었다. 그 이부자리가 주는 감촉은 상쾌하면서도 고귀한 것이었다. 그 고귀함은

'어머니 옆으로 가보아야지!'와 같은 약한 생각을 못하게 하는 힘이 있었다.

'아버지 공간'의 잠자리는 심심했다는 기억도 있다. 자신의 이불 속에서 혼자 잠을 청한다는 것은 맨송맨송한 일이었다. 옆에 누운 사람과 장난을 칠 수가 없었다. 나는 그 고독을 견뎌야 했다. 그런 의미에서 '아버지 공간'의 잠자리는, '어머니 공간'에서 가졌던 만족과 자유를 포기하고 그 대신 '아들 또는 남성'이란 고귀한 지위를 얻는 것과 같은 의미가 있었다.

그러나 '아버지 공간'으로 잠자리를 옮긴 후에도 나는 종종 어머니 곁에서 잠을 잘 수 있었다. 예컨대, 새벽녘에 오줌을 누고 난 후 나의 잠자리로 가는 게 아니라 어머니 곁으로 파고들었다. 그러면 어머니는 아침이 올 때까지 그곳에서 잠을 잘 수 있도록 허락해주었다. 그런 경우에도 어머니는 나의 요구를 거절하지 않았다.

'어머니 공간'의 잠자리에는 정식으로 된 요와 이불도 없었다. 그곳에 있는 이불은 흥부네 이불 같았다. 여러 사람이 지저분한 포대기 한 장에 의지해서 잠을 잤다. 아기를 위한 조그만 요와 이불이 있었지만, 어머니 자신은 요도 깔지 않은 채 방바닥 위에서 잠을 잤다. 어머니의 포대기 속으로 들어가면 어머니 몸이 내 몸에 닿았다. 나는 그 촉감을 사랑했다. '어머니 공간'은 잠자리에 관한 한 고향 같은 곳이었다.

신분의 감옥

내 기억에 아버지는 도통 말이 없는 사람이었다. 아침에 일어나면 밖에 나가 세수를 하고 방

안에 들어와 신문을 보고, 밥상이 차려지면 식사를 한 후 말없이 출근을 했으며, 때가 되면 퇴근을 했다.

아버지가 본래부터 과묵했던 것은 아니다. 친구들과 있을 때 보면 그렇게 말을 잘하고 명랑할 수가 없었다. 좀더 나이가 든 후 중학교 시절, 아버지의 야유회에 따라간 적이 있었는데, 아버지는 집에서 본 아버지가 아니었다. 지금의 나이 든 아버지를 보아도 그렇게 과묵한 편은 아니다.

아버지 별명이 친구들 사이에서 '까불이'였다는 것을 처음 알았을 때, 우리들은 그 경망스러운 별명이 어떻게 생겨난 것인지 정말 이해할 수 없었다. 그러니까 아버지는 집안과 밖에서 아주 다른 얼굴로 살아가는 두 얼굴의 사나이였다. 그 두 얼굴 때문에 어머니의 세 얼굴이 생겨났을 것이다.

아버지는 나름대로 자상한 면도 많았다. 목욕탕에 갈 때는 꼭 동생과 나를 함께 데려가려고 했는데, 아버지는 그것을 당신이 꼭 해야 할 의무로 생각하는 경향이 있었다. 일년에 서너 번씩 있었던 출장에서 돌아올 때면, 평소에는 맛볼 수 없는 사탕을 몇 봉지씩 사오곤 했다.

또 기억나는 일이 있다. 무더운 여름날 저녁, 아버지는 자전거에 동생과 나를 태워 금학산(金鶴山) 아래 계곡으로 데려가곤 했다. 아버지 등뒤에서 자전거를 타고 가는 일이란 얼마나 신나고 자랑스러운 일이었던가! 우리는 계곡에서 만난 아버지 친구들과 그분들을 따라온 아이들과 벌거벗고 물장구를 치며 더위를 식혔다.

막상 아버지와 벌거벗고 노는 것은 목욕탕을 갔을 때와 전혀 다른 느낌을 주었다. 공중목욕탕에서는 몸을 씻으러 왔다는 목표 아래 몸을 열심히 씻으면 그만이었다. 그러나 아버지와 함께 벌거벗은 채 아무런 목표 없이 논다는 것은 괜시리 몸 둘 곳을 모르게 했다. 그래도 그것은 즐거운 일이었다.

그러나 거의 대부분의 시간 동안 아버지는 과묵한 사람이었다. 당신이 그렇게 과묵했던 것은 아버지 또는 남편이라는 자신의 신분을 벗어난 적이 없었기 때문이었다. '신분의 감옥'을 벗어나지 못하니까, 처자식과 함께 있을 때 자신의 권위에 걸맞은 말을 찾으려 했고, 매번 그런 말을 찾기 어려우니까 차라리 침묵하는 편을 택했던 것 같다.

) 아버지의 썰렁함 (

아버지와 나 사이에는 엄격한 상하의 구별이 있었고 부자지간의 예절이 있었다. 어머니와 나 사이에도 예절이 있었지만, 그것은 친구 사이의 예절처럼 평등하고 자연스러운 것이었다. 예컨대, 어머니는 자장면을 사줄 때, '아들이 자장면을 얼마나 맛있게 먹느냐'에 대해서만 신경을 썼다. 그런데 아버지는 '나는 너에게 자장면을 사주노라. 이것으로 아버지의 역할을 다 하고 있노라!'는 말을 하고 싶어했다. 그것은 아이가 젖을 떼도록 할 때, 젖을 뗀다는 당면 목표에 신경을 쓰는 것이 아니라, 그런 기회를 통해 자신이 아버지임을 다시 한 번 강조하려고 했던 것과 똑같은 태도였다.

어머니는 자장면을 사주면서도 '너에게 부모로서 충분한 역할을 다 하지 못했다, 너에게 이런 것밖에 사줄 수가 없어 미안하다'는 태도를 취하곤 했다. 그러나 아버지는 더 작은 일에도 '나는 언제나 이처럼 너에게 잘해주고 있다'는 것을 과시하려고 했다.

아버지가 생색내기 좋아했다는 뜻이 아니다. 아버지는 직장 동료나 마을 사람들에게 생색을 잘 내는 편이 아니었다. 오히려 대체로 손해를 보는 쪽에 속했다. 그러나 일단 아버지의 위치에 서면 태도가 달라졌다. 당신은 그렇게 하는 것이 아버지의 역할을 제대로 하는 것이라고 생각했다.

그러다 보니 부자(父子)가 자장면을 가운데 놓고 마주 앉은 귀한 순간일수록 썰렁한 말만 자꾸 했다. 그런 자리에서 당신은 자신의 인생살이에서 터득한 노하우(know-how)를 자식에게 전수해주고 싶어했다. 그러나 그 노하우는 시대가 바뀌어 케케묵은 옛날이야기가 되어버렸거나, 나는 겨우 12살인데 20살 청년에게나 필요한 노하우를 들려주곤 했다.

할리우드 영화 〈쇼생크 탈출〉을 보면, 어떤 죄수가 오랜 감옥생활 끝에 출옥을 한 뒤에도 감옥 안에서 하던 행동을 반복하는 장면이 나온다. 바로 아버지가 그렇게 행동하는 사람이었다. 당신은 세상의 변화에 적응하기보다는 자신이 알고 있는 역할만 고수했다.

그러나 아버지에 대해 일정 정도 불만을 갖고 성장한 내가, 정녕 아버지와 달리 '신분의 감옥'에서 벗어나 있다고 장담하기는 어렵다. 누군가의 단점을 발견하는 것과 내가 그것을 행하지 않는다는 것은 전혀 다른 차원의 일이다. 요즘 스스로를 돌아볼 때, 나 역시 내 나름의 '신분의 감옥'에 갇혀 있다는 것을 절감하곤 한다.

) 술에 취한 아버지 (

참으로 신기한 일은 아버지가 평소의 체통

을 벗어버리고 '신분의 감옥'에서 탈출하는 경우가 있었다는 것이다. 그것은 한 달에 몇 번 술을 마신 날이었다. 술만이 아버지를 '신분의 감옥'에서 탈출시킬 수 있었다. 술은 신비의 마술처럼 아버지를 딴사람으로 만들었다.

지금도 그렇지만 아버지는 정말 좋은 술버릇을 가지고 있었다. 첫째, 몸을 가누지 못할 정도로 술을 마시지 않았다. 술이 좀 센 편이긴 하지만 많이 마시지 않았고 웬만큼 마셔도 취하지 않았다. 둘째, 술을 마신 후에는 늘 기분이 좋아졌다. 주정을 한다거나 공연히 심각해지는 일은 한 번도 없었다.

아버지는 술만 마셨다 하면 아주 유쾌한 사나이가 되었다. 술에 취해오는 날, 아버지는 대문을 쾅쾅 두드리며 아이들 이름을 불렀고, 그것보다 더 기분이 좋으면 어머니 이름을 부르기도 했다. 지금도 나는 술에 대해 좋은 이미지를 갖고 있는데, 술이 사람을 너그럽게 만든다는 믿음이 있기 때문이다.

아버지는 자는 아이들을 모두 깨우는 버릇도 있었다. 정말 귀찮은 일이었지만 아버지가 깨우는 것이니 어쩔 수가 없었다. 팬티만 남겨두고 옷을 몽땅 벗는 버릇도 있었다. 그것도 재미있는 일이었다. 평소 근엄하기만 하던 아버지가 벌거숭이가 되어 노래를 부르며 뒹굴었으니 얼마나 즐거운 일이었을까.

아니, 이 양반이 왜 이렇게 옷을 벗고 난리를 피우세요.

어머니는 아버지를 핀잔하는 듯했지만, 찬물을 떠다 바치고 아버지가 옷 벗는 것을 도와주기도 했다. 그것은 분명 어머니에게도 즐거운 일이었다. 그런 순간만이 유일하게 남편과 자식들, 온 가족이 엉켜서 단란한 시간을 보내는 시간이었으니 어찌 즐겁지 않았을까.

언제부터인가 아버지는 술을 마셔도 옷을 벗지 않았다. 그것은 아버지가 나이가 드셨으며, 그만큼 자식들이 크고 어머니도 늙었다는 뜻이었다. 앞으로도 그런 모습을 볼 수는 없을 것이다. 술을 마시고 옷을 벗는 버릇은 젊은 날 자상한 아버지의 초상화 같은 이미지로 내 머리 속에 남아 있다.

팬티만 걸친 아버지는 팔뚝을 치켜들고 '모두 여기에 매달려보라!'며 유치한 힘 자랑을 하거나, 씨름이나 레슬링 같은 경기를 하자고 덤벼들었다. 동생과 나도 신이 나서 레슬링 선수들처럼 옷을 다 벗고 아버지에게 '이 대 일의 세계 레슬링 챔피언 도전장'을 내밀었다.

사건이 거기까지 전개되면, 저쪽 방에 있던 누나도 오고 어머니는 밤참을 차렸다. 여러 장의 이불을 방바닥에 넓게 깔아 '가상의 링'을 만들고, 그 위에서 삼부자가 뒹굴었다. 즐거운 격투기는 한 시간씩이나 계속될 때도 있었다.

그때는 레슬링이 오늘날의 축구나 야구처럼 인기가 높았다. 아버지와 함께 극장에 가서 김일 선수의 박치기를 구경할 정도였다. 사람들은 김일 선수가 일본 선수를 매트에 뉘일 때마다 박수를 치고 소리를 질렀다. 1960년대의 '붉은 악마'는 극장에서 응원을 했다.

한편, 우리의 레슬링 경기는 어린 동생이 어딘가 잘못 얻어맞고 징징 울거나, 아버지가 술기운을 견디지 못해 항복을 선언하는 것으로 끝이 났다.

) 아버지를 탐험하다

우리 형제의 즐거움은 거기서 끝나지 않았다. 우리는 가수면(假睡眠) 상태에 빠진 아버지의 배 위에 올라가 일종의 탐험여행에 들어갔다. 평소엔 근엄한 아버지였으나 이때만큼은 마음대로 짓밟고 유린할 수 있었다.

그때 우리 형제가 감탄했던 것은 아버지의 배꼽 우물과 콧구멍이 우리들 것보다 무척 크다는 것이었다. 아버지 것과 비교하면 우리들 배꼽은 배꼽도 아니었다. 우리 형제는 아버지의 배꼽 주변에 몇 개의 구슬을 담을 수 있는가를 실험해보거나, 조심스레 아버지 콧구멍을 후벼보았다.

그러다가 아버지가 정신을 잃은 사이 팬티를 슬쩍 들어 그 안을 쳐다보며 깔깔거리기도 했다. 이런 노래도 만들어 불렀다.

자식 자식 못난 자식 ♪
불알 밑에 털 난 자식 ♪
대보름날 불장난에 ♪
자지 털을 다 태웠다 ♪

이 노래가 어떤 연유로 생겨난 것인지는 모르겠다. 그러나 지금도 내 기억에 생생하게 남아 있다. 여기에 나오는 '자식'이란 반드시 아버지를 지칭하는 것은 아니었다. 아버지를 '못난 자식'이라고 생각한 적도 없었다.

그런데, 아버지에게도 털이 났으니 못난 자식이 된 것 아닌가? 아니, 아니, 그래도 아버지가 못난 자식일 순 없지. 그렇지만 아버지에게 털이 난 건 사실이잖아. 아하하 재밌다. 아마 그런 생각을 했던 것 같다.

그러니까 아버지는 하느님처럼 위대한데, 개나 돼지처럼 털이 났다는 것은 마치 아버지의 위선을 폭로하는 것과 같은 의미가 있었다. 아무튼 그 노래를 부르고 있노라면 그렇게 재미있을 수가 없었다. 어쩌면 털이 난 어른과 아버지에 대한 부러움을 그렇게 표현한 것인지도 모르겠다.

) 아버지의 권위와 질서 (

흥분은 다음날 아침에도 가시지 않았다. 나와 동생은 간밤에 벌거벗은 채 뒹굴며 아버지를 만끽한 카니발의 추억을 잊지 못했다. 마치 초야를 치른 새색시처럼 들떠 있기 마련이었다.

그런 날이면 다른 날보다 더 열심히 아버지의 세숫물을 준비하거나 구두를 닦으며, "야, 너 어제 보니 힘이 많이 세어졌더구나!" 하는 말을 듣고 싶어했다. 또 무언가 어젯밤 있었던 일에 대해 한마디쯤 해주길 기다렸다.

그러나 애석하게도 아버지는 간밤의 즐거웠던 일들을 하나도 기억하지 못하는 것 같았다. 백번이면 백번 다 나의 기대를 저버렸다. 어젯밤의 아버지가 가짜인 것인지, 그놈의 술이 무슨 조화를 부린 것인지, 아버지는 어느새 자신의 감옥 안으로 들어가 나올 줄 몰랐다.

아버지는 다른 날과 다름없이 세수를 하고 아침을 든 후 출근을 해버렸다. 그것은 실망스러운 일이요, 아버지의 인격을 의심케 만드는

7장. 아름답고 성스러운 질서

일이었다. 그러나 이 같은 불만은, 그로부터 30년이 지나고 내가 어른이 된 후 생각해볼 때 그렇다는 것일 뿐, 당시의 나는 그런 불만을 어렴풋이 느끼기는 했지만 제대로 표현할 줄 몰랐다. 아버지는 권위 그 자체였기 때문이다.

그런데 아버지의 그 권위는 결코 아버지 혼자서 세운 것은 아니었다. 아버지는 과묵하고 '신분의 감옥'에 갇혀 있긴 했지만, 시시콜콜 자신의 권위를 내세우는 사람이 아니었다. 사실 아버지는 현재 내가 그렇듯이, 이래도 좋고 저래도 좋은, 자기 자신보다는 타인 위주로 생각하는, 요즘 말로 하면 리버럴리스트(liberalist)였다.

그런데 아버지를 대하는 어머니는 좀 다른 데가 있었다. 매일 아침 어머니는 아버지가 잠에서 깨어 세수를 하러 나간 사이 안방에 들어와서 요란하게 청소를 했다. 우리들에게도 '이것을 해라, 저것을 치워라'며 청소할 거리를 지적해주었다.

지금 생각해보면, 아침 청소는 단순한 청소 이상의 의미를 지닌 것이었다. 그것은 모든 일이 순서에 맞추어져 진행되는 일종의 의식(儀式)이었다. 어머니는 아이들이 순서를 어기거나 진지함을 보이지 않을 때 심하게 야단을 쳤다. 우리 집의 모든 사람과 물건에는 보이지 않는 서열이 매겨져 있었는데, 아침 청소의 목표는 간밤에 흐트러졌던 그 순서와 질서를 복원하는 것이었다.

아버지는 청소처럼 시시한 일을 전혀 하지 않았지만, 청소의 핵심에는 아버지가 있었다. 아버지의 물건들도 깍듯한 권위를 누렸다. 담배, 재떨이, 신문, 안경과 같이 아버지가 잠들기 전에 사용하던 용품들은 제일 먼저 아버지의 아침 시간에 맞게 재배치되어야 했다.

그렇다. 아버지가 결코 자신의 권위를 스스로 높였던 것은 아니었다. 어머니가 낮은 위치를 잡고 아버지를 높일 때 아버지의 권위는 순조롭게 형성되고 높여졌다. 그러니까 '중이 제 머리 못 깎는다.'는 말처럼 아버지의 권위에는 제2의 조력자가 있었던 것이다. 사실 아버지는 자신이 권위주의적이란 사실도 모르고 있었다.

다시 말해서 우리 집 아침 청소는 아버지에 대한 공경과 나라에 대한 충성을 표시하는 예배였다. 그 복잡한 절차와 질서는 귀찮은 것이기도 했으나, 일단 청소를 마치고 나면 세상은 지난밤 사이에 흐트러진 질서를 다시 회복했다는 뿌듯한 느낌을 주었다.

나는 어머니가 얼마간 불합리하다는 반발심을 가지고 있었지만, 청소가 끝나고 나면 어머니가 제시한 질서야말로 이 세상에서 가장 아름다운 것이라고 느꼈다. 그 질서는 바로 아버지의 질서였다.

) 아버지와 국가 (

흥미로운 것은 우리가 정리해놓은 아버지의 물건 중에 명백하게 시효가 지난 것들이 많았다는 것이다. 각종 세금 영수증과 우리 형제자매의 등록금 영수증이 바로 그런 것들이었다. 당시에는 돈 거래를 할 때 영수증을 사용하는 경우가 많지 않았다. 영수증은 대개 학교, 면사무소, 군청, 세무서 등과 같은 관청에 내는 돈 거래에만 사용되었다.

그런 영수증들은 시효가 지났다고 해서 함부로 버려지지 않았다. 그 모두가 아버지에게 속하는 귀중한 물건들로 다루어졌다. 어떤 의미에서 그 영수증들은 금전 거래의 사실 여부를 증명하는 서류가 아니라, 우리 집과 관청의 관계를 증명하는 것이었으며, 더 나아가 아버지와 국가를 연결하는 징표였다.

당시에도 3개월마다 학교 등록금을 냈는데, 우리 집의 살림살이는 모두 어머니가 관장했기 때문에 나의 등록금도 어머니가 마련해주었다. 그런데 다른 돈은 그렇지 않았지만, 등록금 영수증은 꼭 아버지에게 보여드려야 했다. 왜 그런 법칙이 생겨났는지는 알 수 없지만, 어머니가 "아버지께 보여드려라!" 하고 명령했기 때문에 그렇게 할 수밖에 없었다.

아버지는 영수증을 받아본 후에 "알았다!"고 하고는 서랍에 보관했다. 그것은 우리 집의 대외관계, 궁극적으로 국가와 관계되는 일만큼은 아버지가 독점적으로 관할한다는 뜻이었고, 이 모든 것들은 다시 한 번 '아버지 공간'의 질서가 단순한 청결에 그치는 것이 아님을 말해주는 증거였다.

하긴 그 책상 서랍 속에는 집문서와 농토의 등기서류같이 금전적 가치를 지니는 서류도 있었다. 그러나 그런 서류들이 금전적 가치가 있다는 이유 때문에 귀하게 여겨진 것은 아니었다. 오히려 우리 집에서는 '무엇이든 금전적 가치로 환산해서는 절대 안 된다.'는 비물질적 가치를 숭상하는 불문율이 있었다. 아이들이 돈을 금전적 가치만으로 생각하는 듯한 말을 할 때 심한 야단을 듣기도 했다. 어떤 물건의 가치를 판단할 때, 정신적 차원에서만 생각하는 것이야말로 우리 집의 자부심이었다.

그리하여 아버지의 물건에 대해서만 높은 가치가 부여되었고, 높은 가치를 지니는 물건들은 아버지의 것이 되었다. 그러므로 일제 트랜지스터 라디오의 소유권을 굳이 따지자면 아버지에 속하는 것이었다. 한마디로 아버지와 '아버지 공간'은 조상 · 관청 · 국가와 관련되어 있었으며, 나와 어머니는 아버지를 통해서만 국가와 연결될 수 있었다. 나 혼자 직접 국가로 나아갈 수는 없는 노릇이었다.

8장

아버지는 이 사회가 나에게 침투하는 하나의 방식이며, 내가 사회로 나가는 유일한 통로였다. 즉, 나는 아버지를 통해 세상의 일원이 되는 것과, '어머니 공간'에서 익힌 동굴 속 황제의 습성을 남성들의 세상에서 펼쳐보이는 방법을 배웠다. 내가 세상 속에서 동굴 속 황제가 되는 길은 맨 먼저 스스로 낮추어 "국가여! 저를 동원해주세요."라고 말하는 신하가 되는 것이었다. 신하가 되어본 자만이 황제가 될 수 있기 때문이다.

재떨이
고고학

) 아버지에 대한 환상

7장을 마치고 8장에 들어서니 마음이 불편해진다. 갑자기 말문이 막히는 느낌이 들기도 한다. 이건 3~6장에서 어머니 이야기를 쓸 때는 느낄 수 없었던 것이다. 지금도 어머니에 대해서는 책 한 권 분량의 이야기가 남아 있다. 그런데 아버지 이야기는 불과 몇 쪽이 지나자 밑천이 떨어지는 것 같다.

이처럼 말문이 막히는 것은 반드시 아버지에 대한 기억이 없어서가 아니다. 한 방에서 12년이나 살았는데 왜 기억나는 일이 없겠는가. 다만 그 기억들은 너무 동질적이고 판에 박힌 것들이어서 있는 그대로 써 내려갈 필요를 못 느낄 뿐이다. 그건 모든 이들을 지루하게 만들 것이다.

그런데 한 가지 신기한 일이 있다. 아버지에 관한 기억 중에서 좀 더 의미가 있어 보이는 것들은 실제의 사건이 아니라, 공상이나 환상(fantasy)과 관련이 되어 있다. 나는 "아버지는 정말 유도가 3단일까? 그러면 우리 동네 유도 사범하고 붙으면 누가 이길까?"라는 식의 공상을 많이 했다. 또 "아버지가 만 명의 병사를 지휘하는 사단장이었다면 얼마나 좋을까……"라고 헛된 꿈을 꾸기도 했다.

어머니를 놓고 그런 공상을 한 적은 별로 없었다. 어머니는 그냥 어머니였다. 공상을 하기는커녕 나는 어머니를 내 곁에 꽉 붙들어 매어 두려고 했다. 언젠가 학교에 주민등록등본을 제출할 일이 있었다. 거기에 어머니의 이름이 적혀 있었다. 그런데 나는 그것을 보고 아주 이상한 느낌을 받았다. '어머니는 그냥 어머닌데 최희규가 뭐냐?'라고 생각했던 것이다.

그러니까 나에게 어머니는 이름 없는 여인이요, 독립된 인격을 가진 사람이 아니었다. 그저 '나의 어머니'였다. 약간 과장해서 말하면, 최희규란 이름은 어떤 요사스러운 여자가 나타나 나의 어머니를 사칭하는 것처럼 느껴졌다. 그건 어머니를 나에게 종속된 인간, 하녀나 노예로 보았다는 뜻이기도 했다.

사정이 이 모양이니 어머니가 자신만의 욕구를 가진 여성이란 사실은 더더욱 인정할 수 없었을 것이다. 그처럼 어머니와 나는 친하기만 한 사이였다. 그러니 어머니가 가정을 떠나 어떤 사회적 역할을 할 수 있다는 공상이나 환상을 품는 것도 불가능했다. 어머니에 대한 나의 기억은 모두 있는 그대로의 사실들뿐이다.

그러나 아버지에 대한 기억에서는 공상이나 환상이 훨씬 중요한 역할을 했다. 공상이나 환상은 그 대상을 잘 알 수 없고 멀리 있을 때 생겨난다. 한 소녀를 짝사랑하는데 그 소녀가 어떤 틈도 주지 않을 때, 수많은 공상과 환상이 생겨난다. '얼마나 아름다운 소녀인가!', '얼마나 신비스러운 여인인가!'와 같은 환상이 생겨난다. 나에게 아버지는 그처럼 신비스러운 존재였다.

본래 아버지와 아들은 서로 친한 경우에도 어느 정도 환상으로 맺어지는 사이인 것 같다. 프로이트의 주장에 따르면, 어린 아들은 있지도 않은 사실을 생각해내어 아버지가 자신을 죽일지도 모른다는 상상을 하고, 그 죽음을 모면하기 위해 대책을 마련하기도 한다. 결국 모든 아버지는 상상이나 바람에 의해 만들어진다. 이후에 나오는 아버지 이야기들도 아버지에 대한 나의 환상이 더 많은 부분을 차지하고 있다.

Made in U.S.A.

1960년대 후반, 내가 10살 안팎이던 그 시절, 상상 속의 아버지는 정말 위대했다. 아버지가 나에게 얼마나 위력적인 사람이었으며, 얼마나 다양하고 깊은 영향을 미쳤는가를 보여주는 사건이 하나 있다. 그것은 '재떨이 고고학'이라고 부를 만한 사건으로, 아버지에 대한 기막힌 환상을 보여준다.

우리 집에는 재미있는 담배 재떨이가 하나 있었다. 그것은 본래 105mm 박격포탄의 뇌관쪽 뚜껑이었다. 본래의 용도가 폭탄의 한 부분이었던 만큼 한치의 오차도 없는 지름 105mm의 원통이었고 아주 무거운 재떨이였다. 높이도 재떨이의 용도에 적당한 4~5cm 정도였다.

그 재떨이 중앙에는 뇌관을 설치했던 흔적이 손가락 끝마디 정도 크기로 톡 불거져나와 있어 담뱃불을 비벼 끌 수 있었다. 또 그것은 놋쇠로 만들어졌기 때문에 어머니가 그랬던 것처럼 연탄재로 비벼 씻어놓으면, 그야말로 황금빛의 장중한 무게를 지니는 재떨이가 되었다. 정말 재떨이치고는 아버지의 권위에 걸맞는 최상의 재떨이였다.

그 재떨이의 밑바닥에는 영어로 'Made in U.S.A.'란 글자가 선명하게 쓰여져 있었다. 하긴 그 당시에 우리 나라에서 사용된 폭탄이라면 모두 미제(美製)였을 것이다. 폭탄의 제작연도는 1945년쯤이었던 것 같다.

바로 그 영어와 제작연도가 나를 흥분시켰다. 물론 나는 영어를 몰랐다. 영어를 몰랐기 때문에 영어에 대한 존경심은 더 컸다. 형이나 아버지가 그 영어의 의미를 가르쳐주었을 것이다. 당시에는 '미제'라는 말이 '매우 훌륭하다'는 말과 동의어였을 뿐만 아니라, 일종의 존경심을 포함하고 있었다. 아무튼, 그 영어가 알려준 정보에 따르면 아버지의 재떨이는 전쟁과 관련된 것이었다. 나 역시 내 친구들이 그랬던 것처럼 전쟁을 좋아했다. 참으로 신나는 일이었다. 나는 재떨이를 두고 온갖 상상의 나래를 펴기 시작했다.

) 재떨이 어용 고고학 (

우선, 재떨이는 말로만 듣던 '아버지의 한국전쟁 참전기'와 깊은 관계가 있는 것처럼 보였다. 그 폭탄의 생산연도가 1945년이 아니었던가. 한국의 현대사를 아는 사람이라면 이 연도를 보고 누구나 전쟁을 떠올릴 것이다. 1960년대만 해도 그런 상상은 자동적인 것이었다.

그 재떨이가 한국전쟁과 관련된 것이란 결론이 내려지자, 그 다음에는 인천상륙작전이나 낙동강전투처럼 위대한 전투에 사용된 폭탄의 잔해라고 보는 것이 좋을 듯싶었다. 사건은 거창해질수록 재미있는 것이 아닌가. 이처럼 약간이라도 관계가 있는 것들을 서로 연결시켜 자신의 것으로 삼는 것은 동굴 속 황제의 특징이기도 하다.

가장 중요한 점은 아버지도 그 전투에 참가했을 것이라는 이야기를 만들어내는 것이었다. 아버지에게 물어볼 수도 있었지만, 나는 더 그럴듯한 이야기를 지어내는 쪽을 택했다. 기억에는 없지만, 친구들에게 그 재떨이를 보여주며 "우리 아버지가 말이야······" 하면서 아버지의 용맹함에 대한 자랑을 늘어놓았을지도 모르는 일이다. 그 나이의 아이들은 늘 그런 법이니까.

다음으로, 나는 전쟁에 관해 새로운 지식을 얻게 되면, 그 모든 지식들을 재떨이의 영광을 높이는 데 응용하였다. 물론 그 영광이란 아버지가 미국, 일본, 한국(북한 포함), 소련, 중국 등 국제적으로 벌어진 여러 전투들과 어떤 방식으로든 관련 있는 사람이라는 사실을 증명하는 것이었다.

그것은 아버지를 위한 '어용 고고학'이었다. 어떤 나라에서는 저명한 고고학자가 골동품을 만들어 땅속에 파묻어놓고 몇 년 있다가 다시 발굴하여 역사를 날조했다. 고고학 박사가 그런 일을 하는 이유는 자기 나라와 자신의 영광을 동시에 높이고 싶어하기 때문이다. 나 역시 똑같은 이유 때문에 재떨이와 관련된 역사적 사실을 날조하여 아버지의 영광을 높였다.

아버지에게 "이 재떨이는 어디서 생긴 것인가요?" 하고 물어본 적이 분명 있었다. 지금 생각해보면, 고물상 같은 데서 얻어온 것일 수도 있었다. 그러나 아버지는 한 번도 시원한 대답을 해주지 않았다. 아버지도 내가 왜 그런 질문을 하는지 알고 있었을 것이다. 그러나 아버지 역시 진실보다는 영광을 택했던 것 같다.

만약 그때 아버지가 분명한 대답을 해주었더라면 나의 고고학은 거기에서 중단되었을 것이다. 허무맹랑한 공상과 쓸데없는 과장은 진실이란 태양 아래서 빛을 발할 수 없는 법이다. 그러나 아버지는 과묵한 사람이었고, 우리 부자는 그처럼 시시콜콜하게 진실을 밝히는 사이가 아니었다.

나의 상상력은 날이 가고 해가 갈수록 발전했다. 그때 내가 연구했던 재떨이 고고학은 그 양으로 볼 때, 한 권의 저서가 되기에 충분한 것이었다. 문제의 재떨이는 내가 중학교를 졸업하기도 전에 아버지가 담배를 끊으면서 어디론가 사라졌지만, 어린 시절 내 자부심의 중요한 근거였다.

) 상상적 구성물 (

'재떨이 고고학'은 유치함으로 가득한 것이었다. 그러나 그것이 유치하면 유치할수록 그 당시 나의 욕망과 세계관을 적나라하게 보여주기도 한다. 그 고고학에는 오른쪽에 나오는 도표와 같은 내용도 들어 있었다.

오른쪽 그림은 아버지에 대한 나의 복합적인 감정과 환상이 중첩된, 여러 가지 의미를 담고 있는 계통도이다. 우선, 이 그림은 형식적인 면에서 아버지가 사랑했던 족보와 유사한 구조를 갖고 있다. 그런 의미에서 나는 아버지처럼 족보를 중요하게 생각하는 아이는 아니었지만, 족보의 정신만큼은 부지불식간에 받아들이고 있었다.

아버지가 혈통과 조상을 숭상하는 사람이었다면, 나는 국가를 생각하는 아이였다. 학교교육이 나를 그렇게 만들었다. 나는 근대 민족국가의 아들일 뿐이었다. 바로 여기에 아버지와 나의 큰 차이가 있었다.

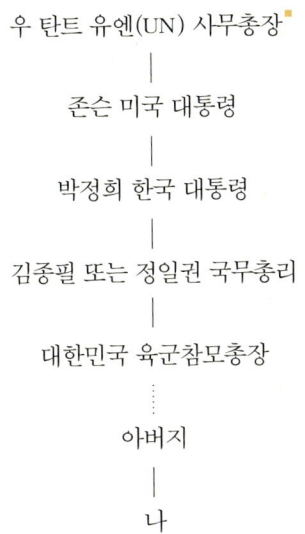

    족보가 극단적 형태의 '상상적 구성물(imaginary construction)'이라는 것은 의심의 여지가 없다. 예를 들어, 나는 어머니와 아버지, 두 사람의 피를 받고 태어났다. 할아버지 대(代)에서 나의 조상은 친가, 외가를 합쳐 4명이 되고, 증조할아버지 대에 가면 8명이 된다. 이 8명의 친·외가 조상의 나에 대한 기여도는 똑같다.

    그리하여 증조할아버지 대까지의 양가 조상을 모두 합하면, 2+4+8=14명이 된다. 그런데 족보는 14명의 조상 중에서 내가 친

■ 1960년대 후반기 동안 위로부터 세 사람의 국제정치적 협조 관계는 최고조에 달해 있었다. 그 연결고리는 월남전이었다. 한국은 미국이 협조를 요청해야 하는 하위 파트너가 되었으며 박정희 대통령은 존슨 대통령과 미국 언론에 의해 일약 '아시아를 지도하는 현명한 지도자'로 칭송받기에 이르렀다. 김종필과 정일권 역시 현직에 있든 현직에서 물러났든 어린이들에게는 저 하늘의 별과 같은 '붙박이 지도자'였다.

가의 '증조 할아버지-할아버지-아버지' 등 3명의 정기만 받은 것처럼 위장한다. 이 논리 구조는 여자의 기여도를 실제보다 훨씬 낮춘 것이다.

똑같은 방식으로 10대까지 조상의 수를 계산해 보면, $2+2^2+2^3+2^4+2^5+2^6+2^7+2^8+2^9+2^{10}=2,046$명이 된다. 나는 이 많은 조상으로부터, 같은 대에 속하는 조상에게서 똑같은 양의 정기를 이어받았다. 그런데 족보는 마치 내가 10명 또는 그분의 할머니들까지 합해서 20명의 조상에게서만 피를 받은 것이라고 말한다. 나머지 2,026명은 나의 조상이 아닌 것처럼 상상하도록 만든다.

이 같은 허구적 논리는 모종의 이데올로기를 함축하고 있다. 그 이데올로기는, 인간은 뿌리가 있는 존재로 소나 돼지와 같을 수 없다는 '인간 중심의 이데올로기'이며, 여자보다 남자의 역할을 과장하는 '남성 중심의 이데올로기'이며, 많은 조상님들의 역할을 삭제·축소·과장하면서 결국 나의 비중을 크게 만드는 '나 중심의 이데올로기' 등을 담고 있다.

) 재떨이와 사회적 정체성 (

'재떨이 고고학'의 계통도도 족보처럼 엄청난 삭제와 과장을 내장한 상상적 구성물이다. 내가 창안한 계통도는 30~40억 세계 인구를 반으로 나눈 다음, 한쪽은 좋은 나라 다른 쪽은 나쁜 나라로 나누고 있었다. 그 도표에는 나타나 있지 않지만, 유엔을 주축으로 하는 이 계통도는 공산주의와의 대결을 전제하고 있었다.

나는 2~3학년까지 북한과 일본을 잘 구별하지 못했고, 일본을 가장 악질적인 공산국가라고 생각했다. 따라서 일본은 계통도에 들어올 수 없는 나쁜 존재이며, 우리는 유엔의 지도 아래 일본공산국가로부터 내 나라를 지켜야 한다고 생각했다.

또한 나의 계통도는 족보의 경우처럼 상하 관계가 연쇄적으로 이어지는 권위주의적인 사회구성 방식을 표현하고 있다. 이런 계통도에서 친구는 중요한 의미를 가질 수가 없다. 이런 구조 아래에서는 횡적 관계보다 종적 관계가 훨씬 큰 힘을 발휘하기 때문이다. 그것은 마치 어머니의 분리사랑 속에서 세 아들의 형제애가 제대로 꽃필 수 없는 것과 마찬가지였다. 요컨대, 나는 아무리 친한 친구가 있다고 하더라도 언제든지 그 친구를 제쳐놓고 상관에 의한 분리지배를 따를 태세를 취하고 있었다고 하는 것이 솔직한 표현일 것이다. 내게 좋은 친구란 바로 그런 것까지 이해하는 친구였다.

그런데 이와 같은 계통도는 내 입장에서 보면 아버지로부터 시작되었고 아버지 때문에 가능한 것이었다. 그런 의미에서 아버지는 그냥 아버지로 그치는 존재가 아니었다. 아버지는 이 사회가 나에게 침투하는 하나의 방식이며, 내가 사회로 나가는 유일한 통로였다.

즉, 나는 아버지를 통해 세상의 일원이 되는 것과, '어머니 공간'에서 익힌 동굴 속 황제의 습성을 남성들의 세상에서 펼쳐보이는 방법을 배웠다. 내가 세상 속에서 동굴 속 황제가 되는 길은 맨 먼저 스스로 낮추어 "국가여! 저를 동원해주세요."라고 말하는 신하가 되는 것이었다. 신하가 되어본 자만이 황제가 될 수 있기 때문이다. 그런 의미에서 앞의 계통도는 나의 '사회적 정체성(social identification)'을 가장 잘 나타내는 그림이었다.

그 당시 나의 사회적 정체성은 군사적 방식으로 규정되는 것이었다. 나는 소년이었지만 정신적으로 한 사람의 '작은 군인'이었다. 뿐만 아니라 아버지조차 군인으로 만들어버렸다. 이 같은 생각은 미·소의 냉전체제의 영향을 받아 생겨난 것이지만, 족보로 표현되는 전통적 사고방식은 그런 논리를 강화했다. 요컨대, 군사적 방식과 유교적 방식은 궁합이 잘 맞는 문화코드였다. 유교는 개인의 인권에는 취약했지만, 집단을 관료적 체제로 전환시키는 데는 매우 효율적인 요소를 담고 있었기 때문이다.

아무튼 나는 세계질서 속에서 나의 위치를 결정지으려고 했다. 그것은 아주 끈질긴 욕망이자 염원이었다. 내가 그토록 열심히 유엔과 세계질서를 생각했던 이유 중에는, 유엔도 유엔이지만, 아버지 그리고 나 자신에 대한 사랑이 큰 역할을 했다. 세상 사람들이 모두 민주주의와 공산주의로 나누어지는 상황에서 나도 어딘가에 속해야만 목숨을 지킬 수 있었기 때문이다.

그리하여 앞과 같은 계통도를 그릴 때, 나의 최대 관심은 성스러운 질서의 사다리 속에 아버지와 나 자신을 적절하게 포함시키는 것이었다. 나는 아버지와 나를 그 질서의 어디쯤에 위치시켜야 하는지 정확하게 알 수가 없었다. 그러나 아버지가 미제 박격포탄을 한갓 재떨이로 사용한다는 사실이 중요한 단서가 되었다. 그것은 아버지와 내가 정의로운 세계질서의 당당한 구성분자라는 것을 증명하는 것이었다.

그러나 그것만 가지고는 다른 사람을 설득하기에 부족한 점이 있었다. 그래서 '재떨이 고고학'이 필요했던 것이다. 지금 생각하면 가련하다는 생각도 든다. 얼마나 세계질서에 포함되기를 원했으면, 재떨이를 증명서로 내밀어놓고 그 조직에 포함시켜달라고 '재떨이 고고학'까지 만들어냈을까?

) 아버지의 존재증명 (

어떤 경우든 아버지는 사다리의 맨 밑바닥에 위치해서는 안 되었다. 그렇다고 아무런 근거 없이 아버지 계급을 사단장으로 높일 수는 없었다. 하다못해 아버지가 부하 30명이라도 거느린, 밥풀딱지 하나의 장교—소대장—라도 지냈더라면 좋았으련만 아쉽게도 그렇지 못했다.

나는 아버지가 계급은 낮더라도, 박정희 대통령이나 김종필 국무총리처럼 높은 분들로부터는 직접 명령을 받는 것은 아니라고 하더라도, 육군참모총장이나 그 밑의 어떤 대장님으로부터 하달된 특수임무를 띠고 국가의 존망이 걸린 중요한 전투에서 대활약을 펼친 용사의 위치를 부여하기로 했다.

내가 아버지에게 그런 위치를 부여한 데에는 그 나름의 근거가 있었다. 좀 과장되었을 가능성이 많지만, 아버지는 자신이 젊은 시절 유도가 3단이었고 군대에서 특등 사수였다는 이야기를 자주 했다.

게다가 아버지는 가끔 동네 지서를 드나들었고 그곳의 순경들하고 교분이 있었다. 하루는 아버지가 동네 지서에 설치된 사격장에서 총 쏘는 것을 보여주기도 했다. 나는 뛸 듯이 기뻤다. 그것으로 아버지는 세계질서의 당당한 일원이 되기에 충분한 사람임이 또다시 증명되었기 때문이다.

서양의 역사, 특히 중세 시대에는 '신의 존재증명'이 중요한 위치를 차지한다. 지금 그 증명 방법을 읽어보면, 정말 탁월하기도 하고 어떤 측면에서는 우스꽝스러운 데도 있다. 그러나 그들에겐 신의 존재증명이 필요했다. 신의 존재가 증명되고 난 후에야 인간의 존재가 증명될 수 있었기 때문이다. 그만큼 서양 사람들은 신에 예속된 사람들이었다.

'재떨이 고고학'도 중세 시대의 신의 존재증명과 비슷한 데가 있었다. 재떨이 고고학에 대한 나의 집념은 결코 중세 철학자들의 정열보다 못한 것이 아니었다. 아버지야말로 우리 집 국토방위의 총사령관이었고, 나에게는 국가학의 기원이며 우주론의 출발 지점이자, 나의 정체성이 시작되는 지점이었으니 그 정도의 노력은 당연한 것이었다. 요컨대, 나는 혼자 직접 세계질서로 나아가지 못하고, 아버지를 통해서만 이 세상의 일원이 될 수 있다고 생각한 '아버지교(敎)'의 신도였다.

) 안택고사

아버지는 나에게 정말로 살아 있는 신(神)이었다. 남자 아이에게 아버지란 으레 그렇게 보인다는 일반적 이야기를 하는 것이 아니다. 우리 집에선 아버지가 그 이상의 의미를 갖고 있었다.

젊은 시절 어머니에게는 따로 종교가 없었다. 자식들이 성장하고 입학시험을 치르게 되자 종교에 한층 가까워졌고, 동생의 죽음을 겪으면서 독실한 기독교인이 되었다. 어머니의 종교생활은 한마디로 세 아들 때문에 시작된 것이다.

종교가 없던 시절, 어머니는 일년에 한 번씩 안택고사(安宅告祀)를 지냈다. 전통적인 의미의 안택고사는 집안의 평안을 비는 제사인데, 어머니는 세시풍속을 치른다는 정도에서 간소하게 치렀다. 시루떡을 해놓고 '비손이 할머니'를 초대해서 간단한 제사를 지내고 '소지(燒紙) 종이'를 태워 올리면 고사는 끝이 났다.

안택고사의 더 중요한 부분은 '우리 집에서 고사를 지냈어요.'라고 알려주며 이웃들에게 시루떡을 돌리는 것이었다. 그걸 '고사떡'이라고 불렀다. 우리 집도 늦가을이 되면 이웃에서 여러 번 고사떡을 받아먹었으므로 품앗이를 위해서라도 고사를 한 번 지내는 것은 좋은 일이었다.

'비손이 할머니'는 무당처럼 전문적인 종교인은 아니었고, 그런 제사에 좀더 익숙한 마을 노파에 불과했다. 우리 집 고사는 정해진 날도 없었다. 가을이 깊어진 어느 날, 아버지의 서울 출장이 결정되면 부랴부랴 제사 준비에 들어갔다. 아버지가 없는 틈을 보아 고사를 지내기 위해서였다.

아버지가 가을 내내 집을 비우지 않으면, 아예 '비손이 할머니' 집에 가서 떡을 하고 어머니와 아이들만 그 집에서 고사를 드렸다. 아버지는 유교 사상이 강했으므로 그런 미신 같은 풍속을 반대했던 모양이다.

나는 아버지를 고사에 참석시키지 않고 어머니와 아이들끼리 고사를 지내는 것이 아주 합당한 것이라고 생각했다. 아버지같이 권위 있는 남자 어른이 동네 노파가 주재하는 시시한 제사에 참석한다는 것은 격에 어울리지 않는 일이었다. 아버지에게는 아버지의 길이 있고, 비천한 우리에게는 비천한 길이 있었다.

그런데 그 제사에서 정작 중요한 인물은 아버지였다. 가족 모두의 안녕을 비는 것도 고사의 중요한 목적 중 하나였지만, 핵심은 천지신명께서 '보우하사' 아버지를 잘되게 해달라는 것이었다. 비손이 할머니도 "요즘 애들 아버지는 어떤가?" 하고 아버지 사정을 물은 다음 아버지의 건강과 직업적 행운을 축원해주었다.

고사의 목적에 비추어보아도 아버지가 없는 틈에 고사를 지내는 것은 옳았다. 만약 아버지가 그 고사에 참석했다면, 어머니와 '비손이 할머니'는 빌고 싶은 만큼 마음대로 아버지의 행운을 빌 수 없었을 것이다. 본인이 앞에 있는데 그 사람의 행운을 빈다는 것은 얼마나 쑥스러운 일인가. 그것은 아버지에게도 우스꽝스러운 일이었을 것이다.

아버지와 어머니, 아버지와 아이들은 그렇게 분리되어 있었다. 식구들은 아버지가 없는 곳에서 아버지를 위해 더 열심히 기도를 했고, 아버지도 당신이 홀로 있을 때 집안 걱정을 더 많이 했다. 우리는 가족이란 공동체를 하나의 조직으로 보고 여러 개의 직분으로 나누어 각자 임무만 수행하면 된다고 생각했다. 공동체는 우리의 주인이었고, 우리는 공동체의 하수인이었다.

) 신보다 높은 아버지 (

우리 집 안택고사의 절차와 의미는 명절 때 올리는 차례나 조상제사와 전혀 다른 뜻을 지니는 것이었다. 우리 집에 두 개의 공간이 있었던 것처럼, 제사도 두 종류의 제사가 있었던 셈이다. 조상제사가 남자들의 제사였다면, 안택고사는 여자와 아이들이 지내는 제사였다. 이른바 '장독대에 정한수 떠놓고' 남편과 자식들의 안녕을 비는 제사는 말 그대로 어머니 제사의 한 종류였다.

조상제사는 아버지와 삼촌들을 필두로 우리 집 남자들이 빠짐없이 참석해야 했다. 지금은 좀 달라졌지만, 여자들은 부엌에서 음식 준비나 했지 제삿상 근처에도 얼씬거릴 수도 없었다. 새벽부터 죽어라 제기를 닦고 음식을 장만한 사람은 여자들이었지만, 정작 그녀들은 제사에 참석할 수 없었다. 부엌에서 제삿상까지 제사 음식을 나르는 것도 남자들의 몫이었다.

사실 조상제사는 종교행사라기보다는 정치행사의 성격이 더 강했다. 이 표현이 지나치다면, 종교적 의미와 세시풍속과 정치적 의미가 결합하고 혼재된 종합적 의미를 갖는 제사라고 해도 좋다.

무엇보다 조상제사의 주인은 신(神)이 아니고, 저 하늘에 살고 있다고 여겨지는, 지극히 인간적인 조상님들이다. 또 그것은 여자들의 참여 권리를 박탈한 후 남자들끼리 모여 서열과 계급을 정하고, 그것을 세세연년 확인하는 의식이다. 또 이 다음에는 내가 조상의 위치에 갈 것이니, 내가 나에게 제사를 지내는 격이기도 했다. 그런 의미에서 조상제사는 이번에는 내가 왕을 하고 다음에는 네가 왕을 한다고 약속하는 병정놀이 같은 데가 있었다.

무엇을 빌고 기원한다는 면에서 볼 때는 안택고사가 순수한 의미의 종교행사에 더 가까웠다. 그런데 그 제사의 실질적인 주인공 역시 아버지였다. 결국 아버지는 조상제사나 안택고사 양쪽에서 자신의 참석 여부와 관계없이 주인공이었고, 우리 집의 진정한 신은 아버지밖에 없는 셈이었다.

'비손이 할머니'가 빌고 있는 신도 아버지보다 높지 않았다. 그것은 '칠성님'이나 '부엌 귀신' 또는 '장독대 귀신'이란 이름을 갖기도 했지만, 아버지와 우리 가족을 도와주는 귀신, 쉽게 말해 도우미(helper) 정도였다. 만약 그 신이 아버지보다 높았다면, 아버지도 그 자리에 나와 자신의 기도를 올렸어야 했다.

우리 집에선 기독교의 하느님처럼 만인을 초월하여 존재하는, 인간보다 월등하게 우월한 신은 애시당초 없었다. 진정 아버지의 권위는 신과 권력의 권위를 압도했으며, 세속적 권력이 종교적 권력 위에 있었다. 이것이 바로 동굴 속 황제들이 갖고 있던 신의 모습이었다. 우리는 그처럼 위대한 인간들이었다. 또 스스로 그처럼 위대했으므로 다들 동굴 속이지만 황제가 되려고 했던 것은 아닐까?

) 아버지에 대한 첫 기억 (

정신분석학에서는 첫 번째 사건, 첫 번째 기억을 중요하게 생각한다. 아버지에 대한 나의 첫 기억도 중요한 의미가 있는 것 같다. 그 기억은 아주 위대했던 아버지의 모습을 그대로 담고 있기 때문이다.

아버지에 대한 첫 기억은 5~6살 때의 일이다. 그것은 아버지와 내가 단둘이 우리 집안의 고향인 강릉으로 여행을 했던 기억이다. 5살 무렵 젖을 뗄 때의 일은 사실에 관한 기억이라기보다는 어떤 느낌과 분위기가 그랬다는 것이다. 또 그것은 동생이 젖을 뗄 때의 일인지도 모른다.

겨울이었다. 지금도 그렇지만 당시에도 강릉은 온 천지가 눈으로 가득했다. 아마도 강릉 본가에 친척의 결혼식이 있었거나, 설날 차례를 지내기 위한 여행이었던 것 같다. 그때는 길이 워낙 멀어 몇 년에 한 번씩 그런 여행을 했다. 난생 처음 보는 기차역 같은 곳에서 아버지 등에 업혀 지나가는 사람들을 구경했던 기억도 난다.

그 여행이 끝날 무렵이었다. 아버지와 나는 대대로 할아버지들이 살았던 집을 나와 눈 덮인 길을 걸었다. 버스나 기차를 탈 수 있는 곳까지 가려면 아직도 한참 남았다. 바쁠 것도 없는 시대였다. 어떤 곳에 이르니 나보다 조금 큰 아이들이 7~8명 놀고 있었다. 아버지는 그 아이들을 불러 세웠다.

"네 아버지가 박만덕이지?"
"네, 맞긴 맞아요. 그런데 아저씨는 누구세요"
"많이 컸구나, 많이 컸어. 꼭 닮았구나."
"우리 아부지 아세요?"
"알다마다. 내가 니네 아버지 형님이다, 형님. 알겠냐? 그나저나 할머니는 건강하시냐? 진지도 잘 드시고?"
"네에에—"

아버지는 그 마을의 어귀에 이르러 동네 아이들에게 이런저런 사람들의 안부를 묻고 있었다. 나는 그곳에서 모르는 것이 너무 많은데, 아버지는 모르는 게 없었다. 처음 보는 아이의 얼굴을 보고도 그애의 아버지가 누구인지 알아맞혔다. 그게 어린 내 눈에는 신기하고 자랑스러웠던 것 같다.

기억 속에서 아버지는 다른 아이들과 함께 높은 언덕 위에 있다. 그리고 나는 언덕 아래에서 아버지를 올려다보고 있었다. 그때 아버지는 거인처럼 커 보였다. 언덕 아래에서 언덕 위를 올려다보니 더욱 그

만수대의 김일성 동상

랬다. 바로 이 언덕 위의 아버지가 전후 맥락 없이 내 기억 속에 강렬하게 남아 있는 아버지에 대한 첫 기억이다.

이 기억은 상당히 오랫동안 선명하게 내 머리에 남아 있었고 자주 생각났다. 그것은 상상에 의해 실제보다 훨씬 과장된 기억이다. 이미 어린 시절에도 이 기억은 낯설기만 했다. 아무 의미가 없는 것 같은데 왜 그토록 큰 아버지가 선명하게 기억에 남아 있을까, 그런 생각도 많이 했다.

그런데 훗날 그 장면의 의미를 한꺼번에 깨닫게 된 때가 왔다. 바로 김일성 동상 때문이었다. 1990년대 초 북한이 약간 개방되면서 평양에 세워진, 높이가 30m도 넘는 김일성 동상을 텔레비전에서 처음 보았을 때였다. 그 동상과 평양 시내의 몇몇 전시물들이 문득 기억 속의 아버지를 떠오르게 했다.

내 기억 속의, 언덕 위에 몇 명의 아이들과 어울려 있던 아버지의 모습은 김일성 동상이나 북한 인민들과 어울려 있는 김일성의 모습과 같은 것이었다. 북한 사람들도 나와 똑같은 '아버지'의 이미지를 갖고 있었던 것 같다. 나나 북한 사람들이나 아버지를 위대하게 생각하는 마음이 있으니까, 재떨이 고고학이나 30m가 넘는 동상을 만들어낸 게 아닐까.

그런데 거대한 아버지의 모습을 떠올릴 때면 늘 묘한 슬픔과 무력감이 뒤따랐다. 그 위대한 아버지 앞에서 한없이 왜소해지는 나 자신을 느끼기 때문이었다. 아마 나의 경우처럼 북한의 동상은 '어버이=수령=김일성=동지'라고 생각하는 북한 사람들의 마음을 잘 표현한 것이었으며, 그 마음은 수령님에 대한 존경심과 무력감을 합한 것이었을 것이다. 남한에는 그런 동상이 없지만, 지금도 이 사회의 어느 구석에서 그런 아버지가 탄생하고 있을지 모를 일이다.

9장

나는 아버지 앞에서는 터끌처럼 작았지만, 타인 앞에만 서면 아버지를 변호하고 아버지를 대표하고 나 스스로 아버지를 흉내내며 한없이 위대해지러 했다. 아버지가 상황에 따라 서로 다른 두 가지 모습을 하고 있는 현상은 내 마음의 체계적인 움직임이요 하나의 법칙이었다. 그리고 나는 이것이야말로 한국적 생활의 일부이며 한국적 오이디푸스 관계가 작동하는 방식이라고 생각한다.

아버지 위의 아버지들

) 아버지의 숫자

아버지가 김일성 동상처럼 크게 보이고, 자기 자신이 티끌처럼 작은 존재로 생각된 것은 명백하게 오이디푸스적 환상이다. 그런데 오이디푸스 문제는 때와 장소, 시대와 나라, 각 개인마다 그 구체적인 양상이 달라진다.

내가 0~6살 사이에 어머니에 대한 욕망을 마음껏 추구할 수 있었던 것은 프로이트의 예상과 다른 것이었다. 또 나의 경우는 1960년대 후반, 반공을 강조하던 군사정부 시절, 아직 1차적 빈곤이 해결되지 않았던 시대, 유교적 관념을 가진 아버지를 둔 아이의 오이디푸스 문제였다고 할 수 있을 것이다.

이런 아이가 처한 오이디푸스 문제의 상황은 '아이의 성장과정에서 몇 명의 아버지를 어떻게 갖게 되느냐 또는 갖게 될 가능성이 있는가.' 하는 관점에서 생각해볼 때, 그 의미가 보다 분명하게 드러나는 것 같다. 이렇게 말하면 '아버지란 하나일 뿐이지, 그게 무슨 소리인가?' 하고 의아해할 사람도 있겠지만, 그렇게 간단하게 처리할 문제는 아니다.

나는 유럽에서 3년 정도 공부를 하며 살았는데, 가끔 그곳의 성당에 나가 미사에 참여하곤 했다. 그런데 신부님이 기도를 할 때마다,

'나의 아버지(Mein Vater)! 나의 아버지!' 하고 부르는 소리를 듣고 아주 이상한 느낌을 받았다. 그것은 가톨릭 신자이지만 한국인인 내가 선뜻 받아들이기 어려운 호칭이었다. 아주 엉뚱한 사람을 놓고 아버지라고 부르는 것 같았다.

기독교에서는 하느님을 '아버지'라고 부른다. 그러나 한국에서는 하느님을 그냥 '아버지'라고 부르지 않고, '천주님' 또는 '하느님 아버지' 그것도 아니면 그냥 '하느님'이라고 살짝 바꾸어 부른다. 즉, 하느님 아버지와 실제의 아버지는 다른 것이며, 아버지란 실제의 아버지 한 사람밖에 없다고 생각한다. 나 역시 그렇게 생각했기 때문에 서양 신부님의 부르짖음이 이상했던 것이다.

그러나 서양에서는 하느님 아버지와 실제의 아버지를 모두 그냥 아버지도 아니고 '나의 아버지'라고 부른다. 기독교 교리로 따지면 서양의 어법이 올바른 것이다. '하느님 아버지!'나 '천주님!'이라고 부르는 것은, 하느님 아버지를 실제의 내 아버지로 모시기에 어색하다는 느낌을 표현한 것이 된다.

이 문제는 기독교 신앙의 핵심적인 문제일 수밖에 없는데, 한국의 기독교는 구교이든 신교이든 이 문제를 교묘하게 회피했다. 다만 최근에는 하느님을 그냥 '아버지'라고 부르는 경우가 신교나 구교 모두에서 많아지는 것 같다.

역사적으로 볼 때 서양 사람들은 최소한 세 사람의 아버지를 두었다. 첫째, 하느님 아버지, 둘째, 교회의 신부님, 셋째, 실제의 아버지가 그들이다. 이 세 아버지는 모두 그냥 '아버지(father)'였다. 또 아기에게 세례를 줄 때 대부(代父)를 세우는 것까지 계산하면, 서양인은 4명의 아버지를 두게 된다. 사정이 이렇다 보니, 실제 아버지의 정신적 권위는 제한적일 수밖에 없었으며, 혈통을 따지지 않고 새로운 아버지를 받아들이는 데에도 익숙했을 것이다.

한·중·일 삼국의 가족제도

같은 동양에서도 일본의 아버지와 한국의 아버지는 다르다.

일본의 '집[家]'은 한국의 집과 그 뉘앙스가 다르다. 좀 어려운 이야기지만, 일본의 집은 가족(family)보다는 가구(household)라는 개념이 강하다. 그래서 남도 같은 집에 살면 가족이 되고, 가족도 같은 집에 살지 않으면 남이 될 수 있다. 일본에서는 서양처럼 결혼을 하면 여자들이 남편 성(姓)을 따르는데, 이런 것이 가능한 이유도 혈통보다 가구의 개념이 강하기 때문이다.■

그리하여 일본에선 '가족의 장(長)인 아버지'와 '가구의 장(長)인 가장(家長)'이 분리되는 경우가 생겨났다. 만약 능력이 많은 40대의 아들이 가장이 되면, 아버지가 생존해 있는 경우에도 아버지를 제치고 아들이 가족을 대표할 수 있었다. 이는 한국에서 절대 벌어질 수

■ 이런 관점에서 보면 '출가외인(出嫁外人)'이란 다분히 일본적인 말이다. 출가한 딸은 집을 떠났으므로 더 이상 가족이 아닌 것이다. 그러나 요즘 결혼을 한 딸이나 여자 형제에게 '너는 출가외인이니 이 집 일에 간섭하지 말아라'고 말하면 울고불고 난리가 난다. 시집간 뒤에 친정에 돌아와 아이를 낳고, 친정 안방을 차지하고 누워, 친정 어머니나 오빠의 아내에게 '밥 차려와라' '물 떠와라'고 호령할 수 있는 사람이 한국의 딸이다. 한국에서는 딸이 골백번 결혼을 해도 한 핏줄을 나눈 이상 영원한 가족이다. 남북이산가족찾기와 같은 사건은 결코 일본이나 미국에서는 벌어질 수 없는 지극히 한국적인 이벤트이다.

없는 일이다.

 이 경우, 제사를 지낼 때도 가장인 아들이 먼저 절을 하고 그 다음 아버지가 절을 하는 순서의 역전이 일어난다. 이걸 보고 한국 사람들은 '일본에는 효(孝)가 없다'고 했는데, 그렇게 볼 일은 아니다. 일본에서는 아버지보다 가문이란 추상적 실체가 더 중요했고, 그 가문을 잘 지키기 위해서는 아버지보다 능력이 있는 가장을 앞세우는 제도가 발달했을 뿐이다.

 이 같은 제도는 '실제의 아버지'와 '가구를 대표하는 아버지', 즉 잠재적으로 두 명의 아버지를 둔다는 의미가 있다. 한국에서는 이 두 역할을 언제나 한 사람, 실제의 아버지가 독점했다. 일본의 아버지 역시 절대적 권위를 가지고 있었지만, 정신적 차원에서는 한국의 아버지처럼 신성한 의미를 누릴 수 없었다.

 중국에선 3형제든 5형제든 남자 형제들이 처자식을 모두 한 집에 모아놓고 사는 '진정한 의미의 대가족', 학문적으로 말하면 '확대가족(extended family)'을 이상적으로 생각하는 전통이 있었다. 쉽게 말해, 부모와 미혼자녀는 물론, 기혼자녀와 그의 배우자, 자녀들까지 모두 한 가족처럼 모여 사는 것이다. 우리는 제사 때나 그런 광경이 벌어지는데, 과거 중국에선 평상시에도 그런 대가족 생활을 이상적으로 생각했다.

 이 경우, 가장 어려운 문제는 여러 명의 며느리가 매일 하나의 식탁을 차려야 하고, 집안의 경제권도 어느 정도 통일해야 하는 점일 것이다. 한국의 가족제도 아래에서는 사실상 불가능한 일이다. 한국에서는 아무리 사이가 좋은 형제도, 밤새도록 형님이나 동생 몰래 상대편의 집에 볏단을 날라다 줄 수는 있어도, 여러 며느리들 사이의 경제권을 통합하고 한 부엌을 공유한다는 것은 특수한 경우가 아니면 불가능했다. 흥부네 식구들은 아무리 가난해도 정신적 차원에서는 형님댁에 복종하지 않는 기개가 있었다. 이런 상황에서는 큰집과 작은집의 부엌 살림을 통합할 수 없다.

중국 음식문화를 보면, 큰 그릇에 음식을 잔뜩 담아 식탁 가운데 놓고 작은 그릇에 나누어 먹는 식사법이 발달해 있다. 아마도 위와 같은 가족제도 때문일 것이다. 반면 우리는 밥상 가운데 찌개를 끓여놓고 서로의 침을 섞어가며 숟가락을 넣어 번갈아 퍼먹는다. 그만큼 우리의 가족이 혈통적으로 가까웠다는 이야기다.

아무튼 중국에서는 사촌들이 한 집에서 살다 보니, 큰아버지나 작은아버지도 아버지에 버금가는 역할을 하게 되었다. 지금은 중국도 많이 변했지만, 그들이 생각하는 대가족이란 그런 것이었다. 반면 우리의 대가족은 '아버지 부부-큰아들 부부-큰아들의 자녀'로 구성된 '직계가족(stem family)'이다.

우리의 경우엔 실제의 아버지만이 유일한 아버지였다. 나에게도 작은아버지가 셋이나 있지만, 그분들은 결코 아버지와 비슷한 의미를 지닐 수 없는, 그야말로 '작은' 아버지에 지나지 않았다.

한 아이가 다른 형태의 아버지, 여러 명의 아버지를 체험한다는 것은 그만큼 세계로 나가는 여러 개의 창문을 갖는다는 것을 의미한다. 세상을 보는 눈도 여러 개를 가지게 되니 그만큼 유연해질 수밖에 없다. 그러나 나에게, 우리에게 세상으로 나가는 창문은 아버지 하나뿐이었다.

) 수직적 세계질서 (

그 대신 나는 아버지 위에 또 다른 아버지, 즉 더 높은 아버지를 여러 명 두었다. 어쩌면 아버지 아닌 다른 아버지가 없었기 때문에 아버지보다 더 높은 아버지를 상상 속에서 만든 것인지도 모른다.

우리에게도 혈통과 관계없는 아버지의 전통이 있었다. 스승과 임금이 그들이다. 서양처럼 여러 사람을 하나로 통일해서 부르는 호칭은 없지만, 군사부일체(君師父一體)라고 해서 세 분의 위격을 동등하게 받들었다. 아니, 이데올로기적으로는 스승과 임금이 더 높고, 실제 아버지가 가장 낮은 것처럼 말하기도 했다.

아버지는 가장 친(親)한 존재였다. 부자유친(父子有親)이란 그래서 나온 말인지도 모른다. 반면 스승이나 임금(국가)은 '아버지 위에 있는 아버지'이자 '먼 곳에 있는 아버지'였다. 그분들은 아버지의 역할을 대신했다고 할 수는 없지만, 아버지에게 명령을 내릴 수는 있다고 생각되는 분들이었다.

서양에서는 하느님이 인간을 만들었다고 말한다. 그러나 우리는 '아버지 날 낳으시고 어머니 날 기르시니……' 하면서 계급이 높은 스승이나 임금이 아니라 아버지의 의미를 강조했다. 우리는 서양의 하느님이 위치하는 자리에 실제의 아버지를 배치했다. 이것이 한국의 아버지이다.

그러나 아버지 위에 더 높은 아버지를 두는 위계질서는 엄격한 것이었다. 육군참모총장이 아버지에게 명령을 내린다고 했을 때, 그는 아버지보다 높은 내 아버지였다. 같은 맥락에서 김종필 국무총리와 박정희 대통령도 내 아버지였다. 내가 자라던 1960년대에는 특히 그랬다. 이와 같은 관념을 현실에 그대로 적용한 사례도 있다. 북한에서는 '경애하는 수령=어버이=김일성=동지'라고 하는데, 촌수가 좀 헷갈리는 면이 있지만 김일성은 위와 같은 유아적 관념을 노골적이고 솔직하게 적용한 아버지였다.

어린 시절, 나는 친구들과 '유엔 사무총장과 미국 대통령 중에서 누가 계급이 더 높은가?'라는 문제로 침을 튀겨가며 논쟁을 벌이곤 했다. 오늘은 미국 대통령이 이겼다가, 내일이면 유엔 사무총장이 역전승을 거두었다. 아마 남성 독자들은 나와 비슷한 경험이 있을 것이다. 계급이 다른 여러 아버지를 두고 살아가는 우리들은 이 세상에서 가장 높은 아버지를 결정해두어야 했다.

미국이 상국(上國), 아버지의 나라라는 것에 대해서는 쉽게 의견이 일치했다. 미국이 강요한 것도 아닌데, 우리는 미국에게 아버지 나라의 지위를 부여했다. 미국의 그런 이미지는 월남전이 큰 영향을 미쳤다. 미국은 한국전쟁 때 우리를 공산침략의 위기로부터 구해주었으며, 이번에는 베트남에서 똑같은 일을 하고 있었다.

미국은 참으로 훌륭한 아버지 나라였다. 따라서 존슨 미국 대통령이 박 대통령 위에 있는 또 다른 아버지란 것은 의문의 여지가 없었다. 아닌 게 아니라, 월남전에 참전한 대한민국 국군의 월급을 미국이 준다고 했다. 그 월급은 우리 나라 군대에서 주는 월급의 20배쯤 된다는 소문도 있었다.

우리 동네에도 월남전에 참전한 가족을 둔 '용사의 집'이 많았는데, 훈장과 함께 미제 냉장고를 받아온 용사도 있었다. 냉장고란 24시간 전기가 들어와야 쓸모가 있는 물건인데, 우리 마을에서는 밤에 6시간만 전기를 공급받기 때문에 별로 쓸모가 없었다. 그래도 마냥 신기하고 훌륭하게만 보였다.

) 미국과 유엔의 차이 (

'미국과 유엔 중 누가 더 높으냐?'는 논쟁은 우리들에게 중요한 문제였지만 해결하기 어려운 문제였다. 그 당시 나와 친구들은 유엔이 하나의 국제기구에 불과하다는 사실을 잘 이해하지 못했다. 모든 것을 상하 관계로 나누어야 직성이 풀리는 우리들에게 두 개의 존재가 대등하다는 것도 이해할 수 없는 현상이었다. 따라서 우리는 유엔이 모든 나라에게 명령을 내리는 세계정부라고 결론을 내렸다.

유엔 사무총장이 미국 대통령보다 높다는 것은 당연했는데, 아무리 보아도 힘이 없어 보이는 게 문제였다. 우리 국군의 월급을 유엔에서 주었다면 더 이상 고민할 필요가 없었을 텐데, 그렇지 못하니 논쟁이 길어졌다. 우리 국군이 같은 나라인 미국의 월급을 받는다는 것도 자존심 상하는 일이었다. 그렇다고 그 문제를 마냥 방치해둘 수도 없었다. 그것은 나와 우리의 존재 근거와 세계질서는 물론, 우주의 체계와 관련된 문제였기 때문이다.

유엔 사무총장이 더 높다고 판단할 수밖에 없는 이유도 거기에 있었다. 존슨 미국 대통령은 돈과 무기도 많고 힘도 세보였지만, 오늘날의 부시 대통령이 그런 것처럼 지구를 대표할 만한 정신적 고결함과 숭고함을 결여하고 있었다. 정신적 고결함! 이것이야말로 우리가 지도자에게 요구하는 덕목이었다. 그리하여 우리는 기독교가 말하는 창조자(creator)나 구세주(savior)와 같은 위치에 유엔 사무총장을 올려놓음으로써 세계질서에 관한 고민을 끝낼 수 있었다.

이 스토리에는 좀 아찔한 비밀이 있었다. 만약 우 탄트 유엔 사무총장이 버마(오늘날의 미얀마) 출신의 외교관에 불과하다는 사실을 알았더라면, 나의 세계관은 큰 혼란에 빠졌을 것이다. 그 꾀죄죄한 나라의 대표가 나와 아버지 및 대한민국을 지도하는 최종적 아버지가 될 수는 없었기 때문이다.

다행히 선생님들은 그 사실을 가르쳐주지 않았다. 알았다고 해도 가르쳐주지 않았을 것이다. 그때는 선생님들도 유엔을 구세주처럼 생각했고, 유엔의 권위에 손상이 가는 말을 하지 않았다. 그래서 나는 막연히 우 탄트가 미국은 아니지만 어떤 알 수 없는 신비스러운 나라 출신이라고만 생각했다.

그리하여 계단식의 수많은 아버지, 아버지 위에 수많은 아버지를 모시는 성스럽고 아름다운 질서도 손상받지 않고 유지될 수 있었다. 물론 그 첫 번째 계단은 아버지로부터 시작되는 것이었다. 그러니까 내가 재떨이 고고학을 생각해냈던 것도 여러 아버지를 계단식으로 생각하는 습성이 있었기 때문이었다. 물론 여기에는 월남전이 벌어지던 시대 상황이 큰 역할을 했다.

) 아버지의 위대함 (

연쇄적인 상하 관계, 수직적 질서를 이루고 있는 여러 아버지가 있었지만, 실제의 아버지가 가장 가깝고 중요한 아버지였다. 그 당시 아버지는 나에게 정말 완벽함 그 자체였다. 아버지가 '아리랑' 담배를 피우면 그게 그렇게 멋져 보일 수가 없었다. 아버지의 담배 피우는 모습은 물론이요, '아리랑' 담배도 멋져 보였다.

설사 '아리랑' 담배가 가장 비싸거나 우아한 담배가 아닐지라도 그 담배는 어떤 선하고 아름다운 이유를 간직하고 있는 것으로 보였다. 아버지가 막걸리와 맥주를 마시는 것도 멋있게 보였다. 아버지와 함께 술을 마시는 친구분들도 그렇게 좋아 보였다. 심지어 아버지가 깍두기 씹는 소리조차 아름답게 들릴 정도였다. 아버지에 대한 이 모든 느낌들은 1960년대에나 존재했던 예외적인 느낌일지 모르나 아주 분명한 것이었고, 아버지는 그처럼 높은 권위를 가지고 있었다.

아버지는 신문이나 책을 읽을 때 웅얼웅얼 하며, 옛날 선비들이 시조를 읊조리는 듯 읽는 버릇이 있었다. 나는 그 소리도 신비롭고 멋진 소리라고 느꼈다. 아버지의 돋보기와 돋보기를 쓰고 있는 표정조차 멋져 보였다. 나는 아버지의 발끝도 따라갈 수 없는 존재였다. 어른이 되더라도 아버지처럼 멋지게 신문을 읽지 못할 것이며, 아버지처럼 멋지게 술을 마실 수는 없을 것이라고 생각했다.

나이만 해도 그렇다. 나는 내 나이와 아버지 나이를 비교하는 버릇이 있었다(아들이란 존재는 그렇게 아버지를 닮고 추월하고 싶어하는 존재인 것 같다). 그런데 그것은 아득한 절망감만 안겨주었다. 내가 10살이었을 때 아버지는 41살이었는데, 계산해보니 10년이 지나도 아버지 나이를 절반도 따라갈 수 없었다. 그 계산이 반복될수록 나에게 돌아오는 것은 '뭐 이렇게 불공평한 일이 있느냐.'는 절망뿐이었다.

누군가 물으면 나도 '아버지를 본받을 것'이라고 말하기도 했지만, 내심으로는 그럴 자신이 없었다. 그건 불가능한 일이었다. 아버지는 나에게 그런 가능성을 제대로 열어주지 않았다. 그래서 아버지처럼 될 수 없다는 절망감을 안고, 남몰래 아버지를 흉내낼 수밖에 없었다. 어쨌거나 아버지는 나의 유일한 모델이었다.

그리하여 지금 내가 술을 마실 때 어떤 버릇과 취향을 가지고 있다면, 그것은 어릴 적 이상적 인간으로 상상했던 아버지의 멋과 모습을 모방하기 위한 것일 가능성이 높다. 그처럼 아버지는 나의 무의식에 깊은 영향을 남겼다.

) 한국의 오이디푸스 문제 (

아버지에 대한 극단적인 양가감정(ambivalence)은 내 마음에 깊은 자국을 남겼다. 그 자국이 나의 오이디푸스 문제였으며, 거기에는 아버지에 대한 존경심과 무력감이 공존하는 한국적 생활방식이 있었다. 이것을 잘 해명하는 것이야말로 나와 우리의 마음과 정신을 해방시키고 가볍게 하는 일일 것이다.

프로이트는 오이디푸스 문제를 동일한 평면에서 벌어지는 성 전쟁(性戰爭)이란 관점에서 다루었다. 그것은 오이디푸스 문제를 '아버지-어머니-아들'이란 세 사람의 작은 삼각형, 좁은 범위에서 벌어지는 게임 같은 것으로 만들었다. 그러나 한국의 오이디푸스 문제는 그것보다 복잡한 양상을 띠는 것 같다.

예를 들어, 나는 성(어머니)을 사이에 두고 아버지와 전쟁을 벌인 적이 없었다. 그렇다고 부자간의 대결, 아버지에 대한 나의 열등감이 사라진 것은 아니었다. 때로 아버지의 권력이 너무 커서 어머니와 나, 두 사람만의 행복을 주었다가 빼앗아 갈 수도 있는 것처럼 느껴지기도 했다.

　나는 아버지의 권력에 복종했고 그 권력을 부러워하고 갖고 싶어했다. 나는 왜소하고 열등한 존재였다. 그 같은 열등감은 수치심을 불러일으켰다. 어떤 형태로든 그 수치심을 지워버리거나 극복하는 방법을 찾아야 했다. 이것이 나의 오이디푸스 문제였다.

　한 가지 방법은 아버지와 싸우는 것이다. 이 전쟁은 패배로 끝날 수밖에 없는 것이지만, 가장 용감한 방법이며 가장 많은 것을 얻을 수 있는 길이다. 전쟁의 목표가 성이냐 권력이냐는 차이가 있지만, 프로이트가 염두에 두었던 것도 아들과 아버지가 직접 전쟁을 벌이는 경우였다.

　다른 한 방법은 아버지와 싸움을 포기한 채, 수치심과 굴욕감을 다른 대상으로 이전하는 것이다. 이 방법은 첫 번째 방법에 비해 비겁하고 타협적이다. 그러나 나는 어쩔 수 없이 이 방법에 의존했다. 이것이 세대간 갈등을 해결하는 한국적 생활방식인 것 같다. 그리고 인류는 역사상 더 많은 시기와 더 많은 지역에서 두 번째 방법에 의존하여 아버지 문제를 해결해온 것 같다.

　프로이트는 아들이 아버지에게 일 대 일로 직접 전쟁을 선포하는 것이 처음부터 불가능한 경우가 있다는 것을 몰랐던 것 같다. 그는 그가 그토록 중요하게 생각했던 성(어머니)을 아무런 대가 없이 아들에게 내어주고도 유유자적하며, 성스럽고 아름다우며 막강한 권력을 가진 아버지가 있다는 사실을 고려에 넣지 않았다.

　그런 의미에서 프로이트의 이론은 아버지의 권력이 약화되고 어린 아들의 권력이 날로 강화되던 19세기 말 유럽 중산층 사회를 배경으로 한 이론이라는 한계를 갖는다.

) 아버지의 두 가지 의미

아버지는 나에게 두 가지 의미를 갖는 존재였다. 첫째, 나는 아버지 앞에만 서면, 아버지의 질서 속에서는 한없이 작은 존재였다. 나는 아버지에게 무릎을 꿇고 경배를 올리는 존재였다. 나는 당신 앞에서 티끌이나 무(無)의 존재가 된다 해도 상관이 없었다.

둘째, 그러나 이상하게도 타인들 앞에만 서면 나는 스스로를 굉장한 존재인 것처럼 나타내려고 하는 경향이 있었다. 내가 그렇게 행동한 것은 내 마음속에 위대한 아버지가 있기 때문이었다. 솔직히 말해 나 자신은 아무래도 괜찮았다. 박정희 대통령도 마지막 순간에 '나는 괜찮다.'고 말했다지만, 나 역시 그런 식으로 생각하는 사람이었으며 아버지 앞에서라면 더욱 그랬다.

예를 들어, 나는 사람들과 말다툼을 하다가도 밑천이 떨어지면, "야 임마, 우리 엄마도 나를 낳았을 때 미역국을 드셨어. 네가 뭔데 나를 무시하는 거냐?"라고 말하는 버릇이 있었다. 여기서 미역국이란 산후 몸조리용 음식을 말하는 것이 아니라, 내 안에 굉장히 중요한 무엇이 있다는 뜻이었다.

그것은 '미역국'이란 말 외에 달리 표현할 수 없는 것이었지만, 나의 존엄성이 나 자신의 내면이 아니라, 가족 또는 아버지에게서 나오는 것임을 말하는 것이었다. 아버지가 아니라 어머니가 먹었던 미역국을 말했던 것은 아버지에 속하는 것은 함부로 입에 담을 수 없기 때문일 뿐이었다. 아무 때나 아버지를 들먹이는 것은 품위가 없는 행동이요, 아버지는 그 정도로 존엄했다.

'나를 욕하는 것은 괜찮다. 그러나 우리 집을 욕하는 것은 안 된다.

아버지를 모욕하는 것은 더욱 안 된다.'는 것이 나의 삼단논법이었다. 내가 쉽게 패배를 인정하지 못하는 것도 공연한 땡깡이 심해서가 아니라, 내 안에는 내가 보존하지 않으면 안 되는 중요한 무엇, 나의 가족과 아버지가 있기 때문이었다.

다시 말해, 나는 아버지 앞에서는 티끌처럼 작았지만, 타인 앞에만 서면 아버지를 변호하고 아버지를 대표하고 나 스스로 아버지를 흉내 내며 한없이 위대해지려 했다. 아버지가 상황에 따라 서로 다른 두 가지 모습을 하고 있는 현상은 내 마음의 체계적인 움직임이요 하나의 법칙이었다. 그리고 나는 이것이야말로 한국적 생활의 일부이며 한국적 오이디푸스 관계가 작동하는 방식이라고 생각한다.

) 연쇄적 · 중층적 권위 구조 (

아버지가 집안과 밖에서 서로 다른 의미를 가진다고 할 때, 그것은 이미 사회적 · 정치적 의미를 갖는다. 사회 전체가 연쇄적인 권위와 폭력의 사슬로 묶이게 되기 때문이다. 아버지에게 정당한 반대를 할 수 없으니, 아들은 동생에게 화풀이를 하고, 동생은 강아지를 걷어차게 된다는 말이다. 그러나 강아지조차 가만히 있지는 않는다. 강아지는 대개 집주인을 닮아 지나가는 사람에게 왕왕 짖어댄다.

'종로에서 뺨 맞고 한강에서 화풀이한다.'는 속담이 있다. 내가 보기에 이 속담의 진원지도 아버지이다. 한국에서 아들은 아버지의 권력과 권위에 저항할 수 없었다. 자신의 분노를 타인에게 전가해야만 나의 분노를 완화 · 억제할 수 있었다. 결코 아버지의 방식이 좋아서 흉내내는 것은 아니지만, 그 방법만이 분노를 완화시킬 수 있는 유일한 방법이었다. '싸우면서 닮는다'는 우리말은 이런 내부구조를 갖고 있는 셈이다.

아버지로부터 폭력을 당한 아들은 다른 사람에게 아버지보다 더 폭력적인 방법을 구사할 가능성이 높다. 매일 가정불화를 겪는 가족일수록 옆집과 싸울 때 더 단결하고 폭력적으로 변하는 경우는 가끔 보는 일이다. 이 연쇄적인 폭력의 구조가 한국사회의 기본적인 운영원리이며, 한국적 오이디푸스 관계가 작동되는 방식이라면 잘못된 진단일까?

아버지가 그처럼 권위적인 것은 마치 양파 껍질처럼 벗겨도 벗겨도 계속되는 연쇄적·중층적 권위 구조의 영향을 받은 결과이다. ■ 아버지가 시시콜콜 권위를 내세우지 않더라도 어머니를 비롯한 사회 전체가 권위와 폭력을 생산해낸다.

프로이트가 제기했던 오이디푸스 문제는 아버지와 아들이 형식적으로나마 대등해진 시대에 제기된 이론이었다. 지금 우리 사회는 급속하게 이 단계에 접어들고 있으며, 아버지와 아들, 윗사람과 아랫사람의 관계가 보다 평등하게 재편되고 있다. 이렇게 되면, 오이디푸스 문제도 과거의 습관과 새로운 변화가 겹치면서 훨씬 복잡한 양상을 띠게 될 것이다.

■ 이 같은 상황은 식민지 경험에 의해 한층 강화되었다. 일본제국주의는 구미 선진국에 대한 열등의식을 주변의 아시아 민족에 대한 멸시와 침략으로 보상받으려는 '억압의 이양(移讓)' 심리에 기초하고 있었다. 마찬가지로 일본의 조선 침략은 조선 내에서 계층간에 '억압의 이양'을 증폭시키는 데 큰 역할을 했으며, 해방 이후에는 미국의 권위가 상위계층에서 하위계층으로 연쇄적으로 이양되었다. ―마루야마 마사오(丸山眞男) 저, 김석근 역, 《현대정치의 사상과 행동》(한길사, 1997), 61쪽 참조.

9장. 아버지 위의 아버지들   205

) 공(公)과 사(私)의 관계 (

아들이 아버지에게는 절대 복종하지만 다른 사람 앞에서는 아버지의 권력을 내 것으로 만든 후 권위와 폭력을 행사하게 되는 구조는, 개인 차원의 성향이나 선악을 넘어서는 보다 근본적인 정치 문제를 포함한다. 그것은 개인과 단체, 개인과 국가의 관계를 규정하는 문제와 관련을 맺는다.

우선, 아버지와 나는 모두 국가에 종속된 사람들, '전적으로 공적 세계의 인간(totally public man)'이다. 우리 집에서는 만약 성스러운 국가가 우리 부자(父子)를 부른다면 어떤 경우이든 적극 응해야 한다는 사상이 있었다. 그것은 재떨이 고고학이 너무도 분명하게 보여주고 있다. 즉, 우리는 국가의 신민(臣民)이었고, 신민의 의무를 다하는 것은 나의 공적 의무였다. 그런 의미에서 가족은 국가와의 관계에서 정치적·권력적 의미를 갖는 공적 기초단위였다.

그러나 나는 언제든지 '전적으로 사적인 인간(totally private man)'으로 전환될 수밖에 없는 운명을 타고났다. 나는 아버지에 대해 '완벽하게 사적인 인간'이었다. 아브라함이 하느님의 명에 따라 아들 이삭을 제물로 삼으려고 했듯이, 만약 아버지가 나를 죽여서 제물로 삼으려 한다면 나는 기꺼이 거기에 따랐을 것이다. 어린 시절 나는 아버지의 사적 소유물에 지나지 않는, '아버지의, 아버지에 의한, 아버지를 위한 사적 인간'이었다. 소수에 지나지 않겠지만, 지금도 그렇게 생각하는 사람들이 있다.

그런데 나를 공적 세계로 이어주는 아버지는 자신의 직장에 대해 다시 전적으로 사적인 인간으로 전락했다. 아버지의 직장 사람들이 우리 집에 와서 저녁식사를 하게 되면, 어떤 희생을 치르더라도 그분들을 최대한 대접하는 것이 우리 집의 법도였다. 사실 어머니가 빚을 지는 대부분의 이유는 손님을 대접해야 한다는 '접빈객(接賓客)'의 관례 때문이었다. 손님을 대접한다는 것은 우리 집의 사적 욕망을 완전히 접어놓고 공적 세계의 질서에 순응하는 것이었다.

서구의 지적·정치적 전통에서 '공과 사'는 구분되어 있다. 이 경우, 나만의 사적 영역은 국가 권력·공적 권력과 관계없이 존중된다. 나만의 세계, 프라이버시(privacy)의 세계가 보장되는 것이다. 우리 나라에서도 직장 상사가 부하에게 '공과 사를 구분하라'고 말한다. 그것은 마치 우리 나라에도 '공과 사'가 분리되어 있는 것 같은 느낌을 준다. 그러나 그 말은 당신의 개인적 욕망과 취향을 접어두고 회사에 충실하라는 뜻이다. 말은 똑같지만 의미는 정반대인 것이다.

이와 같은 '공·사 관계'는 우리 사회의 전 영역에 거미줄처럼 퍼져 있다. 아이는 어른에 대해, 여자는 남자에 대해, 학생은 선생에 대해, 후배는 선배에 대해 사적인 존재로 전락한다. 우리 나라의 모든 하부 기관은 상부기관에 대해 사적인 존재로 전락하고, 최종적으로 육군참모총장이나 국무총리조차 대통령에 대해 사적인 존재로 전락할 수 있다. 대통령조차 그 자신의 사적 관계 또는 그를 대통령으로 만든 사람들의 사적 필요를 채워주어야 하는 부담에 시달리는 것은 아닐까? 결국 우리 모두는 전적으로 공적인 존재이면서 전적으로 사적인 존재라는 이중적 신분을 갖고 하루하루를 살아간다.

이와 같은 우리 사회의 연쇄적·중층적 권위 구조가 의미하는 바는 명백하다. 그것은 한 개인의 평범한 삶조차 타인의 방해를 받지 않고 영위될 수 없다는 것이다. 한 사람이 태어나는 그 순간, 이미 연쇄적·중층적 권위와 억압의 계단 아래 놓인다. 나는 아버지에게 '전적으로 사적인 인간'이 됨으로써, 내 모든 것을 국가에 종속시키는 '전적으로 공적 인간'이 되는 오묘한 처지에 놓인다. 또 그것은 내가 공적인 세계에 아무런 매개항 없이 직접 참여할 수 없으며, '아버지 → 학교 → 동송읍과 같은 작은 마을 → 철원군과 같은 중간 단위 → 강원도나 대한민국과 같은 더 큰 단위'를 매개로 또는 그와 같은 공동체를 등에 업고 공적 세계에 참여해야 한다는 참여의 방법론을 제시한다. 그러다 보니, 사람들은 동창회, 향우회, 친목계, 번영회, 종친회 등을 통해 자신의 삶을 영위하려고 한다. 어디에라도 소속되지 못하거나, 소속되기를 거부한 사람은 깊은 고독과 절망을 감수해야 한다.

알고 보면 '남이야 전봇대로 이빨을 쑤시든 말든 네가 무슨 상관이냐.'는 말도 개인의 프라이버시를 주장하는 말이 아니다. 그것이 프라이버시를 주장하는 말이 되려면, 아버지나 학교 선생님 또는 국가에 대해 그 말을 할 수 있어야 한다. 그러나 '남이야……'란 말은 타인과 관계없이 나의 배타적 권리를 주장하는 말로 쓰인다. 그것은 프라이버시가 아니라, 다시 한 번 연쇄적·중층적 권위를 강화하는 '편 나누기 어법'에 가깝다. 이런 사회에서는 국가조차 침범할 수 없다는 개인의 인권이 보장될 수가 없다. 우리는 별 생각 없이 그런 세계에 적응하고 있지만, 사실은 처참한 이야기다.

10장

나는 자주 아버지를 조상의 반열로 승격시켜야 한다는 열망에 사로잡히곤 했다. 아버지가 사망하여 조상님이 되어야만 이 땅 위에 온전한 나의 왕국을 건설할 수 있다고 생각한 모양이었다. … 나의 제사는 아버지 살해의 죄책감을 해소하려는 의식이었으며, 내가 농원의 진정한 주인이 되었다는 것을 모든 사람, 아버지와 나를 포함한 모든 사람들에게 공표하기 위한 의식이었다.

아버지 살해의 논리 구조

) 아버지 살해의 의미

나는 '어머니 공간'에서 작은 황제가 되었지만, '아버지 공간'에서는 다시 티끌처럼 작아졌다. 그러나 가족 밖으로 나서면 가족과 아버지를 대표하면서 스스로 위대해지는 행동을 보였다. 이 과정은 그것 자체로 이 사회가 요구하는 신분적 인간, '동굴 속 황제'가 되는 길을 답습하는 것이었다.

그러나 진정한 의미의 '동굴 속 황제', 명실상부한 '진선미의 화신'이 되기까지는 한 가지 과정이 더 남아 있었다. 그것은 바로 '아버지 살해'란 사건이었다. 나를 작게 만들었던 그 사람, 아버지를 살해하고 그 자리를 차지하는 것은 진정한 황제로 등극하는 마지막 절차였다.

아버지는 내가 사회로 나가는 유일한 통로이자 안내자였지만, 어떤 단계에 이르면 걸림돌이자 방해물이 되었다. 아버지가 존재하는 한, 나는 영원한 추종자에 머물러야 하고 나 자신만의 세계를 가질 수 없었다. 따라서 아버지 살해는 내가 성장하고 나 자신만의 세계를 구축하는 과정에서 피할 수 없는 관문 같은 것이었다.

아버지와 아들의 이 같은 관계는 사춘기의 '이유 없는 반항'을 생각해보면 금방 알 수 있다. 그 반항은, 그것이 아무리 유치한 것이라고 하더라도, 아버지에게 속하지 않는 나만의 세계를 건설하고자 하는 아들의 몸부림이다.

한 아이가 어른으로 성장하는 데에는 아버지가 자신에게 지어준 창문을 깨뜨리는, 아버지를 살해해야 하는 순간이 반드시 등장한다. 아버지와 아들의 이 갈등은 인간사의 보편적인 갈등이다. 우리가 알고 있는 근대과학과 철학의 모든 전통은 앞 세대의 업적을 격렬하게 부정하던 패륜아들에 의해 성립된 것이다.■

바둑황제 이창호는 스승 조훈현을 넘어서야 했다. 제자는 스승이 세워놓은 이론을 넘지 않으면 새로운 스승이 될 수 없다. 그게 무슨 살해냐고 할지 모르지만, 인류는 늘 이런 문제를 안고 살아왔다. 특히 근대 이후 나이와 경륜은 더 이상 축복받는 훈장이 아니다.

바둑계에서는 이창호의 승리를 '스승에 대한 보은(報恩)'이라고 표현한다. 보은이라고 할 수도 있다. 그러나 그 말은 사제간의 결투 속에 들어 있는 인간관계의 끔찍함, 아버지를 살해함으로써만 어른이 될 수 있는 인간의 원초적인 비애, 반인륜적 요소를 슬쩍 비켜가는 표현이다.

조훈현과 이창호에게 물어보라. 그 싸움은 두 사람 모두에게 피하고 싶은 싸움이다. 그러나 세상은 그 싸움을 피할 수 없도록 만든다. 그것은 아들과 아버지 사이도 마찬가지이다.

■ 근대가 아버지 살해의 역사에서 시작되었다는 것은 잘 알려진 이야기지만, 다음과 같은 구절을 음미해보는 것이 좋을 듯하다. "프란시스 베이컨과 데카르트는 여러 면에서 날카롭게 대립하지만, 전통과 권위를 믿지 않으며 스스로의 방법에 자신만만하게 의존하려 했다는 점에서 공통점이 있었다. 베이컨은 자기의 시대와 그 이전의 저명한 철학자들에 대하여 욕설을 퍼부었다. …… 데카르트는 그가 배워온 모든 의견들에 대하여 '그것들을 일단 깨끗하게 쓸어버리고 난 후' 처음부터 다시 시작했다." —램프레히트, 《서양철학사》, 을유문화사, 303~304쪽.

) 단풍나무가 있는 집

어린 시절, 나에게도 그런 순간이 있었다. 아버지에 대해 제멋대로 공상하던 버릇은 아버지를 살해하는 공상에까지 이르렀다. 그것은 무의식 저 깊숙한 곳에 감추어져 있었지만 아주 분명하게 존재하던 열망이었다. 아버지 살해의 욕망은 성장의 고비마다 비슷한 형태로 반복되었는데, 최초의 사건이 가장 중요한 것 같다. 거기에 아버지 살해의 원형이 담겨 있기 때문이다.

아버지에 대한 반란 또는 내 자신만의 세계를 열고자 하는 '독립운동 로망스'는 초등학교 5학년 때 처음 찾아왔다. 가을이었다. 세상은 하루가 다르게 붉은 빛으로 변했다. 국어 시간에 "추석이 가까워졌습니다. 들에는 곡식이 물결치며 온갖 과일이 무르익었습니다."라는 글을 배울 무렵이었다.

어느 날, 이른 아침 학교를 가는 길에 어느 대문이 없는 집 앞에서 문득 발걸음을 멈추었다. 그 집 마당에 있던 두 그루의 단풍나무 때문이었다. 나는 몰래 마당 안으로 들어가 하염없이 단풍나무를 바라보았다. 늦가을 이슬을 머금은, 아기 손바닥만한 단풍잎들이 그렇게 예쁠 수가 없었다.

하루하루 콩나물처럼 자라던 어린 시절의 어떤 순간, '이보다 더 아름다울 수 없다'고 느끼는 그 무엇을 경험하는 때가 문득문득 찾아온다. 그때 나에게는 그 무엇이 단풍나무였다. 나는 마치 단풍나무를 처음 본 아이처럼 놀라워했다. 실제로 처음 발견했을지도 모른다. 바로 곁에 있던 우물에 단풍나무가 비쳤다. 놀라운 감동이 사무쳐왔다. 그 해 가을이 다 가도록 나는 그 나무를 사모했다.

그런 단풍나무를 갖고 싶었다. 아니, 단풍나무가 자아내는 모든 것을 갖고 싶어했다. 농가였던 그 집은 우리 집보다 마당이 훨씬 넓었다. 그 마당도 좋았다. 그 집 텃밭에는 채소와 꽃나무들이 이슬을 머금은 채 자라고 있었다. 그것도 부러웠다. 단풍나무를 비춰주는 우물도 갖고 싶었다. 우리 집에도 우물이 있었지만 그 우물에는 단풍나무가 비치지 않았다.

나의 욕심은 끝없이 펼쳐졌다. 그 당시 내 꿈은 '덴마크식 목장'을 갖는 것이었다. 그것은 박정희 대통령의 지도 아래 근대화 운동이 한창이던 시대에 대한민국의 목표이기도 했다. 넓은 초원에서 젖소를 기르고 우유를 짜서 버터와 치즈를 만들고 그것을 세계 각국에 내다 팔아 생활을 살찌우는 것이 나의 목표였다.

소들이 똥오줌을 눌 것이다. 그것도 귀한 것이니 잘 갈무리해서 퇴비를 만들고, 그 퇴비를 거름으로 하는 농원을 가꾸고 싶었다. 나의 원대한 꿈은 더 넓은 제국, 더 풍요로운 제국을 건설하려는 황제의 꿈과 비슷했다. 나의 농원에는 젖소, 돼지, 닭, 염소 같은 짐승들이 살고 온갖 야채와 곡식이 자랐다. 그리고 그 농원에 몇 그루의 단풍나무를 기르리라 생각했다.

) 행복한 백일몽 (

나의 행복한 백일몽은 계속되었다. 저 푸른 초원 위에, 그림 같은 집을 짓고, 사랑하는 우리 님과, 한 백년 살아갈 꿈을 꾸었다. 누군지 알 수 없지만 현숙한 아내를 맞이하여 아들딸 합쳐 서너 명의 자식을 두고 행복한 삶을 누리고 싶었다.

사랑하는 어머니도 그 집에 모실 생각이었다. 아니, 그저 모시는 정도가 아니라 어머니는 그 농원에 반드시 있어야 할 사람이었다. 그녀는 내가 최초로 사랑한 여인이 아니었던가. 어쩌면 어머니와 행복한 생활을 누리고 싶다는 욕망 때문에 그런 농원을 꿈꾸었는지도 모른다. 여자가 생기면 집에 대한 욕망도 커지는 것이니까 말이다.

어머니와 같은 식탁에서 밥을 먹고, 모든 일을 어머니와 상의하며, 어머니가 잠드는 것을 돌봐드리겠다는 계획도 세웠다. 이때까지는 미지의 여인, 미래의 아내보다 어머니가 더 현실적인 여인이었다. 미래의 아내란 나처럼 어머니를 극진하게 생각하는, 어머니의 보조자 역할을 하는 사람이라고 생각하는 경향마저 있었다.

그 꿈속에서 모든 관계는 뒤바뀌어 있었다. 나는 더 이상 어머니의 보호를 받는 어린아이가 아니라 어른이 되어 있었다. 어머니는 힘없는 노파가 되었다. 나는 가장이 되어 있었고, 어머니는 나의 보호와 지도를 받는 피보호자가 되었다. 그것이 내가 꿈꾸던, 통속의 극치를 달리던 삶의 목표였다.

그런데 이 찬란한 계획 속에 아버지는 늘 빠져 있었다. 어머니는 반드시 내 곁에 있어야 했지만, 아버지는 미래의 내 생활 속으로 들어와 있지 않았다. 아버지에게도 편안한 여생을 즐기며 소와 곡식을 돌볼 수 있도록 배려해줄 수 있었건만, 나는 아버지에게 그런 역할을 부여하지 않았다. 상상의 농원에는 아버지의 그림자조차 찾아볼 수 없다. 그것은 분명 아버지에 대한 정신적 반란이요 살해였다.

아버지의 존재를 완전히 부정했던 것은 아니다. 나는 꿈의 농원에서 제사를 지내야 한다는 생각을 많이 했다. 관습적으로 따지면 형이

제사장이 되어야 했지만, 나의 농원에서도 나름대로 제사를 지내야 한다는 생각을 많이 했다.

바로 그 제사에 매번 아버지가 나타났다. 그러나 아버지는 살아 있는 사람이 아니라, 나의 제사를 받는 사람으로 나타났다. 누군가 또는 내가 아버지를 살해하거나, 아버지가 스스로 숨을 거두는 결정적 장면을 상상해본 적은 없었다. 너무 끔찍해서 그 상상만은 피했던 것 같다. 그러나 아버지에게 제사를 지내는 장면만큼은 열심히 상상했다. 요컨대, 나는 아버지가 어서 돌아가시기를 바라거나, 이미 사망한 사람으로 둔갑시켜버린 것이다. 그것은 분명 아버지 살해였다.

) 살해 후의 제사

나는 자꾸 아버지를 조상의 반열로 승격시켜야 한다는 열망에 사로잡히곤 했다. 아버지가 사망하여 조상님이 되어야만 이 땅 위에 온전한 나의 왕국을 건설할 수 있다고 생각한 모양이었다. 나는 그처럼 아버지의 지위를 계승받으려는 아들이었다. 그래서 '온갖 정성을 다해 제사를 지내야 한다.'는 생각을 열심히 했다.

그렇다고 내가 어린 시절의 공자님처럼 전통적 관습과 예절을 중시하는 차원에서 제사 지내기를 좋아했던 것은 아니다. 우리 집에서 행해졌던 이런저런 제사들과 족보는 나에게 큰 감명을 주지 못했다. 오히려 우 탄트 유엔 사무총장으로부터 내려오는 세계질서의 사다리가 나에게는 보다 현실적인 계통도였다. 나는 생물학적 조상에게 머리를 조아리는 아이가 아니라, 국가에 대한 충성을 맹세한 근대적 아이였다. 아마도 아버지가 보기에 나는 새로운 타입의 가치관을 형성해나 가고 있던 아이였을 것이다.

나의 제사는 아버지 살해의 죄책감을 해소하려는 의식이었으며, 내가 농원의 진정한 주인이 되었다는 것을 모든 사람, 아버지와 나를 포함한 모든 사람들에게 공표하기 위한 의식이었다. 나는 그처럼 배은망덕한 아들이었다. 아니, 아들이란 모두 배은망덕한 존재일 것이다.

그것은 놀라운 반전이었다. 깍두기 썹는 소리조차 아름답게 듣고 '재떨이 고고학'에 몰두했던 내가, 불과 1~2년이 지나지 않아 아버지를 세상을 하직한 사람으로 만들었다. 그리고 나의 살해를 정당화시키고 완전범죄로 은폐하기 위한 알리바이까지 조작했다. 내가 아버지를 죽였다는 사실을 다른 사람들은 물론 나 자신에게조차 은폐하기 위해, 나는 아버지의 영혼을 위해 통곡하고 슬퍼하며 진정으로 괴로운 표정을 지을 준비가 되어 있었다. 세월이 감에 따라 상상 속의 제사는 단순한 속죄 의식을 넘어 내 꿈의 농원이 영원히 무너지지 않는 반석 위에서 영원한 번영을 누리도록 축복하는 의식으로 변했다.

아버지 살해의 논리 구조

아버지에 대한 나의 제사는, 우리 집에서 전통적으로 행해졌던 여러 가지 의례적인 제사와 차원이 달랐다. 그것은 나의 필요에 의해 내가 고안하고 나 혼자 봉헌하는 제사였다. 그 제사는 나 자신에 의한, 나 자신을 위한, 나 자신이 '동굴 속 황제'에 등극하기 위한 제사였다. 그런 의미에서 그 제사는 나의 정신세계에서 매우 중요한 의미를 지니는 행사였다.

다른 한편 그 제사는 상상 속의 창조를 통해 나의 아버지와 조상님들이 그토록 열심히 봉헌했던 제사의 전통을 학습하는 기회를 제공했다. 나는 이제 한국 제사의 의미를 잘 파악하게 되었으며, 이 넓고 혼란스러운 세상에서 나의 존재를 정립시킬 수 있는 중요한 원리 하나를 체득하게 되었다.

서양 중세의 사람들은 신의 존재를 증명한 후, 곧 자신이 '신의 아들'임을 확인하고 난 후에야 자신의 존재를 확인할 수 있었다. 그러나 나는 '인간(아버지)의 아들'임을 확고히 한 후에, 아버지를 밀쳐냄으로써 나의 존재를 더욱 확고히 하려고 했다. 그런 의미에서 그 제사는 내가 어디에서 왔고, 어디로 갈 것인지를 밝혀주면서도 나의 의미가 더 확장될 것임을 예고하는 나의 존재증명이었다.

아버지를 살해함으로써만 진정으로 전씨 가문의 계보에 진입할 수 있고, 사회 구성원의 정체성(identity)을 획득할 수 있다는 것은 아이러니컬한 이야기이다. 어떤 원시종족은 자신들이 잡아먹는 동물을 흉내내는 춤을 추고 그 동물과 한 가족임을 자처하는 의식과 축제를 주기적으로 벌인다는 이야기를 들은 적이 있다. 아마도 그 동물은 그 종족에게 토템이고 터부이며 '아버지'일 것이다. 나의 제사도 꼭 그런 의미를 갖는 것이었다.

이것은 우리 인간의 비극이다. 아무리 피하려고 해도 피할 수 없는 비극이다. 한 사람의 인간, 한 사람의 남자, 한 사람의 사회적 존재가 된다는 것은 그 같은 피흘림을 전제로 한다. 그 대상이 아버지란 것도 피할 수 없는 비극이다. 내가 동굴 속 황제가 되었다는 이야기도 알고 보면, 나의 선택이 아니라 나의 운명이다. 아, 우리는 모두 오이디푸스의 후손이다!

모든 살해에는 욕망이 개입된다. 어리석은 것이든 불가피한 것이든 살해에는 뿌리 깊은 욕망이 깔려 있다. 프로이트는 어머니와 함께하고 싶은 욕망, 어머니를 성적으로 독차지하려는 욕망을 지적했다. 그러나 나는 이미 어머니를 독차지한 '동굴 속 황제'였다. 따라서 프로이트가 가정한 것과 같은 욕망을 가질 이유는 없었다.

그 대신, 나는 이미 차지한 어머니를 지킬 필요가 있었을 것이다. 그러자면 아버지보다 더 강한 힘을 갖는 동굴 속 황제가 되어야 했을 것이다. 이유(離乳) 사건에서 보았듯이 아버지는 나의 행복과 함께 어머니와 나의 결혼을 깨뜨릴 수 있는 사람이었다.

나는 아버지의 그 권력을 미워하고 시기하고 질투했을 것이다. 어머니와 나의 행복을 보존하자면, 아버지를 없애는 방법밖에 없었다. 그것이 어머니에게 나의 힘을 보여주는 길이기도 했다. 그렇다고 패륜아처럼 칼을 들어 살해할 수는 없으니까, 아버지가 얼른 돌아가시기를 바란 다음 얼씨구나 하고 족보에 올려놓고 제사를 지내려 했던 것이다.

나의 아버지 살해는 성적인 요소에 의한 것이라기보다는 권력적·신분적 성격이 강한 것이었다. 물론 어머니(여자)를 보호하고 독차지하려는 욕망이 바탕에 깔려 있기 때문에 성적인 측면을 무시할 수는 없지만, 아버지를 살해하려 한 직접적 동기는 아버지가 가지고 있다고 여겨지는 권력이었다.

〈홍길동전〉의 욕망 구조

이렇게 '아버지 살해 사건'까지 기

술해놓고 보니 내가 파악할 수 있었던, 가족이란 작은 세계 안에서 벌어진 '남자의 탄생'이라는 로망스는 하나의 완결된 스토리와 논리를 갖춘 상태에서 끝을 맺게 되었다.

그런데 마지막 순간, 한 가지 씁쓸한 감상이 내 머리를 떠나지 않는다. 그 씁쓸한 감상은 내가 아버지를 살해하되, 이창호가 조훈현을 넘어선 것처럼 정정당당한 경기를 통해서 살해하지 못하고, 비겁하고 유약하게 제사처럼 관념적인 방식으로 살해했다는 찜찜함에서 비롯되는 것이다.

그것이 왜 비겁하고 유약한 것이냐고 생각할지 모르지만, 그것은 허균(許筠, 1569~1618년)의 〈홍길동전〉이 안고 있는 욕망의 구조와 유사한 것으로, 한국 사람이라면 누구나 알 수 있는 비겁함과 허약함이 아닐까 한다. 홍길동은 '아버지를 아버지라 부르지 못하고 형을 형이라 부르지 못하는' 현실을 하직하고, 율도국(栗島國)이라는 유토피아를 건설하러 떠난다.

그런데 그 율도국은 세상과 단절된 섬나라였다는 점에서 허균이 꿈꾸었던 세계의 성격을 드러낸다. 홍길동의 율도국은 관념적인 장소이다. 내가 건설하고자 했던 농원 역시 내가 살던 집—그것은 아버지 소유이다—을 떠나, 내 힘으로 가꾸고 마련한 땅 위에 건설될 예정이었다. 나 역시 나의 허락 없이는 다른 사람들이 침범할 수 없는 울타리로 둘러쳐진 꿈의 농원이란 유토피아를 욕망했다.

또한 나의 율도국은 나 자신도 알 수 없는 낯선 곳에 세워질 예정이었다. 그것은 홍길동이 그랬던 것처럼 심리적 차원에서는 아버지로부터 일체의 상속을 거부했을 뿐만 아니라, 이미 알고 있던 모든 사람들과 단절해야겠다는 계획을 포함하고 있다는 점에서 반사회적·반공동체적이었다. 이 같은 반공동체성은 어머니의 분리사랑이란 육아방식 속에 이미 포함된 것이었으며, 내가 추구했던 유토피아 역시 모성의 동굴을 장소와 규모만 바꾸어 건설하려 한 것에 지나지 않았다는 것을 의미한다.

이 같은 욕망의 구조는 프로이트가 예상했던 것과 다른 형태이다. 프로이트는 사내아이가 아버지를 무서워하기 때문에, 혹시 자신의 마음을 들켜 아버지에게 거세당할까 두려워 살해 욕망을 숨기고 현실과 타협한다고 주장한다. 타협이란 바로 더욱 철저하게 아버지와의 동일화를 꾀하는 것이다. 이 과정을 통해 아이는 어머니를 포기하고 '남자의 길'로 들어서게 된다.

다시 말해, 프로이트의 아이는 아버지의 집을 떠나지 않고 아버지가 세운 터전 위에 자신이 미래를 세워나가는 법을 배운다. 아이는 일상적인 전투 속에서 패배할 수밖에 없는 운명을 타고나지만, 그 패배 속에서 자신의 한계를 발견하고 자신의 욕망을 우회적으로 충족시키는 방법을 터득하게 된다.

그러나 홍길동과 나는 아버지를 제대로 살해하지도 못하고, 어느 날 갑자기 아버지에게 하직 인사를 하거나, 아무도 모르게 슬쩍 제삿상의 조상 반열에 올려놓음으로써 부자(父子)의 갈등을 해결하려고 했다.▪ 홍길동이 아버지를 거부하고 떠났던 것은 일견 남자답고 씩씩

▪ 비겁하게 아버지를 살해하는 현상은 대한민국이 민주화된 이후의 정권교체 과정에도 계속 반복되었다. 즉, 신임 대통령이나 유력한 정당의 대통령 후보들은 마치 홍길동이 자신의 아버지를 부정하듯 전임 대통령을 전면 부정하며 새로운 유토피아를 약속했다. 그러나 그렇게 전임 대통령을 단죄한 신임 대통령이 물러날 때 보면 전임 대통령의 업적이나 장점도 제대로 계승하지도 못한 채, 전임 대통령과 비슷한 과오를 범한 채 떠나는 경우가 많았다.

한 행동처럼 보이지만, 사실은 아버지와 일상적 전투를 회피하는 비겁한 행동일 수도 있다.

그 비겁함은 내가 '새로운 율도국'을 건설해봤자 나의 위치가 아버지로 변했다는 것 외에는 아무런 변화가 없는, 결국 나는 아버지와 똑같은 아버지가 되기 위해 아버지를 살해했다는 결론에 도달할 수밖에 없는 비겁함이었다. 요컨대, 홍길동과 나의 비전은 거창한 동기와 이유를 갖고 있는 것처럼 보이지만, 사실은 지극히 보잘것없는 평범한 욕망이었다.

어머니를 나의 농원에 거주해야 할 가장 중요한 사람이라고 생각했던 것도 새로운 세계에 대한 나의 비전이 지극히 유치하고 유약한 것이었음을 드러낸다. 그런 유약함은 〈홍길동전〉과 유사한 구조를 갖고 있지만 전혀 다른 태도를 보이는 《로빈슨 크루소》와 비교해보아도 알 수 있다.

홍길동은 원한에 사무친 인간이다. 한국식 권위주의, 끝없는 중층적 권위에 상처받은 인간이다. 그런 홍길동이 자신을 억눌렀던 아버지와 왕처럼 많은 부하를 거느리는 왕이 된다. 이에 비해, 어느 날 갑자기 혼자 살아가게 된 로빈슨은 자신에게 주어진 자유를 만끽한다. 흙으로 그릇을 빚고 물고기를 잡아 생계를 유지하고 스스로 모든 것을 해결하는 독립적 인간이 된다. 홍길동이 봉건시대의 열망을 표현한 인간이라면, 로빈슨은 근대화된 인간이었다. 그리고 어느 모로 보나 나는 홍길동에 가까운 인간이다.■

■ 최정운, 〈새로운 부르주아의 탄생 : 로빈슨 크루소의 고독과 근대사상적 의미〉, 정치사상학회, 《정치사상연구》 창간호, 1999 ; 최정운, 〈한국 반지성주의의 기원과 의미 : 《임꺽정》의 사상 분석〉, 한국정치사상학회 발표논문 참조.

) 미리 이루어진 상속 (

내가 느끼는 쓸쓸함은 한국문화가 그와 같은 비겁함을 허용하고 장려하며 문약함을 조장하는 문화라는 혐의를 둘 때 더욱 증폭된다. 한 가지 예를 들자면 우리의 상속제도가 그런 성격을 갖고 있다. 상속제도란 가족학과 인류학의 중요한 연구분야인데, 아들딸에게 정신적·물질적 재산을 분배하는 방식과 비율을 말한다.

상속제도에는 한 사회를 운영하는 중요한 논리 구조가 들어있다. 예를 들어, 6살이 된 미국의 아이는 자기 집의 재산에 대해 "My father has ten cows."라고 말한다. 이 아이는 자기 집에 있는 젖소 10마리를 아버지의 것이라고 생각하는 것이다. 그런데 나는 아버지의 재산을 꼭 아버지만의 재산이라고 생각하지 않았다. 나는 아버지의 재산을 '우리 집', '우리 논', '우리 밭'이라고 생각하고 말했다. 즉, 나는 그 재산을 형성하는 데 아무런 기여를 한 적이 없지만, 나 자신을 최소한 아버지 재산의 공동 소유권자 중의 한 명으로 생각했다.

실제의 재산상속은 아버지가 돌아가시면서 시작되는 것이지만, 내 아버지의 재산상속은 내가 아주 어린 나이였을 때부터 시작된 셈이다. 오늘날 한국사회에서는 3살짜리 아들에게 거액의 부동산을 증여하는 행위가 신문에 오르내리고 있지만, 우리의 일상적인 관념으로 보면 그렇게 허무맹랑한 행위는 아니다. 우리는 원래 그런 방식으로 상속을 해왔기 때문이다.

미국, 독일 등 서양 아이들과 대화를 나누어보면, 소유관념이 분명하다는 점을 발견할 수 있다. 아버지 것은 아버지 것이고, 어머니 것은 어머니 것이며, 자기 것은 자기 것이다. 물론 아이의 소유물은 어머니, 아버지 것에 비해 그 수가 한정되어 있다. 옷, 신발, 장난감, 가방, 자신의 식기 등이 고작이다. 그래도 그 물건들은 자기 것이므로 애지중지한다.

어느 정도냐 하면, 4~5살짜리 아이가 손님으로 방문한 나에게 컵, 포크와 나이프, 접시, 잠시 빌린 볼펜 같은 것을 배당해주면서, 자신의 부모조차 내 물건에는 함부로 손을 대지 못하도록 간섭할 정도이다. 마찬가지로 내가 아무런 허락 없이 아이의 칼을 사용하려고 하면 무슨 큰일이 난 것처럼 '안 된다'고 제지를 하고 나선다.

이렇게 서양 아이들은 인형이나 장난감처럼 보잘것없는 자신의 재산(물건)으로부터 자신의 세계를 하나하나 벽돌 쌓듯이 키워나가는 법을 배운다. 그런 만큼 부모가 자신에게 물건을 사주거나, 재산을 상속받는 절차에 대한 인식도 뚜렷하다.

반면 상속에 대한 나와 우리 사회의 오랜 관념은 아들로서 당연히 누리는 권리로 이해한다. 나는, 상속이란 아버지의 은혜로 주어지는 것도 아니고 아버지에게 감사해야 하는 것도 아니며, 내가 태어난 그 순간 이미 아버지의 재산에는 내 몫도 있다는 논리체계를 갖추고 있었다. 홍길동처럼 머리로는 아버지를 떠나 자기만의 유토피아를 건설하겠다는 꿈을 꾸기도 하지만, 실제로는 받을 것을 다 받겠다는 욕망도 강하다. 그야말로 아버지를 비겁하게 살해해놓고, 실리는 모두 차지하려는 것이 동굴 속 황제가 가진 또 하나의 속성이다.

우리 나라에는 '왕년에 금송아지 없던 놈 있으면 나와보라.'는 말이 있다. 이 말은 정말 동굴 속 황제들의 언어이다. 그 안에는 아버지의 재산을 상속받는 것도 부족해서 증조, 고조 할아버지 때 있었던 재산까지 아쉬워하는 소유관념이 들어 있다.

여기까지는 나의 재산이 생기는 것이니 유쾌한 일일 수 있지만, 만약 나의 아들이 그런 식의 생각을 한다면 결코 유쾌할 수 없는 무엇이 한국의 상속제도에는 있다. 그러나 우리는 그 불유쾌한 상속제도를 통해 부자간의 갈등을 해소해온 것은 아닌가 하는 생각이 든다. 권위적인 아버지가 자신의 권위에 버금가는 자애로움을 증명하자면 그런 방법이 유익했을 것이다.

그러나 그것은 쓸데없는 소유와 지배의 관념만 발달시킬 뿐, 아들딸을 비겁하고 유약한 존재로 기르는 지름길이다. 그 책임은 아이들을 제대로 훈육하는 데는 소홀했으면서도, 그처럼 시시한 상속제도를 마련해놓고 내 임무를 다했노라고 자부했던 이 땅의 어버이들이 져야 할 것이다. 한편으로 그 제도의 시시함이 눈에 띨수록, 진정한 의미의 아버지 살해, 정정당당한 아버지 살해가 이루어질 수 있는 통로를 만들어야 한다는 생각도 간절해진다.

11장

학교란 새로운 것을 배우는 공간이라기보다 윗사람에게 복종하고 동료들과 잘 지내는 방법을 배우는 곳이었다고 할 수 있다. 그 다음으로 중요한 것은 상급학교에 진학하는 것이었다. 초등학교에서는 더 이상 배울 것이 없다. 그러나 중학교에 가면 더 중요한 것을 배울 것이다. 이것이 당시의 교육철학이었다.

선택이 아닌 진급하는 삶

) 질서의 학교

학교란 기본적으로 모르는 것을 배우는 곳이다. '학교(學校)'란 말에는 그런 의미가 들어 있다. 그러나 학교는 지식보다 훨씬 많은 것을 가르친다. 우리 세대의 초등학교도 꼭 알아야 할 진리만을 가르치는 곳은 아니었다. 당시의 학교는 진리뿐만 아니라 선함(善)과 아름다움(美)도 함께 가르쳤다.

당시의 학교는 진선미에 대한 확고한 기준을 가지고 있었다. 학교 자체가 '진선미의 화신'이요, 또 하나의 아버지였다. 또 학교는 진리라는 하나의 목표를 추구하는 전문기관이 아니라, 이 세상의 좋은 것은 모두 가르치려고 하는 종합기관이었다. 그런 의미에서 학교는 '작은 국가'와 같았다.

나의 입장에서 볼 때, 학교는 가족을 떠나 커다란 세계로 들어가는 관문이었다. 아버지가 세상으로 나가는 제1의 관문이었다면, 학교는 본격적으로 나를 세상으로 안내한 제2의 관문이었다. '재떨이 고고학'을 통해 아버지의 의미를 지구적 차원으로 격상시켰던 것도 학교의 영향이 컸다.

나의 초등학교 생활은 진리보다 질서를 먼저 배우는 것으로 시작되었다. 학교에 들어가니 선생님들은 "앞으로 나란히!", "앞으로 나란히!" 하면서 제일 먼저 줄 서는 연습을 시켰다. 그것은 학교가 개인의 개성을 발전시키는 곳이 아니라, 한 인간을 어떤 틀 속에 집어넣고 특정한 방향으로 양육하는 곳이란 뜻이었다.

 선생님들은 우리 1학년을 갓 태어난 아기처럼 취급하는 경향이 있었다. "앞으로 나란히!"라고 외칠 때에도 '여러분 1학년생들은 이런 것을 잘 모르지요? 이것부터 잘 배워야 합니다.'라고 말하는 것 같았다. 선배들은 '그래 그때가 좋은 때다. 열심히 배워라. 나중에 다 써먹을 때가 올 것이다.'라고 말하는 것 같았다.

 4, 5, 6학년들은 '앞으로 나란히!' 같은 동작도 하지 않고, 눈으로 줄을 맞추었다. 나도 선배들처럼 그렇게 하고 싶었고 그렇게 할 수 있을 것 같았다. 그러나 1, 2, 3학년들은 구호에 따라 두 손을 앞으로 들어야 했다. 그래서 '앞으로 나란히!'란 구호가 반복될 때마다 '내가 뭐 어린앤가?' 하는 생각이 들었다. 그러나 어쩔 수가 없었다.

 신입생에게 줄 맞추기 교육을 시키는 것은 중학교 때도 반복되었다. 철원중학교 신입생들은 한 달이 넘도록 하루 2시간씩 제식훈련이라고 이름 붙여진 교육을 받았다. 강원도 철원은 남한에서 가장 춥고 눈도 제법 오는 곳이다. 3월이 다 지나도록 운동장의 눈이 녹지 않았다. 300명의 신입생들은 그 눈밭 위에서 줄을 맞춰 운동장을 돌거나, '우향우!' '좌향좌!'와 같은 구령에 맞추어 훈련을 받았다. 남녀공학이었는데 여학생들도 마찬가지였다. 총만 안 메었을 뿐 군사훈련과 똑같은 훈련을 받았다. 중학교에서 처음 배운 동작은 '우로 봐!'였다. 6년 동안 '앞으로 나란히!'에서 '우로 봐!'로 발전했던 셈이다.

) 질서의 시작은 아기가 되는 것

언젠가 직업군인이 된 동창의 이야기를 듣고 놀란 적이 있다. 야전부대 지휘관인 친구는 "군대는 인생종합학교다. 한 청년이 군에 들어오면 또 하나의 인생을 경험하게 된다. 아기가 된 다음, 점점 진급하여 병장이 되기까지 새로운 인생의 사이클을 경험한 후 사회로 나간다."라며 신념에 찬 목소리로 말했다.

그 친구의 말에 따르면, 군대는 외적으로부터 국가를 방어하는 전문기관만은 아니다. 그가 생각하는 군대는 부대원들의 인격을 수양케 하고 미숙한 청년을 단련시켜 사람을 만드는 곳이었다. 학교가 전문기관이 아닌 것처럼 군대 역시 진선미를 모두 실천하려는 종합기관이었다. 그것은 군대 역시 '진선미의 화신'이며, '작은 국가'를 지향하고 있다는 의미였다.

군인이 아기가 된다는 말이 하도 이상해서 그게 무슨 뜻이냐고 묻자, 친구는 자신의 부대에서는 "새로 전입하는 신병에게 아기가 되어 군대생활을 배우도록 지도한다."라고 대답했다. 신병이 들어오면 바로 위의 고참이 몇 주 정도 신병을 따라다니며 모든 것을 챙겨준다는 것이었다.

방에 드나들 때는 고참이 먼저 달려가 손잡이를 돌려 문을 열어주고, 세수를 할 때는 수도꼭지를 대신 틀어 물을 받게 해주고, 밥을 먹을 때는 밥을 대신 타다 주는 등 신병은 한동안 아무 일도 하지 않는 아기가 된다고 했다. 물론 그처럼 아늑한 대우는 이제 곧 다가올 본격적인 훈련을 예고하는 폭풍전야의 고요함에 지나지 않는 것이지만……

씩씩하고 뛰어난 지휘관이며 내가 인격적으로 존경하는 그 친구의 말에 따르면, 그런 방법이 고참에게는 책임감을, 신참에게는 부대에 대한 소속감을 심어주기에 적절한 훈련법이라고 한다. 내가 생각해도 그것은 의미 있는 신병 훈련법이요, 한국의 군대라면 더욱 효과적인 방법일 것이다.

그런데 20살 청년을 아기로 대우한다는 것은 무슨 의미일까? 그것은 어딘가 낯익은 데가 있는 훈련법이다. 즉, 초등학교 3학년 학생이 1학년 신입생을 아주 작은 아이로 취급하는 것과 유사한 데가 있다. 그렇게 해야만 선배·고참들은 더욱 당당한 선배·고참으로 군림할 수 있게 될 것이다.

그러니까 20살 청년을 아기로 취급하는 것은 '신병은 아이이고, 고참은 어른'이라는 신분관계를 만드는 장치이다. 더 심하게 말하면, 내무반 고참들과 군대의 명령을 부모의 명령처럼 여기라는 의미가 들어 있다. 집안에서 '동굴 속 황제'가 거쳐야 할 과정을 모두 거쳤지만, 초등학교·중학교·군대 등 새로운 집단에 들어가면 그 과정은 처음부터 다시 반복되었던 셈이다.

그것은 한국에서 사람과 사람의 관계를 맺거나 조직을 운영하는 방법이 전통적인 신분관계를 만들고 강화하는 것이라는 의미였다. 군대뿐만 아니라 학교도 그렇고 기업도 그렇다. 다른 대안이 없다면 그런 방식으로라도 조직의 질서를 만들어내야 한다는 믿음이 있다.

친구의 이야기를 들으면서, 그게 좋은 것이든 문제가 있는 것이든, '바로 이런 것이 한국적인 삶이구나' 하는 생각이 들었다.

) 아버지와 선생님의 카르텔

바로 그 한국적인 삶에는 개인에 대한 불신이 들어 있었다. 그 대신 조직에 대해서는 높은 신뢰가 주어졌다. 아버지는 나를 불신했다. 그러나 학교와 선생님들은 대단히 신뢰했다. 아버지는 "학교에 가면 선생님 말씀 잘 들어라."라는 말을 시도 때도 없이 했다. 그 말에는 '학교에 가면 너의 주인은 네가 아니라 너의 선생님이다.'라는 의미가 들어 있었다.

그러나 학교에 가면 선생님들이 "집에 가면 부모님 말씀을 잘 들어라."라고 얘기했다. 이상한 탁구놀이 같았다. 부모와 선생님들이 서로 미루면 도대체 나는 어디에 가서 무엇을 배워야 한다는 말인가? 하긴 그래서 학원이 많이 생겨났을 것이다. 하지만 그때는 학원도 제대로 없었다.

부모님은 내가 누군가와 관계를 맺고 어딘가에 속한다는 것을 좋아했다. 내가 외톨이로 있으면 불안해서 견디질 못했다. 부모님은 언제나 친구를 만나건 학교에 다니건 취직을 하건 조직에 속한다는 것은 바람직한 것이며, 조직의 상사가 누구이건 관계없이 그 사람들에게 잘하라고 했다.

그렇다고 해서 학교나 다른 조직들이 특별한 대책을 갖고 있었던 것은 아니다. 물론 학교에서는 국어와 산수를 가르쳐주었다. 그러나 한 아이의 자아와 개성을 발견하고 발전시키려는 노력이나 교육 프로그램은 없었다. 오히려 학교는 나의 자아를 무시하고 동송초등학교 학생이라는 새로운 자아를 주입시키려고 했으며, 동송초등학교가 내세우는 진선미의 깃발 아래 복종해야 한다고 가르쳤다. 나는 학교교육을 통해 나의 자아를 풍성하게 한 것이 아니라, 새로운 자아를 하나 더 갖게 되었다.

나의 부모님도 그런 교육방식에 찬성했다. 자기 자신을 내세우는 것보다는 남들과 함께 어울려 지내는 것이 좋다고 생각했다. 조직이 강조하는 진선미가 옳든 그르든 사람들 속에 섞여 사는 것이 중요했다. 아마 나의 부모는 내가 외톨이로 지내는 것과 범죄조직의 '넘버3'가 되는 것 중에서 굳이 선택을 하라고 한다면, 나를 위해 '넘버3'를 선택했을지도 모를 일이다.

학교란 새로운 것을 배우는 공간이라기보다 윗사람에게 복종하고 동료들과 잘 지내는 방법을 배우는 곳이었다고 할 수 있다. 그 다음으로 중요한 것은 상급학교에 진학하는 것이었다. 초등학교에서는 더 이상 배울 것이 없다. 그러나 중학교에 가면 더 중요한 것을 배울 것이다. 이것이 당시의 교육철학이었다. 그리고 중학교에 가면, 또 고등학교에 가야 많은 것을 배울 수 있다고 가르쳐주었다.

) 진급하는 삶 (

우리 교육제도의 가장 큰 목표는 학생들을 상급학교에 진학시키는 것이었다. 선생님들은 초등학교 → 중학교 → 고등학교 → 대학교 식으로 자꾸 진급을 하다 보면, 그 과정에서 무언가를 깨닫게 될 것이라고 생각하는 것 같았다. 그것은 각급 학교가 독자적인 교육 프로그램을 갖고 있지 않다는 증거였다. 그리고 그런 계단을 밟아나가는 동안 나의 동굴 속 황제다운 성격은 더욱 확고해졌다.

학교 밖을 나와도 상황은 마찬가지였다. 사람들은 부모가 무엇인지도 모르는 채 부모가 되고, 기업이 무엇인지도 모르면서 취직을 한다. 남들이 하니까 나도 한다. 그런데 신기하게도 일단 부모가 되고 취직을 하면, 그럭저럭 한평생을 살 수 있다. 특별한 잘못을 저지르지 않는 한, 국방부 시계는 돌아가고 진급은 된다. 참으로 한국인의 보편적인 삶의 방식은 선택이 아니라 진급이다.

그런 의미에서 동송초등학교 시절 획득한 자아는 아주 중요한 것이었다. 왜냐하면 진급의 기초이며, 동굴 속 황제로 살아가는 데 필요한 진선미의 원천이었기 때문이다. 또 그것은 학교를 졸업하면 그냥 사라지는 것이 아니라, 새로운 학교, 직장, 단체에 들어갈 때마다 비슷한 방식으로 강화되는 그런 자아였다.

나 역시 상급학교에 진학하는 것을 신분의 상승으로 생각했다. 그래서 죽어라고 상급학교에 진학하려고 했다. 중학교 때는 고등학교, 고등학교 때는 대학교에 진학하기 위해 살았다. 나는 미래에 살고 미래에 죽는 희망찬 인생을 살았다. 그것은 대학을 졸업한 뒤에도 마찬가지였다. 집을 마련하기 위해 저축을 하고, 집을 마련하면 또 다른 목표가 눈앞에 다가왔다.

내게 미래는 현재의 삶을 질식시키는 미래였다. 마치 선배가 나의 모든 것을 억누르려고 하는 것처럼, 미래는 현재의 내 삶을 억눌렀다. 그러니까 미래는 또 하나의 하늘 같은 선배이자 아버지였다. 이것은 동굴 속 황제들이 공통적으로 가지는 슬픔이었다. 그들은 어디에서나 주인인 것 같지만, 어디에서나 노예이자 머슴이었다.

진급을 하다 보면 어느새 노인이 될 것이다. 과거에는 노인이 동네 사람들의 존경을 받았으니 진급하는 삶도 나쁘지 않았다. 그러나 현대 사회에서 진급은 나이 어린 사람들에게 억지로 떠밀려 일어나는 일이 되기도 한다. 또 빨리 진급만 하다 노인이 되고 보면, '그 동안 내가 뭘 했나?' 하는 회한도 쌓일 것이다. 바로 이 지점에서 한국적인 교육방식은 맹점을 드러낸다. 아니, 그 같은 교육방식은 이미 초등학교 시절에도 커다란 상처를 남겼다. 그것도 아주 큰 상처였다.

) 이름 없는 예술가 (

우리 마을에 낯선 화가 한 사람이 살게 되었다. 아저씨 집에는 그 아저씨가 직접 그린 그림들이 많았다. 아저씨는 서울에서 훌륭한 대학을 졸업했는데 몸이 약해 친척을 찾아 우리 마을에 왔다고 했다.

낯선 이의 등장에 마음이 끌린 나는 자꾸 아저씨 집 주위를 맴돌았다. 하루는 그 아저씨가 집으로 들어오라고 했다. 그 뒤로 우리는 매일같이 만나는 친구가 되었다. 나는 아저씨와 아저씨의 그림을 좋아했다. 아저씨도 나를 좋아했다. 아저씨는 나에게 먹을 것도 주고 그림 그리는 법도 가르쳐 주었다. 무척 행복한 시간들이었다.

아저씨는 낚시를 좋아해 자주 다녔다. 학교가 파하자마자 가방을 팽개쳐놓고 아저씨 집으로 달려가면 "낚시를 가자!"라고 한 적이 많았다. 그럴 때면 '다래끼'라고 불리는 물고기 담는 바구니를 옆에 끼고, 아저씨를 따라 한탄강 지류인 강둑을 걸었다. 강둑에 앉으면 그렇게 좋을 수가 없었다.

아저씨는 시골에서 좀체 볼 수 없는 좋은 낚싯대를 갖고 있었다. 낚시 솜씨도 시골 사람들하고는 차원이 달랐다. 한번 낚시를 갔다 하면 두세 시간 만에 메기 30마리를 잡는 것도 어렵지 않았다. 그때는 강에 물고기가 많았고 아저씨의 솜씨도 좋았다. 나는 지금까지도 아저씨처럼 낚시를 잘하는 사람을 본 적이 없다. 아저씨가 잡은 물고기를 나누어 받아 가져오면 어머니가 무척 좋아했다.

화가 아저씨는 사물에 대한 특별한 감각을 갖고 있었다. 어떤 죽은 나무를 보고는 "이 나무는 새처럼 생겼다."라고 말했다. 그러나 나는 아무리 쳐다보아도 그 나무에서 새를 볼 수 없었다. 며칠이 지나면 아저씨는 나무를 깎아 한 마리의 새를 만들었다. 아저씨는 그렇게 만든 물건들을 사람들에게 팔기도 했다. 그러나 돈을 벌어도 얼굴엔 늘 슬픈 빛이 감돌았다.

아저씨는 사람이든 동물이든 정확하게 보는 눈을 갖고 있었다. 내 얼굴과 내가 의자에 앉은 모습도 그려주었다. 정말 나와 똑같이 생긴 나였고 어딘가 모르게 예술적 감정이 서려 있는, 나보다 멋진 나였다. 아저씨는 공부도 가르쳐주었다. 나는 고등학교를 졸업할 때까지 '수학의 도사'란 별명을 잃지 않았는데, 내가 수학을 잘하게 된 것은 모두 아저씨 덕택이었다.

나는 아저씨를 깊이 사랑했다. 그는 나에게 새로운 사람이었고 나는 그에게 좋은 친구였다. 우리의 숨 막히는 우정은 6개월이나 계속되었다.

) 예술과 학문 (

그러던 어느 날, 사건이 벌어졌다. 아버지가 몹시 화난 얼굴을 하고 누나와 함께 아저씨와 내가 놀고 있던 그 집에 들이닥쳤다. 아버지는 아저씨의 존재를 탐탁치 않게 여겼다. 아버지는 "아이를 환쟁이로 만들려고 하느냐?" "그렇게 말을 했는데도 왜 아이를 망치려 드느냐?"라면서 큰 소란을 벌였다.

나는 큰소리로 울 수밖에 없었다. 세상에 그런 날벼락이 있을 수 없었다. 아버지는 내 손목을 나꿔채더니 질질 끌듯이 집으로 데려왔다. 그리고 매를 들었다. 매를 맞는 거야 아무 일도 아니었다. 하지만 그 일이 있은 후 여러 날 병을 앓았다. 매를 맞아서가 아니라 아저씨를 볼 수 없어 생긴 병이었다.

왼쪽을 쳐다보지 않는 버릇도 생겼다. 그것은 우리 집을 나와 아저씨 집으로 가려면 조금 큰길을 내려가다 왼쪽으로 가야 했기 때문이다. 내가 어디에 있든 왼쪽으로 고개를 돌리면 아저씨와 아저씨가 사는 집이 보일 것 같았다. 그 집이 보이면 마음이 아플 것 같았다.

누가 그림을 그리라고 하면 아무렇게나 그리는 버릇도 이때 생겼다. 초등학교 2학년 때의 일이었다. 그 뒤 내가 6학년에 올라갈 무렵 화가 아저씨가 돌아가셨다는 소식이 들려왔다. 슬펐다. 어쩌면 나 때문에 돌아가셨는지도 모른다는 생각까지 들었다.

아저씨 사건은 인생의 어떤 시점까지 도저히 이해할 수 없는 사건이었다. 아저씨야말로 내가 모르는 것, 나에게 유익한 것만을 가르쳐 주었다. 그런데 아버지는 왜 아저씨를 싫어했을까? 거기에 대한 해답은 내가 학문의 길에 들어선 후에야 조금이나마 이해할 수 있었다.

진정한 예술과 학문은 '사물을 있는 그대로 보는 것'에서 시작된다. 새는 새가 있는 모습 그대로, 개는 개가 있는 모습 그대로 보아야 하는 것이다. 모든 진실은 있는 그대로 보는 것에서 시작된다. 물론 있는 그대로 본다는 것은 말처럼 쉬운 일이 아니다. 사람의 눈은 편견으로 가려져 있기 마련이며, 똑같은 물건을 본 두 사람의 반응이 하늘과 땅처럼 차이가 나기도 한다.

　예술과 학문에서는 다른 사람과 다르게 본다고 하더라도, 내 자신의 눈으로 직접 보는 것이 중요하다. 자신의 관점이 없는 예술과 학문은 죽은 것이다. 아저씨는 그렇게 보려고 하는 사람이었고, 나에게도 그런 것을 가르쳐주었다. 아저씨는 나를 데리고 들로 산으로 산책을 많이 다녔는데, 어떤 곳을 한번 가면 한동안은 그곳으로만 산책을 나갔다. 모든 사물을 앞에서도 보고, 뒤에서도 보고, 다시 보고, 그리고 다음날 다시 찾아가 또 보았다.

　있는 그대로 본다는 것은 자주 본다는 것과 같은 뜻이다. 내 주위에는 무엇이든 한 번만 보면 다 알 수 있다는 천재들이 많은데, 그건 잘못된 천재들이다. 자주 보고 반복해서 보아야 있는 그대로 볼 수 있다. 아저씬 그렇게 자주 보고 반복해서 보는 사람이었다.

　그 당시에는 그게 무얼 의미하는지 잘 몰랐다. 그러나 학문의 길에서 앞으로 나아가면 나아갈수록 있는 그대로 보는 것이 예술과 학문을 하는 방법이란 것을 절감하게 되었다. 예술은 아름다움을 추구하고 학문은 진리를 탐구한다는 차이가 있지만, 그 방법은 비슷하다는 것이 내 생각이다.

소크라테스가 죽은 이유

좀더 어려운 말로 표현하자면, 학문과 예술이란 '존재 그 자체를 사랑하는 것'이다. 존재 그 자체와 친하게 지내는 것이며, 존재 그 자체에 대해 이것저것 자세하게 알고, 존재 그 자체와 대화하는 것이다.

그런데 학교에서 배우는 학문은 그런 것이 아니었다. 정해진 의미를 습득하는 것이 학교 공부의 내용이자 방법이었다. 학교는 사물의 '존재 그 자체'가 아니라, '존재의 의미'를 사랑하도록 아이들을 가르쳤다. 또 모든 존재의 의미는 서열까지 미리 정해져 있었다. 국어와 산수는 중요한 과목이었고 음악과 미술은 건성으로 해도 되는 과목이었다. 필요한 경우 화가와 가수를 불러 그림을 그리게 하고 노래를 시키면 된다고 했다.

선생님들의 말에 따르면 모든 과목은 다른 것의 수단이었다. 생물은 농산물을 많이 생산하기 위한 수단, 체육은 몸을 건강하게 만들고 국력을 기르기 위한 수단, 국어는 말을 잘하고 글을 잘 쓰기 위한 수단이었다. 과학은 특히 중요한 과목이었는데, 그 이유는 경제발전을 위해 중요하기 때문이었다.

그럼, 그 당시 학교교육의 궁극적 목표는 무엇이었을까? 그것은 위를 우러르며 위를 향해 나아가는 것이었다. 자신보다 신분이 높은 대상 앞에서는 확실하게 무릎을 꿇을 줄 알고, 자신보다 신분이 낮은 대상 앞에서는 자신의 진선미를 뽐낼 줄 알아야 했다. 낮은 곳에 있더라도 항상 높은 곳을 지향하는 것이 학교에서 동굴 속 황제가 철저히 익힌 철학이었다.

예를 들어, 부모님과 선생님을 공경하는 것은 중요했다. 그들은 신분이 높은 사람들이었다. 따라서 그분들은 수단이 아니라 그 자체로 목표였고, 설사 그분들이 틀렸다고 해도 반드시 따라야 했다. 남보다 공부를 잘하는 것도 위로 향하는 것이기 때문에 그 자체로 목표였다. 우리 반에 석상이라는 친구가 있었다. 그는 여러 가지 재능이 많았지만 나보다 더 계급이 낮은 것처럼 행동했다. 내가 공부를 더 잘했기 때문이다.

아버지가 아저씨에게 그토록 화를 낸 이유는, 아저씨가 위로 향하는 질서를 파괴하고 나에게 '존재 그 자체'를 가르쳤기 때문이었다. 그것은 소크라테스가 '청년들을 타락시킨다'는 이유로 사형선고를 받고 독배를 마셔야 했던 것과 비슷한 이유였다. 아버지도 아저씨가 '자신의 귀한 아들을 부패시킨다.'고 보았다. 우리의 소크라테스는 결코 먼 곳에 있지 않았다.

소크라테스가 청년들에게 가르치려 한 것도 '존재 그 자체'였다. 그런데 '존재 그 자체'는 목표와 수단으로 체계화된 질서를 위협하는 속성을 지닌다. 사람들은 그 위협을 부패라고 했다. 그리고 사람들은 그런 학자와 예술가를 음으로 양으로 살해해왔다. '존재 그 자체'를 추구했던 아저씨도 너무 일찍 죽었다. 그래서 인생은 비극이다.

) 국가로 향하는 질서

아저씨 사건이 어느 정도 잊혀지자 나는 다시 동송초등학교의 씩씩한 어린이로 돌아왔다. 나는 사물의 '존재 그 자체'가 아니라, '존재의 의미'를 사랑하는 바람직한 어린이가 되었을 것이다. 학교의 질서 속에서 동굴 속 황제가 되기 위한 계단을 한 걸음 한 걸음 착실히 밟아 올라갔다.

전체적으로 나의 초등학교 생활에서는 학문과 진리보다 세상의 질서를 학습하는 것이 더 중요했다. 선생님과 나의 관계만 해도 일 대일 관계에 머물지 않고, 국가와 같이 더 큰 질서에 포함된 관계였다. 다시 말해, 학교는 아이들에게 '독립국가'처럼 강력해 보였지만, 알고 보면 우 탄트 유엔 사무총장으로부터 내려오는 단일화된 질서의 말단부에 포함된 부속기관에 불과했다. 그것은 아버지가 아주 강력해 보였지만, 더 계급이 높은 사람에게 속절없이 허약한 존재로 변하는 것과 같았다.

그 같은 질서는 월요일 아침마다 실시되는 조회시간을 통해 상징적으로 반복 확인되었다. 각 학급의 담임선생님은 자신이 담당하는 학급이 두 줄로 도열한 앞에 소대장처럼 서 있었다. 조회시간에 정렬한 우리 모습은 학교가 훨씬 숭고하고 높은 권위에 연결되어 있다는 것을 보여주는 듯했다.

우리가 그렇게 조회를 설 때면, 교육감님·군수님·면장님·경찰서장님은 물론이고 별을 단 사단장님이 오실 때도 있었다. 사단장님이 오신 것은 내가 자란 철원이 군사지역이기 때문이었다. 그분들은 우리가 더 높은 질서에 포함되었다는 것을 상징하는 사람들이었고, 우리들의 자부심이었다.

그런데 그처럼 많은 분들이 나타나는 일은 뜻하지 않은 고민을 안겨주었다. 사단장님이 오시는 것은 만약에 북한 공산군이 침입해오면 우리도 그분의 명령을 받아야 하므로 타당한 측면이 있었다. 교육감님은 우리 학생들과 선생님은 물론 우리의 교장선생님에게 명령을 내리는 분이므로 당연히 오셔야 할 분이었다. 그러나 수리조합장님과 노인회장님이 나타나는 것은 이해가 잘 안 되었고, 경찰서장과 그분들 중에서 누가 더 높은지를 결정하기도 어려웠다.

이러한 사고방식은 사람이란 으레 누군가의 지배를 받거나, 누군가를 통치하는 존재라고 생각하는 것과 같다. 나를 지배하는 것 중에서 가장 훌륭한 것은 국가였다. 따라서 국가의 지배를 받는 것은 당연한 일이었다. 그리고 나를 통해 그 국가의 지배가 다른 아이들이나 뭘 모르는 하급생에게 전달되는 것도 좋은 일이었다. 이것이 당시 나의 정치철학이었다.

세계인권선언

그런데 대학에 들어가 정치학을 공부하면서 나는 어린 시절 내가 가졌던 정치철학이 '세계인권선언'과 정면으로 충돌한다는 사실을 깨달았다. 또 그때까지 인권선언문을 본래의 취지와 정반대의 방향에서 이해하고 있었다는 것도 깨달았다. 한마디로 동굴 속 황제는 인권을 탄압하는 입장에서 세계인권을 이해하고 있었다.

물론 나는 무의식적으로 그랬다. 그러나 무의식이기 때문에 무죄일 수 없고, 무의식이기 때문에 더 엄청난 결과를 낳을 수도 있다. 이 개명 천지의 시대에 인권이 무엇인지 몰라서 인권을 탄압했다면 지나가는 개도 웃을 것이다. 그러나 나는 지나가는 개가 웃을 만한 사상을 갖고 있었다.

'세계인권선언'은 1948년 12월 10일 유엔 총회가 채택한 선언문을 말한다. 선언문 제1조는 "모든 사람은 태어날 때부터 자유롭고, 동등한 존엄성과 권리를 가지고 있다."라고 규정하고 있다.

제2조에서는 "모든 사람은 종족·피부색·성별·언어·종교·정치상의 기타 의견, 민족적 또는 사회적 출신, 재산·가문 혹은 기타

지위 여하로 인하여 차별을 받음이 없이 본 선언에 발표된 모든 권리와 자유를 향유할 권리를 가진다."라고 규정하고 있다. 사람이라면 누구나 천부의 권리를 갖는다는 말이다.

초등학교 시절 나는 이 선언문을 읽을 때마다 정말 지당한 말씀이라고 생각했다. 다른 한편 '좀 황당하다'는 생각도 많이 했다. 내가 그렇게 생각한 이유는 다음과 같은 것들이었다.

본래 세계인권선언은 타인·타민족, 특히 사회적 약자들의 권리를 인정·선언한 것이다. 또 차이를 차별로 대우하지 말라고 촉구하는 선언문이다. 세계인권선언의 본래 명칭도 '인간의 권리에 대한 보편적 선언(Universal Declaration of Human Rights)'이다. 다시 말해, 지구상의 모든 사람에게 똑같은 권리가 있다는 것이다.

그러나 그때 나는 결코 세계의 모든 사람이 존엄하다고는 생각하지 않았다. 또 같은 한민족 중에서도 배움이나 능력에 따라 여러 가지 차이가 난다고 생각했다. 모든 인간관계를 신분적 상하 관계로 파악하는 동굴 속 황제다운 인간관이었다.

그럼에도 불구하고 '지당한 말씀'이라고 생각했던 이유는, 그것을 '나의 존엄성'과 '대한민국 사람들의 존엄성'을 인정한 것으로 보았기 때문이었다. 나는 그 선언문을 서양 사람들이 '미국, 영국, 프랑스 사람도 훌륭하지만, 너희 대한민국 사람들도 역시 훌륭한 사람'이라고 인정해준 선언문이라고 생각했다.

'좀 황당하다'고 생각했던 것도 비슷한 이유였다. '왜 너희들이 새삼스럽게 대한민국 사람들의 인권을 선언하면서 난리를 피우느냐? 당신들이 그런 선언을 하지 않아도 우리는 스스로 존엄하니까 너무 호들갑을 떨지 말라!'고 생각했던 것이다.

나는 대한민국 사람들이 존엄하다는 생각은 했지만, 흑인이나 인도네시아, 방글라데시 사람들의 인권은 중요하다고 생각하지 않았다. 그것은 어머니가 나만을 더 사랑하고, 형이나 동생은 덜 사랑한다고 생각한 것과 비슷한 논리였다. 아무튼 나는 그 선언문을 '인류의 보편적 선언'이 아니라, '한국인을 위한 특수한 선언'으로 이해했다.

내 생각은 모든 사람의 인권을 평등하게 존중해야 한다는 선언문의 본래 취지와 완전히 반대되는 것이었다. 그러니까 나는 인권선언에 찬성하면서도, 우리보다 못한 사람들의 권리를 탄압할 수도 있는 이율배반적인 생각을 하고 있었다.

선생님들도 세계인권선언을 나처럼 이해하고 있었던 것 같다. 선생님들은 그 인권선언을 가르칠 때마다 '너희들 하나하나가 귀중하고 존엄한 존재'라는 사실을 강조했을 뿐, 옆에 있는 친구의 인권과 아프리카나 북한을 포함하여 일본, 동남 아시아 또는 장애인이나 사회적 약자들의 인권을 존중해야 한다고 제대로 가르치지 않았다.

그 당시 나는 옛날 사람들이 태양과 별을 비롯한 모든 것들이 지구를 중심으로 움직인다고 생각했던 것처럼 나 중심으로 인권을 생각하고 있었다. 그만큼 인간과 타인에 대한 나의 이해는 신분적 관계, 동굴 속 황제의 편견을 벗어나지 못했다. 지금도 말은 이렇게 번드르르하게 하지만, 실제의 내 태도가 그런 방식에서 완전히 벗어났다고 자부할 수 있는 근거는 그렇게 많지 않다.

12장

정동식 선생님의 생활계획표는 가장 모범적인 것 또는 가장 이상적인 것들을 모두 모아놓은 것이었다. 부모와 선생님들은 아이들이 그것을 완벽하게 실천할 수 없다는 것을 안다. 그러나 얼마간의 거짓과 위선이 있더라도 생활계획표를 제시하는 것이 낫다고 생각한다. … 생활계획표로 상징되는 교육방식에는 문제가 많았다. 그것은 바로 동물 속 황제를 길러내는 교육방식이기 때문이다.

마음이 비천한 아이들

) 초등학교 3학년 (

나는 3학년이 되면서부터 제법 학생 티를 내기 시작했다. 그 전까지 어머니 품을 벗어나지 못했다면, 이때부터는 모든 것을 스스로 처리할 수 있었다. 아이들이 자랄 때는 갑자기 어른이 되는 시기가 있다. 나에게는 3학년이 그런 시기였다.

3학년쯤 되니 친구들과 노는 것도 그렇게 재미있을 수가 없었다. 여름에는 물놀이, 겨울의 불놀이가 기본 패턴이었다. 정월 대보름날을 전후해서 쥐불놀이와 깡통 돌리기를 하고, 강 저쪽에 사는 아이들과 패싸움을 하는 것이 가장 즐거운 놀이였다. 낮에는 밤에 쓸 장작 등을 모으면서 불놀이를 준비하고, 밤에는 불놀이를 하면서 약 20일 정도는 고도의 흥분상태에 빠져 지냈다.

그 외에도 딱지치기, 구슬치기, 썰매타기, 얼음지치기, 연날리기, 자치기, 축구, 여자 아이들과 함께 했던 사방치기, 땅따먹기, 연못의 물을 퍼서 물고기 잡기, 참새 사냥, 산토끼 사냥, 칡뿌리 캐먹기, 각종 과일 서리, 말타기, '무궁화 꽃이 피었습니다' 놀이, 윷놀이, 기마전 등 우리의 놀이 패션은 일주일이 멀다 하고 바뀌었다. 지금 기억할 수 있는 놀이만 해도 30가지가 넘는다. 어른이 된 후에는 다시 맛볼 수 없는 재미있는 놀이들이었다.

　3학년이 되자 나는 더 이상 여자 아이들하고 어울리지 않았다. 3살 위의 누나와 함께 다니는 것도 무척 싫어했다. 누나와 잘 지내는 것은 남자답지 못한 일이라고 생각했다. 누나는 나에게 '누나!'라고 불러달라고 애걸복걸을 했고 어머니도 그렇게 하라고 야단을 쳤지만, 어떻게 하든지 '누나'라는 호칭을 쓰지 않으려고 애를 썼다. 누나에게 일부러 거칠고 상스러운 태도를 취하기도 했다. 우리 남매도 어머니와 아버지와 같이 내외(內外)를 하며 지냈던 셈이다.

　행동반경도 아주 넓어졌다. 친구들과 어울려 '도피안사(到彼岸寺)'라는 절에 놀러가기도 했다. 그곳은 우리 집에서 10km 이상 떨어진 곳이었다. 그렇게 먼 곳을 목표로 길을 떠난다는 것은 스릴 넘치는 모험이었다. 또 3학년 때부터 온몸에 힘이 붙고 행동거지도 반듯해졌던 것 같다. 야구와 골프를 합쳐놓은 것 같은 자치기를 할 때, 큰 작대기로 작은 나무토막을 멀리 날릴 때, 손과 팔에 전해오는 힘의 쾌감을 느낀 것도 그때쯤이었다.

　우리 동네 축구스타였던 춘성이 아저씨가 출전하는 '읍·면 대항 축구시합'을 구경하기 위해 갈말면 지포리까지 걸어간 것도 3학년 가을이었다. 이번에는 20km도 더 떨어진 곳이었다. 사전에 파악한 정보에 따르면, 장흥리만 지나면 곧 지포리가 나타난다고 했다. 그러나 길을 떠나보니 장흥리를 한참 지난 후에도 지포리는 나타나지 않았다. 세 명의 순례자 사이에 분열이 일어났다. '이제 그만 집으로 돌아가자.'는 녀석과 '여기까지 온 것이 아까우니 끝까지 가보자.'는 의견이 팽팽히 맞섰다. 그래도 애초에 설정한 목표를 끝내 달성했다는 것은 우리가 그만큼 성장했다는 뜻이었다.

지포리에 도착하니 즐거운 일들이 기다리고 있었다. 아버지 친구를 만나 주린 배를 채우고 신나게 축구 구경을 하고 돈을 얻어 버스를 타고 집에 올 수 있었다. 물론 집에 돌아온 후에는 매를 맞았지만, 그 정도는 축구 구경의 감격과 맞바꾸기로 예정되어 있던 것이었다.

) 정동식 선생님 (

3학년 들어 내가 급성장한 데에는 정동식(가명) 선생님의 영향이 아주 컸다. 그분은 3학년 때 담임선생님이었다. 육체적 성장은 누구에게나 찾아오는 것이지만, 그 결정적인 순간에 어떤 사람을 만나느냐 하는 것이 중요하다. 정동식 선생님은 아직 어렴풋했던 나의 '동굴 속 황제'의 기질을 확고하게 고정시킨 분이다.

그분은 키도 크고 미남인 데다 활동적인 분이었다. 학교수업뿐만 아니라 지덕체(智德體) 모든 면에서 새로운 사상과 철학을 유포시킨 선생님이었다. 부모님들 사이에서도 인기가 높았고 우리 꼬마들에게는 둘도 없는 영웅이었다. 그분은 언제나 독특한 방법으로 수업을 시작했다.

"자, 모두 몸을 뒤로 젖히고 크게 기지개를 켠다. 그리고 입으로는 크게 소리를 지른다. 자, 시이작—"

"아으— 아으— 아으"

"야, 때리지 마!"

"아아악, 아아악—"

"자, 자, 조용히 하고, 장난으로 하면 안 돼!"

아이들은 저마다 기괴한 소리를 지르는 데 재미를 느꼈다. 그 틈을 타 장난을 치는 녀석도 있었다. 우리는 가슴과 허리를 마음껏 폈다가 굽히고, 얼굴을 찡그리며 소리를 지르고 장난을 치면서 알 수 없는 희열을 느꼈다. 육체의 활달함이랄까, 육체의 발달이랄까, 선생님은 그런 생각을 많이 했던 것 같다.

한바탕 소란스러운 몸놀림이 끝날 때쯤, 선생님은 창가 쪽으로 시선을 던지며 그날의 강의를 시작했다. 선생님의 강의는 지금 이 책처럼 선생님 자신의 어린 시절 이야기를 들려주는 경우가 많았다. 공부한 것은 기억에 안 남고 그런 이야기가 더 기억에 남는다.

선생님이 여러분만 할 때는 운동화는 말할 것도 없고 축구공도 없었어요. 그래서 새끼줄을 딴딴하게 말아서 축구를 했지! 맨발로 축구를 했기 때문에 발가락엔 언제나 피멍이 들었어. 일본 아이들은 운동화도 있고 축구공도 있었어. 그놈들은 공을 가지고 으스댔단 말이야. 자전거포에 가서 공에 바람을 잔뜩 넣어가지고 우리들이 노는 데로 와서 공을 찼지. 그래도 우리는 기가 죽지 않았어. 특히 일본 아이들과 축구를 할 때는 절대로 지지 않았어. 우리에게는 배달민족의 피를 받은 혼이 있었거든. 한번은 그놈들하고 싸움이 붙었는데, 내가 그 공을 칼로 푹 찔러 구멍을 내버렸지. 그 덕분에 일본 선생님한테 못된 아이라고 야단을 맞았지만.

선생님의 어린 시절은 그 당시 우리보다 훨씬 용감하고 훌륭한 것이었다. 그것은 아버지의 어린 시절이 나의 어린 시절보다 훨씬 훌륭했던 것과 비슷했다. 아버지의 훌륭함은 유교적 가치관에 관련된 것이 많았는데, 정동식 선생님의 훌륭함은 애국심과 관련된 것이 많았다. 그러나 나와 친구들은 선생님처럼 훌륭할 수 없었다.

선생님이 우리에게 들려주는 이야기의 단골 주제도 민족주의였다. 그 시대에 우리를 감동시켰던 이야기들은, 공산군을 쳐부수는 데 큰 기여를 하고 장렬하게 전사한 병사 이야기, 일제시대에 민족의 기개를 드높인 유관순 누나와 안중근 의사, '삭발의 모정'이나 사랑하는 동생을 공부시키기 위해 기생이 된 누나 이야기 같은 것들이었다. 그것은 모두 국가나 민족, 아니면 다른 사람을 위해 자신을 희생한 사람들의 이야기였다. 그중 일본에 대한 적대감을 고취하고 우리 민족의 우수성을 설파하는 이야기가 가장 인기가 높았다.

그런 이야기들은 어린 가슴을 용솟음치게 했다. 그렇게 선생님의 이야기에 빠져들면서 나의 충성심은 '아들 대 아버지'에서 '국민 대 국가'의 관계로 변했다.

) 손기정 선수와 민족정신 (

민족주의로 시작된 이야기는 마라톤의 영웅 손기정 선수의 이야기로 끝이 났다. 손기정의 승리는 '일본을 이기고 세계를 정복했던 것'으로 해석되곤 했다. 손 선수의 이야기는 '우리도 하면 된다.'는 힘을 주고 용기를 주었다. 나 또한 누군가를 이기고 국가에 헌신해야 한다는 생각을 많이 했다. 그 시절 나의 꿈은 손기정 선수처럼 마라토너가 되는 것이었다.

선생님의 또 다른 주제는 근대화와 부국강병이었다. 근대화란 합리적이고 빠르며 정확하고 힘찬 것이었다. 정동식 선생님은 우리가 얼마나 후진적이며, 우리가 어떤 방향으로 변해야 하는지에 대해서도 열정적인 강의를 해주었다. 우리는 우리 것을 부정하고 선진국인 외국을 본받아야 한다고 배웠다. 교실에서 다음과 같은 대화가 오고간 기억이 선명하다.

"지난번에도 말했지만, 너희들 이태리포플러가 어떤 나무인지 알지? 신상철 한번 얘기해봐."
"네, 이태리포플러는 이 세상에서 가장 빨리 자라는 나무입니다. 그 나무가 10년을 자라면 성냥을 1,000곽 만들 수 있습니다."
"맞았어. 신상철 오늘은 대답을 썩 잘하는데."

선생님은 만족스러운 웃음을 띠우며 한참 동안 애국사상과 산림녹화에 대한 강의를 했다. 훌륭한 이태리포플러에 비해 우리의 소나무는 조선의 우매함처럼 어리석은 나무로 보였다. 그러다가 이야기는 어느새 손기정 선수에게로 돌아갔다. 꼬마들은 우리가 자랑할 것은 손기정 선수밖에 없었다는 안타까운 사실은 모른 채, 눈망울을 굴리며 다시 선생님의 이야기에 빠져들었다.

처음에는 일본 사람들이 손기정 선수를 올림픽에 안 보내려고 했어요. 조선 사람이기 때문이었지. 그런데 실력으로 도저히 안 되니까 안 보낼 수가 없었던 거야. 그러자 이번에는 이름을 바꿨어. 기타이 손이라고. 그때 손기정 선수는 너무 분하고 억울해서 3일 동안 밥을 안 먹고 울었대. 생각해봐, 얼마나 분했겠어? 태극기를 못 달고 나가는 것도 환장할 노릇인데, 이름까지 일본식으로 바꿨으니 말이야. 기타이 손이 뭐야, 기타이 손이! 기딴 손 씨는 안 한다고 그래. 얼어죽을 놈들!

이쯤 되면 선생님은 비감에 찬 표정을 지었고 눈물을 흘리는 경우도 있었다. 아이들은 숨을 죽이며 풍전등화 같던 조국을 생각했다. 또 선생님은 우리가 가보지 못한 국토의 아름다움과 그 아름다운 국토가 외세에 의해 어떻게 짓밟혔는지에 대해서도 자세하게 알려주었다. 우리는 삼천리 금수강산을 제대로 본 적이 없었지만, 삼천리 금수강산을 잘 알게 되었다.

지도 책을 쫙 펴놓고 선생님 말씀을 들으면, 조국의 아름다움이 손에 잡힐 듯 눈에 들어왔다. 선생님은 백두산에 백번쯤 올라가 본 것 같았고, 마음속으로는 늘 일본 사람들과 싸우고 있는 것처럼 보였다. 우리는 선생님의 이야기를 통해 우리의 조국을 한층 가깝게 알게 되었다. 그러나 정작 가장 가까이 있는 우리 동네가 얼마나 아름답고 소중한지에 대해서는 별말이 없었다.

) 근대화 운동 (

또한 정동식 선생님은 근대화 운동의 기수였다. 당시만 해도 초등학교 교사는 지역 사회의 지도자였는데 정동식 선생님은 더욱 그랬다. 대한민국에 박정희 대통령이 있었다면, 동송읍과 우리 학교에는 정동식 선생님이 있었다. 선생님은 우리의 안일한 생각과 행동을 하나에서 열까지 다 바꾸려고 했다.

실제로 당시의 농촌은 나태와 안일에 찌든 구석이 많았다. 선생님은 '하늘은 스스로 돕는 자만을 돕는다.'고 외치며 자립정신을 깨우치려 했다. 무당이나 굿과 같은 미신을 공격했고 부모님들께서 그런 짓을 하면 적극 반대하라고 가르쳤다. 일종의 문화혁명을 시도했던 것 같다.

한선섭이란 친구가 있었다. 아주 좋은 친구였다. 한번은 걔네 집에 놀러갔더니 울긋불긋한 옷을 입은 무당이 작두에 올라타 굿을 하고 있었다. 그 일이 있은 후부터 나는 선섭이와 친구로 가까이 지낼 수가 없었다. 그 아이는 선생님이 금지한 굿을 하는 집의 아들이었기 때문이다. 선생님의 영향은 그만큼 컸다.

당시의 근대화 운동은 하향식이고 형식적이었다. 학교에는 '증산·수출·건설'이란 구호가 요란하게 걸려 있었다. 그러나 막상 학교 안에는 '증산·수출·건설'을 실천할 수 있는 대상이 없었다. 그러니 그 구호는 있으나마나 한 것이었다.

그러나 정동식 선생님은 좀 다른 데가 있었다. 선생님은 경제적 근대화를 실천에 옮기려고 했다. 농사일과 목수일을 잘하던 석상이에게 '작업의 용사'란 칭호를 주었고, 그 아이를 따라 농사일을 열심히 배우도록 했다. 우리는 10여 명씩 떼를 지어 다니며, 고추와 감자를 심고 풀을 베어 퇴비를 만들었다. 이른바 근대적인 영농법을 실천하고 학습하는 것이었다.

'증산·수출·건설'이란 구호도 선생님의 입을 통해 나오면 생기를 찾았다. 선생님은 우리 반에 배당된 콩밭을 가꾸면서 "증산, 수출, 건설은 다 똑같은 말인데, 수출은 공장에서 하는 것이고 우리는 증산을 하면 된다."라고 멋지게 말해주었다. 또 "공부를 잘하는 것도 일종의 건설"이라고 했다. 말이 되는 것도 같고 안 되는 것도 같았지만 선생님의 말씀이니까, 무조건 옳았다.

　우리는 선생님의 가르침에 따라 팀을 짜서 동네의 무너진 담을 고친다고 법석을 떨기도 했다. 친구 부모님들도 우리를 기특하게 여겼다. 일을 잘했기 때문이라기보다 우리의 열정이 부모님들을 감동시켰다. 우리들끼리 토론을 해서 '증산 · 수출 · 건설'을 위한 활동을 찾아 나서기도 했다. 박 대통령의 새마을 운동이 일어나기 전에 우리 고장에는 '정동식 선생님의 새마을 운동'이 있었다.

　나는 집에서도 근대화 운동을 했다. 복합영농의 기수가 되려고 토끼를 길렀다. 나와 비슷한 생각을 한 아이들이 또 있었다. 신상철과 오영수가 그들이었다. 세 사람은 동종업자가 되어 3년 이상 이 일에 매진했다. 근친교배를 하면 안 된다고 하여 토끼 사돈을 맺기도 했다. 중국에 홍위병이 있었다면 우리 학교엔 나와 비슷한 '녹색 어린이'가 많았다. 모두가 정동식 선생님의 영향이었다.

　나는 집에 굴러다니던 '중소 가축 기르기'란 제복의 책을 열심히 탐독하며 과학적인 축산법을 채택하려고 노력했다. 책에 써 있는 대로 토끼가 좋아하는 풀을 얻기 위해 온 들판을 헤매었고, 산에 올라가 칡넝쿨 잎을 뜯어다 겨울나기를 준비했다. 토끼 가죽을 벗겨 모피를 만들기도 했다.

　나는 3년 동안 최대 100마리까지 토끼를 증식시켰다. 그런데 그 이후부터는 문제가 생겼다. 초등학교 5학년 아이가 100마리 이상의 토끼를 관리하는 것도 문제였지만, 더 큰 문제는 판로였다. 증식을 하는 기간에는 증식의 기쁨으로 문제가 없었지만, 그 다음부터는 토끼를 팔아서 돈을 마련해야 하는데 그럴 수 없으니 애가 탔다.

　결국 몇 마리는 잡아먹고 몇 마리는 누군가에게 선물을 하고, 6학년이 되는 겨울에 토끼털 방석을 몇 개 만들어 가족들에게 선물하는 것으로 내 사업은 종결되었다. 씁쓸한 패배였다. 정동식 선생님을 탓할 수는 없었지만, 무언가 속았다는 생각이 들고 좀 이상했다. 당시 우리들의 근대화 운동은 오늘날 북한이 그런 것처럼 시장을 무시한 채 열정만 앞서서 현실성이 떨어지는 것이 많았다.

) 칸나 (

정동식 선생님은 물질적 근대화만 강조하지 않았다. 항상 교실과 학교를 청결하게 했으며 예술적인 면을 강조했다. 마라톤, 축구, 핸드볼 같은 운동도 열심히 가르쳐주었다. 또 선생님은 어디서 구해왔는지 칸나 뿌리를 한 가마니나 가져다가 학교 구석구석에 심었다. 우리들도 선생님을 따라다니며 칸나를 열심히 심었다. 칸나는 시골 아이였던 나에게 아주 이색적인 꽃이었다. 이름도 낯설었거니와 그 빼어난 자태에 선뜻 적응할 수가 없었다.

진달래와 백일홍, 국화는 얼마나 예쁜가? 화려한 꽃을 심어야 한다면 양귀비와 목단도 있지 않은가? 왜 이렇게 미국 여자처럼 생긴 꽃을 곳곳에 심어야 할까? 하는 의문을 품기도 했다. 어쩌면 관념적인 구호로 가득 찬 근대화 운동 자체가 칸나처럼 낯설고 선뜻 대하기 어려운 것이었는지도 모른다.

칸나는 아름다운 꽃이었다. 너무 아름다운 것이 문제였다. 이른 아침 등교 길에 만난 칸나는 안개 속에서 아름다운 자태를 뽐냈다. 2~3년이 지나 뿌리와 잎이 무성해졌을 때 칸나는 더욱 요염한 자태를 자랑했다. 가까이 다가가 살펴보면 빨간 꽃과 큼직한 잎에 이슬이 방울

방울 맺혀 있었다.

　너무 짙은 화장을 한 양색시 같은 느낌이 칸나로 향하는 내 마음을 뜨악하게도 했지만 선생님의 칸나 심기는 그 후에도 4~5년 넘게 계속되었다. 칸나와 선생님, 그리고 우리의 관계는 선생님이 인근 학교로 전근을 간 후에도 계속되었다. 칸나는 무럭무럭 자라 이듬해에는 여러 개의 뿌리로 새끼를 쳤다.

　몇 년이 지난 다음 칸나는 우리 학교의 교화(校花)가 되었다. 요즘이야 어딜 가나 교화, 시화(市花), 도화(道花)가 있지만 우리의 칸나는 그런 일이 유행하기 훨씬 전의 일이었다. 선생님은 각 가정에서도 칸나를 심게 했다. 지금도 철원군 동송읍에 가면 칸나를 많이 볼 수 있다.

　참으로 선생님은 일관성 있게 칸나 심기 운동을 추진했고 놀라운 성공을 거두었다. 선생님이 추진한다는 사실은 그 꽃이 우리 정서에 맞느냐 맞지 않느냐와 관계없이 중요한 의미를 지녔다. 그러나 그 칸나는 우리가 꽃처럼 아름다운 것들도 사랑한다는 형식적 증거(token)가 되기는 했지만, 결코 우리 생활 깊이 자리 잡았던 것 같지는 않다. 어쩌면 그 꽃은 우리 자신이 칸나처럼 아름답지 못하고 누추한 존재라는 사실을 깨우치고 있었는지 모른다.

) 생활계획표 (

　선생님도 그랬고 우리도 어떤 열정에 가득 차 있었지만, 선생님의 근대화 운동은 실제 생활과 일정한 괴리가 있었다. 요모조모 구색은 다 갖추어 놓으려고 했지만, 무언가 결정적인 요소가 빠져 있는 것 같았다. 칸나 심기 운동이 그런 경우였다. 그런 느낌을 들게 하는 것이 또 있었다. 바로 선생님이 우리에게 짜준 '생활계획표'였다.

선생님은 매달 초 생활계획표를 나누어주고 거기에 맞추어 생활하라고 지도해주었다. 나는 생활계획표에 따라 새벽 6시에 일어나 학교로 달려가야 했다. 선생님은 벌써 학교에 나타나 하얀 입김을 내뿜으시며 '헛 둘! 헛 둘!' 큰소리를 내면서 체조를 하고 있었다. 아이들이 모두 모이면 선생님은 운동장을 10바퀴씩 돌게 한 후 마무리 체조를 하고 일장 훈시를 한 다음 아이들을 집으로 돌려보냈다.

아침 운동은 비가 심하게 오거나 특별한 날을 제외하고 방학 때를 포함하여 1년 동안 계속되었다. 집에 돌아오면 생활계획표에 따라 '부모님 돕기'를 해야 했다. 이것은 난감한 항목이었다. 우리 집은 농사를 짓지 않아 부모님을 도와서 할 일이 별로 없었다. 차라리 '토끼 돌보기'라고 했으면 좋았을걸, 우리 반 아이들 모두가 토끼를 기르는 것은 아니니 그럴 수도 없었다.

기껏해야 아버지 구두를 닦는 것이 부모님을 돕는 일이었다. 그러나 그것을 가지고 '부모님 돕기'를 했다고 자처할 수는 없었다. 부모님 돕기치고는 너무 시시한 일이었기 때문이다. 그래서 자꾸 불편한 마음이 생겼다. 그 다음에는 세수를 하고 아침식사를 한 후 다시 학교로 가야 했다.

생활계획표에는 그런 방식으로 하루에 해야 할 일이 25가지 정도 적혀 있었다. 생활계획표는 한 달 단위로 짜여져 있었다. 그리하여 거기에는 $25 \times 30 = 750$으로 최소한 750개 이상의 확인란이 있었다. 아이들은 각 항목의 실천 여부를 매일 스스로 ○, ×로 표시한 후 월말에 제출해야 했다.

그 생활계획표는 교육에 대한 정동식 선생님의 열정이 담긴 것이었다. 정 선생님은 8절지(지금의 B4 용지 크기)의 누런 갱지에 롤러식 등사기로 생활계획표를 만들어 나누어주었고, 그것을 잘 실천한 아이들에게 매달 상을 주었다. 또 매달 한 번씩 우리의 성과를 반성하고 자축하는 체육대회를 열기도 했다. 선생님도 열심이었고 우리도 열심히 생활계획표를 실천하려고 했다.

그러나 그 750항목을 모두 실천한 아이는 없었으며, 자신의 실천 여부를 정직하게 표기한 아이도 없었다. 선생님도 우리의 거짓을 잘 알고 있었다. 아니, 선생님 자신도 그런 생활계획표를 모두 실천할 수는 없었을 것이다. 그 생활계획표는 칸나만큼이나 야심찬 내용을 담고 있었고 1년 내내 계속되었지만, 칸나만큼이나 우리 생활 속으로 들어오지 못했다.

) 죄의식

내가 생각할 때, 그 생활계획표는 한국식 교육원리를 철저하게 구체화한 것이었다. 또 그 생활계획표는 나와 아버지 사이가 그렇듯 선생님과 우리의 관계가 또 다른 신분적 관계였음을 보여주는 것이었다. 지금도 이 땅의 초등학생들은 그런 계획표를 열심히 짜고 있으며, 그들이 여러 학원을 전전하는 것도 그와 같은 교육원리가 있기 때문이 아닐까 싶다.

정동식 선생님의 생활계획표는 가장 모범적인 것 또는 가장 이상적인 것들을 모두 모아놓은 것이었다. 부모와 선생님들은 아이들이 그것을 완벽하게 실천할 수 없다는 것을 안다. 그러나 얼마간의 거짓과 위선이 있더라도 생활계획표를 제시하는 것이 낫다고 생각한다. 왜냐하면 그런 생활계획표가 없다면 아이들은 제멋대로 생활한다고 생각하기 때문이다.

선생님과 어른들의 선의(善意)를 이해할 수 없는 것은 아니다. 그러나 생활계획표로 상징되는 교육방식에는 문제가 많았다. 그것은 바로 '동굴 속 황제'들을 길러내는 교육방식이기 때문이다. 그처럼 타율적인 교육방식은 그 생활계획표가 본래 의도하지 않았던 결과를 낳았던 것 같다. 여기서는 세 가지의 부작용만 말해두겠다.

첫째, 나는 만성적인 죄의식에 시달려야 했다. 3분의 2도 지킬 수 없는 그 생활계획표 때문에 정말 괴로웠다. 더구나 거짓말로 ○표를 하다 보니, '선생님을 속이고 있다'는 비참한 감정이 나를 괴롭혔다. 그 죄의식은 기독교의 원죄의식과 양태를 달리하는 것이지만, 강도에 있

▪ 한국의 육아방식 또는 교육방식은 5~6살을 기준으로 크게 달라진다. 6장에서 언급한 것처럼 5~6살 이전에는 자연의 육아법에 따라 양육하며, 여기에는 '아이는 선하다.'는 신뢰가 밑바탕에 깔려 있다. 그런데 5~6살이 넘어가면 상황은 급변한다. 아이가 배워야 하는 양도 기하급수적으로 늘어난다. 이때부터 정말 큰 문제가 생기는 것 같다. 아이가 이 나이에 이르면 부모가 먼저 변한다. 그렇게 자연주의를 숭상하던 어머니들은 영재교육 운운하며 인위적 주입식 교육에 매료된다. 그래서 아이들 생활을 통제하고자 한다. 바로 이 지점에서 생활계획표가 등장한다.

또 우리는 교육이라고 하면, 아이들 머리 속에 무언가를 잔뜩 집어넣는 것이라고 생각한다. 이것은 아주 오래된 전통이다. 조선시대의 교육도 그랬다. 천자문과 《논어》, 《맹자》를 다른 아이들보다 먼저 익히고 암송하는 것이 중요했다. 지금도 마찬가지이다. 아이들은 하루빨리 한글을 깨우치고 영어를 듣고 컴퓨터를 배우고 학습지를 풀어야 한다. 이것이 잘 안 되면 부모들이 견디지를 못한다. 이건 교육이 아니라, 표현이 너무 끔찍해서 안됐지만, 그야말로 '사람의 머리통을 흥부가 박을 타듯 톱질을 해서 그 안에 지식을 주입하는 것'일 뿐이다. 사정이 이렇다면 5~6살 전에 자기 자식에게 품었던 신뢰감이라는 것도 지극히 의심스러운 것이다. 즉, 그것은 아이를 더욱 순수한 아이로 묶어놓아야만 어른 행세를 할 수 있었던 유치한 어른들의 신분적 반응이 아니었을까?

어서는 그만큼 강력한 것이었다. 기독교의 원죄는 태어날 때부터 주어진 것으로 존재론적 의미를 띠지만, 나의 죄의식은 아버지의 아들, 선생님의 제자, 국가의 국민, 생활계획표를 실천해야 하는 어린이로서 제 할 일을 못하고 있다는 '역할의 불충실'에 관한 죄의식이었다.

죄의식의 논리 구조는 단순했다. 그것은 내가 도저히 지킬 수 없는 생활목표가 설정된 데서 시작된다. 그 목표는 선생님이 만든 것이긴 하지만, 전통적으로 내려오던 '이상적인 인간형'을 기준으로 만든 것이기도 하다. 다시 말해, 선생님의 계획표는 내가 누군인지를 발견하도록 하고 나의 소질을 개발하며, 나의 장점을 살리고 단점을 보완하도록 하는 것이 아니라, 어떤 모범(example)이나 이상(ideal)을 추종하도록 짜여진 것이었다.

그런 점에서 나의 죄의식은 모범에 대한 죄의식이었다. 나는 지금도 그와 유사한 죄의식을 느끼고 있다. 결과적으로 나는 그 생활계획표를 통해 '모범적 인간'이 되었다기보다는 그 '모범적 인간'에게 열등감을 느끼는 인간이 되었다고 하는 것이 옳을 것이다. 물론 그런 열등감이 나를 타락하지 않도록 붙잡아주기도 했겠지만, 거기에는 자유가 없다는 점에서 문제가 많았다."

) 마음이 비천한 아이들 (

둘째, 그 생활계획표는 나를 비천한 아이로 만들었다. 자신에게 제시된 목표를 실천하지 못한다는 것은, 죄의식과 더불어 그것을 실천하지 않고도 살 수 있다는 것을 발견하도록 했다. 그런 발견이야말로 사람을 타락시키는 것 같다. 사람은 자기 자신을 사랑할 수 있을 때 사람다워진다. 그런데 생활계획표는 스스로에 대한 존경심(self-respect)을 팽개치고 될 대로 되라는 심정이 생기게 했다.

집에서 두 개의 언어를 사용했던 것처럼, 나는 학교에서도 두 개의 언어를 썼다. 한 가지 언어는 선생님 앞에서 사용하는 언어였다. 거기에도 언제나 정답이 있었다. 나는 그 정답을 말하는 데 선수였다. 더구나 나는 신뢰받는 우등생이었다. 정답을 말한다는 것에는 적당히 거짓말을 하거나 요령을 피우는 언어도 포함된다. 말만 적당히 해도 임기응변은 되었다.

다른 한 가지는 선생님이 없는 데서 아이들끼리 사용하는 언어였다. 우리끼리는 서로의 사정을 뻔히 알고 있으므로 거짓말을 할 수가 없었다. 따라서 우리가 사용하는 말은 선생님 앞에서와 달리 비속해지곤 했다. ○팔 ○팔이란 욕 정도는 기본이었고 ○새끼 ○새끼는 우리의 일상용어가 되었다.

그 당시 나와 내 친구들은 스스로에 대한 존경심이 없었다. 차라리 비속함을 드러내는 것이 더 솔직한 일이었다. 우리의 심리상태는 마

■■ 이처럼 모범과 이상에 의해 움직여지는 것이 신분사회의 중요한 특징이다. 그런 사회는 자유(freedom)보다 규제(regulation)에 의하여 움직여진다. 과거 우리의 일상생활은 수많은 예절과 절차, 다시 말해 규제로 이루어져 있었다. 그 예절과 규칙들은 축구경기의 규칙처럼 양쪽 모두에게 똑같이 적용되는 규칙이 아니라, 쌍방간에 불균형을 이루는 규칙이었으며 신분관계를 창조하고 강화하는 규칙들이었다. 이런 상황에서 자유의 세계로 나가는 것은 커다란 어려움에 봉착한다. 자유에는 '~으로부터의 자유'와 '~에로의 자유' 두 가지가 있다. 전자가 자유의 조건을 강조하는 것이며, 후자는 자유의 궁극적 모습, '자아실현의 자유'를 가리킨다. 그런데 규제 위주의 신분사회에 익숙한 사람들은 '통제로부터 벗어나 마음대로 행동'하는 해방의 자유를 자유의 전부로 착각한다. 이 때문에 우리 사회에서 진정한 자유의 실현은 아직까지 요원하다.

치 감옥 안의 죄수들이 일부러 거친 말을 하는 것과 비슷한 데가 있었다. 예를 들어, 나는 '구슬'이란 말 대신 언제나 '다마'란 말을 사용했다. '구슬'은 선생님 앞에서 사용하는 언어였고, '다마'는 우리들의 말이었다. 선생님은 '다마'가 일본말이고 저속하니 '구슬'이란 말을 쓰라고 했다. 나도 선생님 말씀이 옳다고 생각했다. 그래서 선생님 앞에서는 '구슬'이라고 했다.

그러나 친구들 앞에서 한 번도 구슬이란 말을 써본 적이 없었다. 구슬이란 말을 사용하는 것은, 구슬처럼 고상한 사람도 아닌데 구슬처럼 고상한 척하는, 위선과 거짓을 범하는 일처럼 생각되었다. 생활계획표도 못 지키고 맨날 거짓말을 하는 놈이 어떻게 구슬 같은 사람일 수 있겠는가? 또 친구들은 모두 '다마'란 말을 쓰는데, 나만 구슬이란 말을 쓰는 것도 예의가 아니었다.

우리들은 정말로 상소리를 즐겨 사용했다. ○새끼, ○새끼, 니기미 ○, ○팔 등과 같이 성(性)과 관련된 욕도 자주 했다. 어떤 경우에는 누가 더 비속한 말을 잘 쓰는가 경쟁이라도 하는 것처럼 욕을 많이 할 때도 있었다.

우리가 그처럼 비속한 말을 쓰는 데에는 그 나름의 이유가 있었다. 욕을 한다는 것, 더욱 심한 욕을 한다는 것은 똑같은 거짓을 범했던 동지들이 서로의 죄를 확인하고 함께 한탄하는 의미가 있었다. 나와 친구들에게 욕이란 기독교인이 스스로의 죄를 자백하는 고백성사와 같은 의미가 있었으며, 그 자체만 가지고 선악을 논하기 어려운 카타르시스의 힘이 있었다. 다만 선생님, 하느님, 신부님, 부처님께 죄를 고백하는 것이 아니라, 서로를 구원할 수 없는 죄인들끼리 죄를 고백하다 보니 언어가 자꾸 거칠어졌다. 또 그런 말을 계속 쓰다 보니 우리의 생활도 점점 진짜 죄인처럼 거칠어졌다.

심지어 '놀다'라는 말도 비속한 의미를 갖고 있었다. 친구 집 대문에 서서 "남훈아 노올―자!"라고 소리를 지를 때도 나 스스로에 대한 존경심을 가질 수가 없었다. 요즘에는 많이 달라졌지만, 그 당시만 해도 '논다'는 말은 쓸모없이 시간을 보낸다는 자책의 의미가 들어 있었다. 당시 나는 생활계획표에 따라 기계처럼 늘 무언가 쓸모 있는 일을 해야 한다는 강박관념에 시달리고 있었다. 그러나 현실은 그렇지 못하고 매일 '놀고' 있으니 마음이 괴로웠다.

아버지가 "오늘 너 뭐했니?"라고 물었을 때, 2시간 동안 숙제를 했다는 것이 아니라 놀았다고 대답을 해야 하는 경우, 비참한 생각이 들었다. 언제나 놀 수밖에 없었던 나는 내 인생이 잘못되고 있다는 느낌을 가지게 되었다. 이와 비슷한 의미를 지니는 말들이 그 밖에도 여러 가지가 더 있었다.■ 이런 류의 비천한 감정들은 결국 생활계획표 방식의 교육원리가 자아낸 것이 아닌가 한다.

) 타집단에 대한 적대감 (

셋째, 나는 다른 동네 아이들, 타집단을 배척하는 패거리의 일원이 되었다. 아마 이 점이야말로 생활계획표가 '동굴 속 황제'라는 우리의

■ 아마 대표적인 말이 '먹다'라는 말일 것이다. 당시에는 무슨 말에든지 먹다라는 말을 덧붙여 사용했는데, 거기에는 폭력적이며 황폐한 의미가 많았다. 평범한 놀이도 '딱지먹기', '다마먹기', '땅따먹기'라는 식으로 먹는다는 말이 첨가되었고, 여자 아이들을 어떻게 했다는 의미로 '먹었다', '따먹었다'라고 했고, 욕을 할 때도 '썹어 먹을 놈'이라고 했다.

특징을 강화했다는 가장 뚜렷한 증거가 될 것이다. 우리는 스스로 비천했지만, 다른 동네 아이들을 만나면 우리 자신은 '진선미의 화신'이고 그 동네 아이들은 우리보다 못한 아이들이라고 지레 단정을 내리고 핍박했다. 스스로에 대한 존경심이 부족한 사람들은 그 빈 공간을 타집단에 대한 적대감으로 채우려고 하는 경향이 있다.

철원, 철원, 거지떼들아!
깡통을 옆에 차고 동송학교로!

우리는 우리와 종류가 다른 아이들을 만나면 순식간에 폭력적으로 변하곤 했다. '철원, 철원, 거지떼들아!'라는 표현은 동송의 라이벌 학교를 가리키는 말이었다. 그 학교 학생들을 '거지떼'라고 규정해놓고 놀리는 것은 신나는 일이었다. 그 아이들이 깡통을 차고 우리 학교로 밥을 얻어먹으러 오는 장면은 생각만 해도 즐거웠다. 우리는 황제들이었고 개네들은 거지였다.
하나의 놀이가 시들해질 저녁 무렵, 우리들은 서로의 어깨를 걸고 발을 맞추어 쾅쾅 땅바닥을 구르며 그 노래를 부르곤 했다. 노래를 부를 때 우리는 동송의 어린이란 자부심으로 가득했으며, 그 누구도 우리의 기개를 거스를 수 없었다. 그래서 마음이 공허해지면 함께 모여 그 노래를 부르곤 했다. 그것은 철원초등학교 아이들도 마찬가지였다. 비록 선생님 앞에서는 할 일을 다 못한 죄의식으로 가득한 우리였지만, 그 노래를 부를 때만큼은 뭔지 모를 뿌듯함이 가슴을 채웠다.
그 시절 다른 마을이나 다른 학교 아이들에 대한 적대감은 일상적인 것이었다. 우연히 산이나 강가에 놀러갔다가 못 보던 아이들을 만나면 서로 으르렁대기에 바빴다. 한 번은 한탄강을 따라 스케이트를 지치고 내려갔다가, 지게 작대기를 들고 몰려온 그 동네 아이들에게 걸려 심한 곤욕을 치러야 했다.

정월 대보름 놀이는 그 같은 적대감을 제도화한 놀이였다. 설날의 흥분도 시들해져 갈 무렵, 대보름은 아직 열흘도 더 남았지만, 아이들은 불을 붙인 솜방망이와 불깡통을 들고 들판으로 모여들었다. 수십, 수백 명의 아이들이 모여 둥근 불꽃을 만들어내는 불놀이는 얼마나 황홀했던가!

들판에 모이는 아이들의 수는 하루가 다르게 불어났다. 대보름 당일 밤이 되면 어른들까지 나와 많은 수의 사람들이 모여 일대 장관을 이루었다. 그런데 그처럼 많은 아이들을 들판에 모이게 했던 것은 불놀이의 즐거움도 즐거움이지만, 강 건너 마을에서 하루가 다르게 많아지는 불꽃의 숫자였다.

아이들은 오덕천(五德川)이란 강을 사이에 놓고 반대편 들판에서 매일같이 불어나는 불꽃의 숫자를 보며 서로에 대한 적대감을 키웠다. 흥분과 적대감은 대보름날 밤에 최고조에 달했다. 양 진영은 돌팔매와 함성으로 일대 전쟁을 벌였다. 나처럼 작은 아이들도 주머니가 볼록하도록 자갈을 넣고 다니며 강 건너 쪽으로 돌을 던졌다(나는 5, 6학년이 되었을 때는 그런 놀이를 하지 않았다).

그렇게 타집단에 돌을 던지는 것은, 선생님 앞에서 늘 죄의식에 시달리던 내가 그래도 쓸모 있는 동송의 어린이임을 확인할 수 있는 유일한 행위였다. 타지역에 대한 적대감, 그것은 스스로 존경심을 가질 수 없었던 우리가, 그래도 스스로 사람임을 증명할 수 있는 유일한 감정이었다.

13장

초등학교 5학년 무렵 내 마음에는 두 개의 서로 다른 성이 공존하고 있었다. 하나는 성기와 성교에 대한 음담패설적 관심이고, 다른 하나는 순수한 사랑이었다. 세상 만물을 신분적 관계로 이해하는 '동굴 속 황제'에겐 성적인 관념도 예외가 아니었다. 순수한 사랑이 자신이 도달해야 할 성스러운 성에 대한 열망을 표현한 것이라면, 음담패설적 성 관념은 자신보다 열등한 존재를 필요로 하는 동굴 속 황제의 욕구를 충족시켜주었다.

두 가지
성
이야기

) 호기심 (

　나와 친구들이 스스로 비천한 행동을 한다고 했을 때, 그 비천함이 가장 잘 드러났던 것은 성(性)에 관련된 태도였을 것이다.
　나 자신의 성적 체험은 초등학교 5학년에 이르렀을 때 갑자기 밀려왔다. 이전까지 성을 대하는 나의 태도는 여성적인 것이라면 무조건 배척하는 것이었는데, 5학년쯤 되자 성은 야릇한 관심의 대상이 되었다. 경우에 따라 성은 나와 내 친구들 사이에서 걷잡을 수 없을 만큼 폭발력을 갖기도 했다.

"시커멓더라!"
"시커매?"
"응! 시커매."
"그냥 시커매?!"
"응 그냥, 시커매."

　성적 체험은 결코 부모나 선생님들이 원하는 방식으로 찾아오지 않았다. 5학년이 되었을 때, 친구 녀석들 중에는 여자들의 알몸을 구경하러 다니는 놈들이 나타났다. 녀석들은 더운 여름날 산 아래 계곡이나 개울에서 목욕하는 여자들을 열심히 찾아다녔던 모양이다. 나는 그런 부류에 속하지는 않았지만, 호기심의 방향과 강도에 있어서는 녀석들과 다를 게 없었다.

대담하고 충격적인 방법을 쓰는 녀석들도 있었다. 깜깜한 어둠 속에서 갑자기 플래시를 비춰 여자의 알몸을 감상한다는 것이었다. 서치라이트를 받은 여자들은 비명을 질렀을 것이고, 녀석들은 스릴을 느꼈던 것 같다. 그리고 친구들 앞에서 그 일을 자랑스럽게 늘어놓곤 했다.

녀석들의 말에 따르면, 여자의 중요한 부분이 시커멓다고 했다. 그건 믿을 수 없는 일이었다. 아름답고 신비한 여인들이 그저 시커멓기만 하다니……. 자세하게 이야기를 해달라고 해도 그 이상은 이야기를 해주지 못했다. 여자의 몸에 대한 나의 궁금증은 더해만 갔다.

) 성기의 카니발 (

주산부 4인방이 있었다. 5학년은 4개 학급이었는데, 4인방은 각 반에서 한 명씩 뽑힌 수재들이었다. 각 반의 반장이거나 공부를 제일 잘하는 아이들이었다. 더구나 나를 제외한 3명은 내로라하는 부잣집 자제분들이었다. 그러니까 친구들 사이에서 4인방의 위세는 제법 대단했다.

4인방은 어떤 선생님의 열성적인 지도로 6학년 선배들을 제치고 학교 대표로 발탁되었기 때문에 더욱 주목을 받았다. 일년 가까이 하루 5~6시간씩 훈련을 한 덕분에 우리는 모두 비슷하게 초단(初段) 정도의 실력을 쌓았다. 상업고등학교에서 웬만큼 주산을 잘 놓는다는 누나들도 우리하고는 비교가 되지 않았다.

주산 연습은 따분한 일이었다. 쉴 새 없는 반복뿐이었다. 더운 여름날 손끝에 진땀이 흐르는데 주판알을 튕기자면 저절로 짜증이 났다. 하지만 우리는 학교의 명예를 걸고 지옥훈련을 잘 참아내고 있었다. 물론 선생님의 매도 무서웠다.

지겨운 연습이 끝나면 만들기부가 있는 창고로 갔다. 그곳은 미술에 소질이 있는 아이들이 진흙으로 각종 형상을 빚는 곳이었다. '독서를 하는 어린이', '총을 든 국군 아저씨', '빨래를 하는 아낙네', '밭을 가는 농부' 등과 같은 진흙 형상이 방에 전시되어 있었다.

주산부 4인방은 그곳에서 진흙을 얻어다 엉뚱한 놀이판을 벌였다. '쥐방울'이란 별명을 가졌던 민현이가 그 일을 선동했다. 녀석은 진흙으로 여러 가지 모양의 자지도 만들고 보지도 만들었다.

꼬불꼬불하다고 해서 '스프링 자지', 앞은 뭉툭하고 뒤는 가늘다고 해서 '방망이 자지', 한번 들어가면 안 나온다고 해서 '말뚝 자지', 가늘다고 해서 '실 자지', 물렁물렁하다고 해서 '물 자지', 길이가 짧다고 해서 '반토막 자지', 색깔이 시커멓다고 해서 '말 자지', 아기 것처럼 생겼다고 '고추 자지' 등 민현이가 생각해내는 자지의 종류는 무궁무진했다.

못된 놈의 대명사 '김일성 자지', 일본 사람 '빠가야로 자지', 미국 사람 '조지 브라운 자지', 아프리카 흑인 '붕가붕가 자지', 동남아시아 '까무잡잡 자지'도 있었다. 국내로 들어오면 '일등병 자지', '병장 자지', '장군 자지', '1학년 자지', '중학생 자지', '대학생 자지' 등 직업과 계급별로 종류도 다양했다. 그래도 '선생님 자지'나 '아버지 자지'

는 결코 만들지 않았을 것이다.

　아이들끼리만 모여 있을 때, 선생님의 감시에서 놓여났을 때, 성적인 것을 금기시하지 않아도 된다는 해방의 시간이 왔을 때, 아이들은 말할 수 없이 질펀한 음담패설을 즐기며 디오니소스적인 방향으로 나갔다. 그 순간만큼은 잘난 아이도 못난 아이도 없었다.

　각종 자지를 햇빛이 잘 비치는 계단에 쭉 진열해놓으면 정말 가관이었다. 각종 자지에 맞는 보지도 만들어 나열해놓았다. 그것은 더욱 진풍경이었다. 여자의 성기에 대해서도 냄비니, 조개니, 구멍이니 하면서 그럴듯한 이름들이 다 있었는데 차마 그 이야기는 못하겠다.

　그 다음으로 정해진 코스는 두 종류의 성기를 랑데부(rendez-vous)시키는 것이었다. 두 종류의 성기를 2열로 마주보게 늘어놓은 다음 민현이의 랑데부 쇼는 본격적으로 막이 올랐다.

　그 랑데부는 서로 궁합이 안 맞는 짝일 경우가 더 재미있었다. 너무 빽빽해서 안 맞으면 침을 탁탁 뱉어 기름칠을 해서 궁합을 맞추었다. 너무 매끈해서 잘 안 맞으면 모래를 뿌려 빽빽하게 했다. 너무 굵거나 가늘어도 문제가 생겼다. 그때마다 민현이는 놀라운 상상력을 발휘해서 조화를 이룰 수 없는 짝들에게 여러 가지 사연과 양념을 섞어 짝을 맞춰주었다. 약장수는 저리 가라고 할 정도로 청산유수의 해설이었다. 아마 그 녀석은 결혼정보회사를 차렸으면 큰돈을 벌었을 것이다.

　아이들의 관심은 놀라울 정도로 성기에만 집중되고 있었다. 그것은 성을 하나의 물건으로 이해한다는 뜻이었으며, 당시 아이들이 물건 같은 대접을 받았다는 것을 의미하기도 했다. 어른들로부터 존중받지 못하고, 스스로를 존경하지 못했던 아이들이 어떻게 품위 있는 행동을 할 수 있을까? 결국 우리가 알고 있는 성이란 성기와 성기의 결합

뿐이었다.

) 풀잎에 대한 기억

아이들이 모여 있을 때, 성에 대해 많이 안다는 것, 성에 대해 많은 말을 할 수 있다는 것은 쓸모 있는 재능이었다. 그것은 수영을 잘한다거나, 참새를 잘 잡는 것만큼이나 중요했다. 성을 기묘한 방식으로 틀어서 유린할 수 있는 사람은 정복자와 승리자의 지위를 획득할 수 있었다.

그러다 보니 아이들은 성과 아무런 관련이 없는 대상도 성과 관련짓기를 좋아했다. 성과 관련된 욕을 잘 하는 것도 그런 증상의 하나였다. 풀 중에도 보지풀이란 풀이 있었다. 그 풀은 키가 작고 별다른 특징이 없는, 강가로 멱을 감으러 가던 길가에 아무렇게나 자라던 풀이었다.

그 풀에는 아기 손톱만큼이나 작은 풀잎들이 수없이 돋아나 있었다. 그 풀잎의 모양이 그 당시 우리가 상상했던 여자의 성기와 닮은 구석이 있었다. 그만큼 작고 귀여웠으며 신비스러운 느낌을 주었다. 더구나 그 풀잎의 잎맥은 V자로 생겼고, 아래와 위를 쥐고 잡아당기면, 정확하게 V자 모양을 그리며 두 개로 나뉘어졌다.

두 개로 나누어진 풀잎의 V자 위쪽은 남자, V자 아래쪽은 여자였다. 그것을 떼었다 붙였다 하면 성행위가 되었다. 그런저런 이유 때문에 아이들은 그 풀을 보지풀이라고 불렀다. 참으로 아이들은 하찮은 풀잎에서도 성적 상상력, 아니 성기에 대한 상상력을 발휘하고 있었다.

"자! 이것 봐! 이거!"
"붙는다, 붙어!"
"짠짜라잔아안, 붙었다!"
"이건 철수 자지, 이건 누구 보지"

풀잎은 새로운 성기 카니발의 도구가 되었다. 진흙놀이의 경우에도 그랬지만, 집단적으로 성에 대한 놀이를 시작하면 물건으로 변해버린 성과 정복의 대상으로서의 성이 난무했다. 그럴 때마다 친구들 사이에서는 격렬한 동조와 경쟁 현상이 나타났다. 남자 아이들은 정복을 좋아했다. 정복이 있어야 흥미도 고조되었다. 그런 의미의 성은 5학년 이후에도 남자 아이들의 일상생활에서 사라진 적이 없었다.

그것은 일종의 굶주림이었다. 성에 대한 이야기를 많이 했다고 해서 성 경험이 많았던 것도 아니고, 그런 아이가 더 타락한 것도 아니었다. 오히려 부모나 선생님들이 성을 너무 억압했기 때문에 더 단순하고 더 거칠어졌을 뿐이다.

) 순수한 사랑, 비현실적 사랑 (

아이러니컬한 이야기지만, 그처럼 비천하고 비참한 성의 또 다른 모습은 순수하고 때묻지 않은 사랑이었다. 스스로 비천한 존재였던 만큼 비천하지 않은 것, 순수한 것에 대한 열망은 컸다.

진흙놀이를 하고 있는 경우에도 마음만은 순수함을 지향하고 있었다. 그런 놀이를 할 때에도 "이건 어디까지나 놀이이다. 실제 상황이 되면 나는 아주 모범적으로 행동할 것이다."라는 식으로 스스로를 위로했다. 특히 친구들과 헤어져 혼자 있게 되었을 때, 순수에 대한 열망은 더 강렬했다.

보지풀을 혼자 만나는 경우가 있었다. 그건 좀 당황스러운 일이었는데, 그때 그 풀의 느낌은 친구들과 함께 성교놀이를 할 때와는 달랐다. 친구들하고 있을 때는 누가 더 성을 마음대로 유린할 수 있는가 하는 것만이 문제가 되었다. 그러나 혼자 마주쳤을 때 내 마음은 차분하게 가라앉았다. 그것은 한 여자 아이를 만나는 것과 비슷한 느낌을 주었다. 그 풀잎은 함부로 만질 수 없는 신비한 여인이 되었다.

더구나 그 풀에는 수없이 많은 풀잎이 있었다. 그것은 한꺼번에 많은 여자 아이들을 만나는 것 같은 느낌을 주었다. 어찌할 바를 모르고 얼굴을 붉혀야 했다. 그 풀잎들은 며칠 전 있었던 남자 아이들의 카니발을 다 알고 있는 것 같았다. 무슨 변명이라도 해주어야 할 것 같은 느낌도 들었다.

그렇게 망설이다 용기를 내어 풀잎 하나를 따 손바닥 위에 얹어보았다. 아름다웠고 가슴이 떨려왔다. 그처럼 예쁜 풀잎이 여러 친구들의 놀림감이 되었다는 것도 애처로운 일이었다. 어떤 순수한 사랑의 이미지가 떠올랐다. 어쩌면 그 일은 내가 사랑에 대해 진지하게 생각해본 첫 번째 사건인지도 모른다. 그 사랑은 너무 신비로워서 실체를 알 수 없는 사랑이었다.

그러나 어른이 된 후, 지금 이 책을 쓰는 순간, 혼자 만났던 풀잎을 생각하면 씁쓸한 생각이 든다. '왜 하필이면 풀잎이었을까? 사람이 아니고?'라는 의문도 떠오른다. 그것이야말로 성을 물건처럼 다루고, 물건을 성으로 대하는 도착적 증상이 아닌가? 물건 같은 대우를 받았던 아이는 물건조차 살아 있는 것으로 착각한다고 보는 것이 옳을 듯하다. 아무튼 안타까운 이야기이다.

　나를 좋아했던 여자 아이가 없었던 것도 아니다. 나보다 한 학년 아래였고 얼굴에 주근깨가 잔뜩 난 개구쟁이였다. 공부를 잘했던 것 같지는 않지만 잔잔한 재주가 많은 아이였고 무엇보다 솔직하다는 장점이 있었다. 남자 아이들과 어울려 놀고 있으면, 자꾸 내 뒤를 따라다니며 말을 시켰다.

　나는 그 아이의 유혹을 내내 무시했다. 사실은 그 아이를 어떻게 대해야 하는 것인지를 몰랐다. "야, 이 계집애야, 야, 이 계집애야" 하면서 멀리 쫓았다. 이번에는 살아 있는 사람을 물건처럼 대했던 것인가? 아무튼 그렇게 하는 것이 남자다운 것이라고 생각했다. 어떤 형태로든 그 아이에게 반응을 보였더라면 좋았을 텐데 그러지 못했다는 아쉬움이 남는다.

　나는 가까운 곳에 있는 사람을 배척하는 대신, 이 세상에 존재하지 않는 순수한 사랑의 이미지를 키워나갔다. 풀잎을 통해 연상되는 사랑도 그런 것이었다. 그 풀잎을 사람으로 바꾸어놓으면, 가까운 곳에 존재하지 않는 상상 속의 아름다운 여인이 되었다. 주근깨를 쫓아버린 것도 그 아이가 우리 집에서 너무 가까운 곳에 사는 아이였기 때문인지 모른다.

　나에게 사랑은 신비스러운 것이었고, 신비스러움이 없으면 사랑도 아니었다. 그런 사랑은 순수한 이미지에 조금이라도 타격을 입으면, 애초의 사랑도 다 타버리는 유형의 사랑이었다. 그런 의미에서 그것은 언젠가 타격을 입을 수밖에 없는 사랑이었다. 원초적으로 완성될 수 없는 사랑이었다. 그처럼 순수한 사랑이란 처음부터 존재하지 않는 것일 테니까 말이다.

) DSZ : 성의 비무장지대

초등학교 5학년 무렵 내 마음에는 두 개의 서로 다른 성이 공존하고 있었다. 하나는 성기와 성교에 대한 음담패설적 관심이고, 다른 하나는 순수한 사랑이었다. 세상 만물을 신분적 관계로 이해하는 '동굴 속 황제'에겐 성적인 관념도 예외가 아니었다.

순수한 사랑이 자신이 도달해야 할 성스러운 성에 대한 열망을 표현한 것이라면, 음담패설적 성 관념은 자신보다 열등한 존재를 필요로 하는 동굴 속 황제의 욕구를 충족시켜주었다. 친근하고 자연스러운 성은 존재하지도 않았고 존재할 수도 없었다. 권위적인 사회일수록 여성은 '성녀(聖女) 아니면 창녀(娼女)'의 양극적인 이미지로 나타난다더니, 나야말로 그런 성 관념을 갖고 있었다.

그 같은 성 관념은 음란서적을 탐독하고 못된 그림책을 본 데서 시작된 것이 아니었다. 그 뿌리는 다른 곳이 아니라 바로 우리 집이었다. 우리 집에서는 어머니와 아버지가 여자 또는 남자로 행동하지 않았다. 두 사람은 결코 서로 성적 표현을 하지 않았다. 어머니는 부엌에서 일을 하고 아버지는 직장에 다니는 사람이란 의미에서 부부유별(夫婦有別)의 성적 표현은 많았다.

그러나 서로 사랑하고 질투하며 싸우고 다시 화해하고 기뻐하는 성적 표현은 하지 않았다. 두 분은 하나의 사랑이 시작되고 유지·발전되어 기쁨을 얻기까지 서로에게 얼마나 많은 햇빛과 영양이 필요한

지에 대한 관심이 없었다. 그리하여 두 사람은 남녀로서 상호작용하기보다는 각자에게 주어진 길, 여자의 길과 남자의 길을 분담해서 걸었다.

지금도 두 사람은 그렇게 다툰다. 특히 두 사람은 서로에게 "당신은 왜 나를 좀더 사랑하지 않느냐?"라고 항의하지 않는다. 그 대신 "당신은 여자가 그게 뭐냐?"라거나 "니 아버지는 그게 틀렸다."라고 비난한다. 마치 선생님이나 목사님이 말하는 것 같다. 두 사람은 남녀로 맺어진 사람들이라기보다는, 그것보다 더 숭고한 목적이 있다는 듯이 살아왔다.

한마디로 우리 집은 성의 무풍지대였다. 우리 국토의 허리를 가로질러 남북한의 대결을 피하기 위한 비무장지대(DMZ, De-militarized Zone)가 있듯이, 우리 집은 마치 그곳에서 성적 접촉을 하면 안 된다는 '성의 비무장지대(DSZ, De-sexualized Zone)' 같은 모양을 하고 있었다.

그것은 위선적이고 불합리한 것이었다. 가정이야말로 가장 당당한 성적 공동체가 아닌가? 그렇지만 두 사람은 우리 가정에서 성적 의미가 있는 모든 것을 지우려고 했다. 어머니가 청결을 중시했다는 것도 그런 위선과 무관하지 않았다. 안방이 두 개의 공간으로 나누어졌던 것은, 아버지가 시시한 성적 요구를 하거나 어머니에게 성적 친절을 베풀지 않겠다는 선언이었다. 아이들도 덩달아 성과 관련이 없는 사람들처럼 행동했다. 우리 집은 참으로 성(性)이 없는 성(聖)스러운 가정이었다.

) 성이 난무하는 거리 (

그러나 성의 비무장지대인 집을 나서면 세상은 온갖 성으로 가득했다. 오늘날 대한민국의 어디를 가든 성으로 중무장한 홍색지대(紅色地帶)가 난무하지만, 1960년대 읍 단위의 시골도 마찬가지였다. 철원군 동송읍이 군사도시인 탓에 그렇게 되었다는 이야기가 있다. 그러나 군인들 때문에 그렇게 된 것이 아니었다. 언제 어디서나 비무장지대가 있으면 중무장지대가 생겨날 수밖에 없는 것이다.

우리 집에서 얼마 떨어지지 않은 곳에도 젊은 여자들이 서비스를 제공하는 술집이 여러 곳 있었다. 어떤 술집의 큰아들은 내 친구였으며, 그 집 누나는 내 누나와 같은 학년이었고, 둘째 아들은 내 동생과 함께 노는 사이였다. 그 집에 들어가본 적은 없지만, 그 안에서 무슨 일이 벌어질 것인지는 다 알 수 있었다. 또 친구의 어머니는 주기적으로 손님이나 남편과 동네가 떠나가라고 싸움을 했기 때문에 그 집의 내막이 다 공개되곤 했다.

우리 집은 매춘지역에 있지 않았다. 그런데 그 집에서는 분명 매춘도 행해지고 있었다. 하지만 그 집의 매춘을 규제하려는 움직임은 어디에도 없었다. 더구나 내 친구는 그 술집 안에서 생활했다. '어떻게 그런 일이 가능한가' 하고 의아해할 수도 있지만 당시 우리 마을에선 그것이 특별히 기괴한 삶의 방식이란 관념도 없었다.

그 집에는 내가 아는 아저씨들도 수시로 드나들었다. 멀리 갈 것도 없다. 나의 아버지는 바로 그 집에는 결코 가지 않았지만, 그와 비슷한 곳을 드나드는 사람이 아니라고 부인할 수가 없었다. 그처럼 성과 매춘은 우리 생활의 일부분이었다.

한때 어머니가 무척 속을 끓인 적이 있었다. 아마 내가 3~4학년 때였을 것이다. 나야 이유를 잘 알 수는 없었지만, 어느 날 보니 어머니가 안절부절 붉으락푸르락 좌불안석이었다. 원인은 아버지가 어떤 술집에 가 있었기 때문이었다. 어머니는 그 술집 근처까지 가서 기웃거리다 오기도 했다.

아마 아버지의 그런 행각이 다소 장기간 계속된 뒤끝의 어느 날이었을 것이다. 어머니가 나에게 '○○술집에 가서 아버지를 데리고 오라'고 했던 것 같다. 나는 어머니가 시키는 대로 다 하는 아이였다. 그 술집의 정원을 저벅저벅 걸어 들어가, 어떤 방문 앞에 서서 아버지의 신발을 확인한 다음 호흡을 한번 가다듬고 나서, 미닫이문을 양쪽으로 쫙 열었던 기억이 선명하다.

술기운에 얼굴이 붉게 물든 아버지가 10여 명 사람들과 어울려 있었다. 반은 남자였고 반은 젊은 여자들이었다. 여자들은 모두 화사한 한복을 입고 있었다. 아, 거기에는 동굴 속 황제들의 놀이터가 있었다. 아니, 별로 놀랄 만한 일도 아니었다. 아이들은 진흙으로 성기의 카니발을 즐겼고, 어른들은 동굴과 밀실에 모여 앉아 자신들의 방식으로 놀이를 벌였을 뿐이다.

내가 문을 열자 모두 놀란 토끼 눈을 하고 나를 쳐다보았다. 동굴 속으로 비친 햇빛에 눈이 부셨던 모양이다. 나는 안에다 대고 "아부지! 엄마가 빨리 오시래요!" 하고 큰소리로 외쳤다. 그리곤 얼른 문을 쾅 닫고 집으로 왔다. 그 다음엔 별다른 기억이 없다. 아버지에게 야단을 들었을 법도 하지만 그냥 넘어가고 말았던 것 같다. 하긴 동굴이 햇빛에게 야단을 칠 수는 없었을 것이다.

더러운 성, 깨끗한 성

매춘은 아이들의 삶에도 깊이 들어와 있었다. 물론 아이들이 그런 곳을 드나들었다는 것은 아니다. 그러나 매춘 여성의 이야기는 남자 아이들의 성적 호기심이 발산되는 가장 중요한 통로였으며, 일상적인 대화와 관심의 소재였다. 아마 20대 이상의 남자들에게 물어보면 80% 이상이 자신들도 그랬다고 대답할 것이다.

아이들은 결코 매춘을 찬성하지 않았다. 반대로 아주 혐오했다. 매춘 여성은 더러운 사람들이었으며 아이들은 깨끗한 사람들이었다. 매춘 여성의 효용은 이중적이었다. 무한한 성적 호기심의 대상이자, '그래도 나는 너보다 깨끗하다.'는 것을 증명해주는 보증수표였다.

동굴 속 황제들은 자신보다 신분이 높은 사람을 모시지만, 자신보다 신분이 낮은 사람을 필요로 한다. 매춘 여성들은 성적 측면에서 가장 신분이 낮은 사람들이었다. 초등학생이라도 동굴 속 황제들은 언제나 그런 의미의 존재를 필요로 했다. 요컨대, 매춘 여성들은 어떻게 얘기해도 상관없는 만만한 사람들이었고, 초등학생들을 포함한 모든 사람들의 마지막 욕구의 배출구요 노리개였다.

나는 매춘을 다른 아이들보다 더 더럽다고 생각했던 것 같다. 금학산으로 향하던 길목에도 그런 집이 하나 있었다. 저만치 보이던 그 집은 더러운 이미지를 갖고 있었다. '과연 저 집에는 사람이 사는 것일까, 사람이 산다면 어떤 사람이 사는 것일까?' 하는 의문이 들었다. 나는 그 사람들이 몸에 온갖 오물을 묻히고 사는 사람일 것이란 생각을 했다.

그 집에서 놀고 있는 노파와 아이를 본 적이 있었다. 창녀의 어머니와 아이인가? 그런 생각을 했다. 그러나 곧 고개를 흔들었다. 그 아이는 어쩌면 돼지가 낳은 아들일지도 모른다는 생각까지 했다. 또는 창녀는 돼지와 비슷할 것이라고도 생각했다. 정말 어처구니없는 생각을 하고 있었다.

그러던 어느 날이었다. 그 집의 지붕이 새것으로 바뀌었다. 노란 볏짚으로 엮은 이엉이 지붕에 차곡차곡 올려져 있었다. 새로 올린 초가집의 아름다움을 본 적이 있는가. 그것은 아름다운 처녀가 새 옷을 갈아입은 것처럼 아름다웠다. 그런데 그 지붕이 아름다울수록 그 노란색은 의혹을 더했고 나에게는 커다란 충격이었다. '아니, 창녀들이 지붕을 바꾸다니……' 그런 생각을 했다.

그것은 그녀들도 우리와 똑같은 생활을 한다는 뜻이었다. 나는 그 사실을 받아들일 수가 없었다. 그렇다면 저 사람들도 상점에서 콩나물과 두부를 사며 돈을 주고받을 것이 아닌가. 내가 심부름을 갔다가 그 돈을 거스름돈으로 받아올 수도 있는 것이 아닌가. 나는 그 지붕을 혐오했고 창녀와 관련된 모든 것을 가증스럽게 여겼다. 나는 내가 정말 순수하고 깨끗한 사람, 창녀와 근본적으로 다른 종류의 사람이라는 착각과 오만의 동굴에 갇혀 있었다.

) 매춘의 계단 (

흥미로운 사실은 그 집에 드나드는 남자들은 더럽다고 생각하지 않았다는 점이다. 이것은 다른 창녀 집의 이야기인데, 어느 날 군인 아저씨들 4~5명이 창녀 집 마당에서 러닝셔츠 차림으로 배구를 하고 있었다. 그런데 그 아저씨들은 하나도 지저분해 보이지 않았다. 그렇게 잠시 놀다가 다시 군복을 차려입고 부대로 돌아가면 씩씩한 군인이 될 것으로 믿어 의심치 않았다.

창녀는 더러운데 그곳에 드나드는 군인은 어떻게 더럽지 않다고 생각했는지 지금 나로서는 설명할 길이 없다. 남자들의 이중성 때문인지는 모르겠다. 그러나 그 당시에는 분명히 그렇게 생각했다. 군인은 나라를 지키는 좋은 사람들인데, 어쩌다 한 번 그랬다고 무조건 욕을 할 수가 없었는지도 모르겠다. 나도 군인이 될 것이므로 너그럽게 용서해주었을 수도 있다.

내가 생각하기에 매춘 여성들에게도 계급이 있었다. 더러움에도 계급이 있었던 것이다. 그러니까 나는 '모든 매춘은 나쁘다', 그렇게 생각했던 것이 아니라, 계급을 정해놓고 어떤 매춘은 더 나쁘고 어떤 매춘은 덜 나쁘다는 식으로 생각했다. 그 계급은 '창녀-작부-아가씨-기생'과 같은 순서로 되어 있었다. 계급이 올라갈 때마다 매춘의 더러움은 감소하고 깨끗함은 증가했다.

계급을 매기는 기준은 매춘으로부터 얼마나 자유로울 수 있는가 하는 점에 있었다. '창녀'란 전혀 자유가 없는 여자였다. 그녀의 존재 이유는 오직 한 가지밖에 없었다. 그들은 시도 때도 없이 그 일만 한다. 그것도 시키는 대로 해야만 한다. 그들의 계급이 낮은 것도 자유는 없고 오직 한 가지 일만 하기 때문이다. 여러 매춘 여성들 중에서 값도 가장 쌌다.

'작부(酌婦)'는 술을 마시고 노래를 불렀다. 젓가락 장단을 두드리며 부어라 마셔라 술에 취해 사는 사람이다. 그들은 성보다 술을 파는 게 본업이다. 약간 나이가 들기도 했다. 처음에는 아가씨였는데 나이를 더 먹은 후에도 해당 업종을 탈출하지 못했다. 물론 작부도 더럽게 느껴지기는 마찬가지였다. 그러나 그 더러움은 매춘보다 생활태도가 무질서하다는 데서 오는 더러움이었다.

그 다음은 '아가씨'였다. 여기서부터는 더러움의 정도가 현저하게 감소했다. 아가씨는 창녀나 작부와 아주 달랐다. 그녀는 창녀처럼 성을 팔지 않고 작부처럼 나이가 많지 않았다. 업계에 입문한 지도 얼마 되지 않았다. 작부처럼 술을 파는 게 본업이지만, 그녀는 술 마시기를 거절할 수도 있고 손님에게 화를 낼 수도 있다. 무엇보다 그녀는 아직 젊고 아름답다.

가장 높은 단계는 '기생'이다. 그녀는 어쩌다 운명의 장난으로 그런 직업을 갖게 되었지만, 본래는 그런 사람이 아니었다. 얼굴은 미인의 반열에 들 정도로 아름답고, 재주는 황진이처럼 풍부하다. 한복을 곱게 차려입고 지체 높은 사람을 상대한다. 그녀는 결코 몸을 팔지 않는다. 마음이 가야 동침을 허락한다. 그러니 남자들이 애걸복걸을 한다. 시시한 남자는 그녀 근처에 갈 수도 없다. 기생쯤 되면 사실상 매춘여성이란 족쇄에서 벗어난다.

두 가지 성

이렇게 매춘의 계단을 써놓고 보니까, 재떨이 고고학에 나타났던 '동굴 속 황제'의 계단이 다시 나타난 것 같다. 아니, 계단의 질서는 동굴 속 황제가 있는 곳이면 어디나 나타나는 것이다. 또 이렇게 매춘의 계단을 나열하고 보니, 왜 창녀에게 놀러간 군인 아저씨들이 더러워 보이지 않았는지 알 것 같다. 매춘의 계단을 살펴보면 매춘을 용인하는 논리가 교묘히 숨어 있음을 알 수 있다.

동굴 속 황제는 참 편리한 사람이다. 어느 때는 순수한 사랑만이 가장 좋다고 생각하고, 상황이 변하면 매춘도 받아들일 수 있는 논리근거를 갖고 산다. 그리하여 급기야 기생의 사랑에 이르면, 그 사랑은 가장 낭만적이고 가장 순수하며 가장 애절한 사랑이 된다. 하긴 이 아들도 '가장 훌륭한 사람'이요 저 아들도 '가장 훌륭한 사람'이라고 말하는 어머니 아래에서 자랐으니 그 정도는 어려운 일이 아닐 것이다.

사실 여기에는 고난도의 윤리 문제가 숨겨져 있었다. 나의 아버지가 그런 집에 다닐 리는 없지만, 어쩌다 스쳐 지나가는 일이 없다는 보장도 없었다. 나도 그 정도는 알고 있었다. 그런데 아버지가 그런 집에 갔다고 해서 불과 12살인 내가 어떻게 아버지를 비난할 수 있단 말인가? 그런 불효를 범할 수는 없었다.

할 수 없이 나는 아버지가 다녔던, 여인들이 나오는 그 모든 술집들을 작부나 아가씨들의 집이 아니고 가장 계급이 높고 가장 아름다운 여인들이 있는 기생집이었을 것이라고 판정을 내려주었다. 아버지를 창녀나 작부의 집으로 보낼 수는 없는 것이 아닌가. 그래야 아버지의 계급도 높아질 것이요, 나의 계급도 덩달아 높아질 수 있었다. 이 정도면 나도 효자라고 할 수 있겠다. 마찬가지 이유로 국토방위에 여념이 없는 국군 아저씨들도 용서해주었던 것 같다. 아버지는 용서해주고 국군 아저씨를 용서해주지 않을 수는 없는 노릇이 아닌가. 나는 공정한 어린이이기도 했다.

솔직히 말해 술집이나 창녀들에 얽힌 체험과 생각이 나에게 어떤 영향을 끼쳤는지는 알 수 없다. 그런 체험과 상상이 곧바로 나를 타락시켰다고 말하기는 어려운 것 같다.

사실 성적 타락이란 개념도 모호한 것이다. 성의 관념이란 성에 노출된 횟수와 같이 표피적인 경험으로 형성되는 것 같지는 않다. 개인의 성적 체험은 더 큰 관념이나 상식과 일치할 때, 비로소 자신의 관념으로 변하는 것 같다. 당시 나를 둘러싸고 있던 가장 큰 성적 상식은 사람과 성을 물건처럼 다룬다는 것이었다. 그 핵심을 파헤쳐보면, 결국 나의 성 관념은 성녀 아니면 창녀라는 이분법의 구도 아래 있는 것이었다.

어릴 때부터 매춘의 존재를 일상적으로 접한다는 것은 성을 물건으로 여기는 감정을 확고하게 만들 수 있다. 또 앞에서 본 것처럼 매춘이 존재하니까, '나는 그런데 물들지 말고 순수한 사랑을 해야 한다'는 식으로 더욱 순수한 사랑을 지향하게 될 수도 있다. 그러나 그처럼 성을 더러운 성과 깨끗한 성으로 나누어 생각하는 것 자체가 성을 물건처럼 대하는 증상의 하나이다.

) 어린이의 성 (

사실 나는 이 부분만큼은 쓰고 싶지 않았다. 아무리 어린 시절의 이야기를 소재로 한다지만, 성 이야기를 입에 담기는 좀 그랬다. 우리 세대의 성 관념은 그 정도로 척박한 데가 있었다. 그런데 그런 척박함을 있는 그대로 드러내는 것이 이 책의 집필 기준이기도 했다. 그래서 나는 쑥스럽지만 다시 한 번 얼굴에 철판을 깔고 붓을 들었다.

성적 체험은 일반적인 학습과 전혀 다른 의미를 갖는다. 아이들은 보통 모방을 통해 세상을 배운다. 아버지와 형을 흉내내기도 하고 자기보다 낫게 보이는 친구를 은근히 따라하기도 한다. 그런 학습은 수동적인 학습이다. 학교에서 선생님으로부터 배우는 것도 마찬가지다. 이미 정해져 있는 것을 가르쳐주는 대로 배우는 것이다.

그러나 성적 체험에는 전혀 다른 요소가 있다. 예컨대, "나는 저 예쁜 선생님과 결혼을 하겠다."라거나 "나는 미숙이가 좋다."라고 말할 때, 거기에는 다른 사람들이 측량할 수 없는 계획(plan)이 들어 있다. 본인조차 그 내용을 정확히 알 수 없다.

성 체험은 마치 씨앗과 같다. 싹이 나고 자라봐야 그 본 모습을 알 수 있다. 어릴 때의 겉모습만 보고 함부로 판단할 수는 없다. 나쁜 것 같아 보이는 것이 건전할 수 있고, 어른들의 눈에 건전해 보이는 것이 비참한 것일 수 있다.

어린이의 성적 체험은 스스로 어떻게든 대처하지 않으면 안 되는 능동적·독자적 체험이다. 남자 아이들은 성적 관계에서 적극적 역할을 하도록 교육받는다. 아버지, 선생님, 신사, 깡패, 운동선수, 정복자, 과학자, 장군 등 모델은 많다. 그러나 윗사람이 알려주는 이미지는 늘 추상적이다. 그에 비해 나에게 직접 다가오는 성적 자극은 추상적인 이미지를 구체화하도록 강요하며, 그 자극은 걷잡을 수 없을 만큼 격렬하다. 이런 상황에 이르면 부모와 선생님은 물론 선배와 친구도 도움이 될 수 없다. 스스로 헤쳐나가야 한다.

성적 체험은 성적 체험이 아닌 것처럼 보일 수도 있다. 10장의 단풍나무 사건은 단지 하나의 세계에 대한 욕망인 것 같다. 그러나 하나의 집을 욕망하고 자신만의 세계를 꾸미겠다는 꿈과 연결되는 부분에 이르면 성적 체험과 깊은 관계를 맺는다. 사실 성적 체험은 모든 것과 관계를 맺는다. 그리하여 성적 체험은 정신의 발달과정에서 삼각형의 마지막 꼭지점과 같이 중요한 의미를 지닌다.

  어린 시절을 돌아보았을 때, 나의 성적 체험은 '성녀 아니면 창녀'라는 관념에 따르는 칙칙하고 비참한 것이었다. 여성에 대한 관심의 범위도 단순했고, 평화로운 사랑을 하기에는 너무 거칠었다. 어릴 적부터 권위주의적 신분관계를 몸으로 익힌 우리들에게 성적 체험도 그 범주에서 벗어날 수 없었다.

■ 글을 맺으며

네 안의 아버지를 살해하라

　이 책은 나 자신의 정체성, 곧 '나는 누구인가?' '나는 왜 실패를 거듭했는가?'라는 질문을 던지면서 시작되었다. 그런데 그 정체성은 나 혼자만의 정체성으로 규명될 수 있는 것이 아니었다. 그것은 부모와 형제자매 곧 가족과 얽혀 있었으며, 대한민국이라는 사회와 불가분의 관계를 맺고 있었다. 자연히 이 책은 한국의 가족과 대한민국의 정체성을 규명하는 일로 확대되곤 했다.

　정리해보면, 이 책에는 크게 세 가지 차원의 주제가 있었다. 우선, 나 자신의 정체성을 규명하는 것이었다. 나는 두 개의 자아 또는 여러 개의 자아(multiple identity)를 가진 인간이며, 누군가에게 의존하거나 누군가를 의존시키려고 하는 '동굴 속 황제'이다. 이런 인간의 탄생과정과 특징을 알아보려고 하니 가족 이야기가 많아졌다. '동굴 속 황제'는 가족 안에서 탄생했으며 가족 안에서 형성된 신분관계를 기초로 이 세상을 살아간다.

　둘째, 한국 가족의 내면 또는 정신적 구조에 많은 관심을 기울였다. 과거 한국 가족은 부모와 자식 세대가 엄격하게 나누어져 있지 않았다. 아버지는 아예 가족을 초월하여 가족 위에 군림했고, 어머니는 아이들과 비슷한 위치에서 생활했다. 현대적 관점에서 보면, 아들이 어머니의 남편과 같은 역할을 하는 경우도 비일비재했다. 우리의 전통적인 가족은 부모와 자식간에 독특한 위계질서와 의존관계를 형성하고 있었다. 이것으로부터 한국 가족 특유의 여러 가지 생활패턴이 발생했던 것 같다. 그 가족생활의 다양한 모습들을 드러내는 것이 이 책의 중요한 내용이었다.▪

셋째는, 한국사회의 운영원리를 언급하는 부분도 꽤 있었다. 이 부분은 가족 이야기가 중심인 이 책에서는 더 이상 자세하게 다룰 수 없는 주제였지만, 정치학자인 나의 관심을 끄는 부분이었다. 한 가지 분명한 것은 가족 안에서 발달된 신분관계가 학교, 회사, 군대, 단체의 운영방식에 강력한 영향을 미친다는 것이다. 특히, 우리 사회가 공식적으로 내세우는 사회 운영 원리인 민주주의와 실제로 나타나는 신분관계가 충돌하는 방식에 많은 신경을 썼다. 이런 논의는 민주주의 또

▪ 이 책에 가족 이야기가 많았던 이유 중에는 집필 과정 내내 이 책의 제목이 '한 아이의 가족 로망스'였기 때문이란 사실을 밝혀둔다. 대한민국 국적을 가진 한 아이의 '가족 로망스'를 분석해놓고 보니, 그 결과는 철저하게 한국적인 남자를 만드는 과정이었다. 참고로 '가족 로망스'란 용어에 대해 짧은 설명을 해두고 싶다. 이 말을 맨 처음 사용한 사람은 프로이트였고, 그는 이 말을 매우 좁은 의미로 사용했다. 여자 아이들은 성장과정에서 '내 어머니는 계모이고 진짜 어머니는 우아한 교양을 가진 귀부인이었다.'라고 생각하는 경우가 비일비재하고, 남자 아이들은 '나의 아버지는 지금 이 아버지가 아니고, 번쩍번쩍 빛나는 별을 단 장군이었으면 좋겠다.'라고 생각하는 경우가 많다. 정신분석학에서는 아이들의 그런 공상 또는 환상을 '가족 로망스'라고 부른다. 가족 로망스는 우리 주변에 널리 퍼져 있다. 신데렐라 이야기, 콩쥐팥쥐, 고대국가의 건국신화들, '너는 다리 밑에서 주워온 아이'라는 이야기 등에도 가족 로망스의 논리가 들어 있다. 어른이 되면 이런 공상은 사라지고 어렸을 때 일시적으로 품었던 환상도 잊어버린다. 그런데 그런 환상은 아이들의 생활뿐만 아니라 사회 전체의 가치관을 반영한다. 그런 가족 로망스를 제대로 해석하는 일이야말로 우리 자신을 잘 알 수 있는 길이다. 사실 이 책은 그런 문제를 해석하려는 동기에서 비롯되었다고도 할 수 있다. 그리고 그와 같은 흔적은 이 책의 도처에 널려 있다.

는 민주주의 교육을 신장시키려고 할 때, 어떤 점들에 신경을 써야 하는지를 보여주는 자료가 될 것이다.

이처럼 나 자신의 정체성을 규명하는 일이 세 가지 주제로 확대된 것은 어린 아이의 삶조차 사회나 국가로부터 자유롭지 않다는 것을 의미할 것이다. 가족 역시 상당 부분은 국가의 하부기관과 같은 성격을 갖고 있었다. 결국 한 아이가 남자로 성장하는 일은 프로이트가 생각했던 것처럼 '나-어머니-아버지'라는 핵가족의 작은 삼각형이 아니라, 그것보다 훨씬 확대된 '나-가족-국가'가 연쇄적 관계를 맺는 한국적 상황 안에서 이루어지는 일이었다.

) 동굴 속 황제의 나라 (

이 책은 특정한 가설을 세우거나 결론을 내리려고 하는 유형의 책은 아니다. 어디까지나 한 아이의 입장에서 5살부터 12살 사이에 일어난 사건들 중에서 중요한 의미가 있었던 사건들을 경험적·감각적 방법에 의존하여 있는 그대로 묘사한다는 것이 이 책의 목표이자 방법론이었다. 그 과정에서 어쩌면 매우 익숙할 수도 있고, 아직은 그 실체가 분명치 않은 '동굴 속 황제'라는 인간형을 발견할 수 있었다.

'동굴 속 황제'는 두 가지 본질적 특성을 갖고 있는 인간형이다. 첫째는, 모성의 공간에서 양육되고 부성적 질서에 의해 완성된, 한국의 가족문화가 낳은 인간이다. 둘째는, 모든 인간관계를 진선미의 우열에 따라 상하의 신분관계로 설정하는 '신분적 인간(a man of status)'이다. 그런 의미에서 그는 진선미가 위계적 질서를 이루고 있던 봉건

사회에 정신적 기원을 두고 있는 인간이다.

동굴 속 황제는 이 본질적 특성에 따른 여러 가지 부수적인 특징들도 갖고 있다. 그는 자기 자신을 '진선미의 화신'이라고 생각하며, 자신의 우월함을 타인에게 강요하거나 타인으로부터 인정받으려고 한다. 또 그 같은 신분관계에서 생겨나는 심리적 영토를 끊임없이 넓히려고 하는 행동원칙을 갖고 있다. 어린 시절, 아버지의 권위를 혐오하고 타파하겠다는 생각을 하면서도 속절없이 아버지를 닮아버리는 유형의 인간이기도 하다.

지금 한국에서는 '동굴 속 황제'와 비슷한 사람들이 맹활약 중이며, 상황이 달라지지 않는다면 이런 유형의 인간들은 계속 탄생할 수밖에 없다. 우리는 동굴 속 황제들을 탄생시킬 수밖에 없는 자아관, 인간관, 사회관을 갖고 있기 때문이다. 또는 동굴 속 황제가 시대착오적인 줄은 알고 있지만, 그런 인간형을 극복하고 새롭게 의지할 수 있는 인간형을 발견하지 못했다는 이야기도 될 것이다.

물론 요즘에는 교육환경과 육아환경이 많이 달라졌다. 아버지의 권위는 확실하게 추락했고 가정은 상당히 민주화되었다. 이 책에서는 어머니가 세 아들을 분리해서 사랑했다고 밝혔지만, 지금은 분리사랑을 할 만큼 자녀 수가 많지도 않다. 그러나 '즉각적 만족의 육아원리'는 크게 달라지지 않았다. 오히려 자녀의 수가 적어지고 아이에게 즉각적 만족을 제공할 수 있는 수단이 많아지다 보니, 요즘 아이들은 더욱 황제 같은 대우를 받으며 자라는 것 같다.

물론 그 구체적인 양상에는 차이가 있다. '동굴 속 황제'는 모성의 공간에서 자랐으며, 아버지의 권위적인 성격을 물려받았다. 반면 요즘 아이들은 자신의 욕구에 충실하며 과거보다는 훨씬 더 개방적이며 훨씬 덜 위선적이다. 한편으로는 자신을 이끌어줄 만한 통제장치를 상실한 채, 심리적 영토의 추구라는 황제적 특성만 강화된 듯하다. 이런 교육방식, 육아방식이 계속된다면 우리 나라는 정말 동굴 속 황제들의 나라가 될지도 모른다.

권위주의는 커뮤니케이션을 대체한다

책을 끝내면서 꼭 강조하고 싶은 것이 있다. 그것은 권위주의와 커뮤니케이션의 관계이다. 이 책에서 최종적인 문제로 드러난 것도 권위주의였다. 우리 집 안방이 두 개의 공간으로 나누어졌던 것도, 어머니가 세 아들을 분리해서 사랑한 것도 아버지의 권위가 지나치게 강했기 때문에 나타난 현상이었다. 또 아버지가 '신분의 감옥'에 갇히게 된 것도 권위주의 때문이었다. 그야말로 권위주의는 한국사회 곳곳에서 문제를 일으키고 있다.

그런데 이 권위주의는 하루이틀 만에 해결될 문제가 아니다. 권위주의는 우리의 오래된 습관이라고 할 수 있으며, 우리가 좋아했고 사랑했던 모든 것들에서 그 자취를 찾아볼 수 있다. 그것은 거의 무의식적인 행동이며, 무의식적인 만큼 뿌리가 깊다. 머리로는 권위주의를 타파해야 한다고 생각해도, 우리의 몸은 이미 권위주의에 물들어 있다.

다만 권위주의와 커뮤니케이션이 정반대의 관계에 있다는 사실을 분명히 해둔다면 권위주의를 해결하는 데 큰 도움이 될 것이다. 다시 말해, 권위주의는 커뮤니케이션을 감소, 단절시키는 경향을 갖고 있다. 아버지의 권위가 강하니까 두 개의 공간이 생기고 두 개의 공간은 가족의 의사소통을 단절시킨다. 이런 상황에서는 어머니의 사랑도 분리사랑이라는 '칸막이 현상'으로 변질되고 만다.

권위주의와 커뮤니케이션의 이 같은 관계는 과거 우리의 생활을 살펴보아도 금방 드러난다. 예를 들어, 양반들은 커뮤니케이션을 좋아하지 않았으며 경멸하기까지 했다. 물건을 살 때도 "두서너 개만 주시오."라고 모호하게 말했다. 그렇게 말하는 것이 신분이 높은 사람의 태도였다. 그래서 아랫사람들은 눈치코치가 발달할 수밖에 없었다.

따라서 당신이 다니고 있는 학교, 직장, 단체 등이 권위적인가 아닌가를 알아보고 싶다면, 그곳에서 원활한 커뮤니케이션이 이루어지고 있는지를 따져보면 된다. 한 사람이 모든 것을 결정한다거나, 구성원 중 누군가 할 말을 못하고 있는 분위기라면 분명 문제가 있는 곳이다.

) 아버지 살해의 역사 (

그러나 한 가지 분명히 해야 할 것은 우리도 나름대로 권위주의와 기나긴 싸움을 벌여왔다는 점이다. 춘원 이광수도 그랬고, 북한의 김일성도 그랬고, 남한의 박정희도 그랬다. 그 변절자와 독재자들이 무슨 그런 일을 했겠냐고 반문할지 모르지만, 이 세 사람은 자신들보다 앞선 세대의 권위를 부정하고 새로운 나라를 건설하겠다는 뜨거운 열망을 가졌다는 공통점이 있었다.

그처럼 유명한 사람들만 그랬던 것은 아니다. 우리는 모두 아버지에게 저항하고 반항하며 컸다. 가출을 했고 소리를 질렀으며, 때로는 그것이 아버지에 대한 반항이라는 사실도 의식하지 못한 채 반항했다. 한국 사람치고 아버지의 권위주의와 싸워보지 않은 사람이 얼마나 될까? 불과 30년 전 이 땅의 젊은이들은 청바지를 입고 통기타를 치고 생맥주를 마시면서 자신들은 아버지와 다른 세대임을 자처했다. 오늘날의 청년들도 그 비슷한 일을 반복하고 있다. 정말 변하지 않고 있는 아비 부정의 역사이다.

사실 우리의 근·현대사는 아버지 살해의 역사였다. 다만 그것을 아버지 살해라고 말하지 않고 "우리는 새로운 세대다."라고 말했을 뿐이다. 그런데 권위를 부정하고 아버지를 살해했던 그 사람들도 세월이 지나면 아버지처럼 권위주의의 화신이 되었다. 그들 역시 '동굴 속 황제'였던 것이다. 이것이 한국의 근·현대사에 흐르고 있는 부정할 수 없는 일관성이다.

내가 보기엔 우리에게도 권위주의를 타파할 수 있는 좋은 커뮤니케이션의 전통이 있었다. 한국에는 상하의 구별 없이 둥글게 모여 앉아 이야기를 하고 놀이를 하던 전통이 있었다. 밥을 먹을 때도 그랬고 씨름판의 모양도 그렇고 술 한잔을 마셔도 둥글게 둘러앉아 마셨다. 윷놀이, 강강술래, 집의 울타리도 그런 모양을 하고 있다. 두레나 품앗이도 서구식의 쌍방적 계약관계와 달리 '돌아가며' 서로의 일을 도와주는 것이었다. 이런 것들이 모임을 구성하고 의사소통을 하는 한국 사람들의 원초적인 방식이요, 이런 것들은 권위주의와는 아무런 관계가 없다.

그런데 우리는 이와 같은 놀이를 더 발전된 커뮤니케이션으로 연결시키지 못하는 것 같다. 왜 그럴까? 이 책에 나오는 아이들처럼 스스로를 비천하게 여기고, 권위를 더 중요하게 생각하기 때문이 아닐까?

한국사에서 굳이 민주주의의 기원을 따지자면, 양반이 아니라 상놈들의 문화에서 찾아야 할 것이다. 요컨대, 상놈문화에 자부심을 가져도 좋으련만 아직 우리는 그런 단계에 이르지 못했다. 그리하여 모임의 규모가 커지면 둥근 모양은 사각형으로 변하고 상석과 말석이 생긴다. 마치 우리 집 밥상에 1, 2, 3인자의 자리가 있었던 것처럼. 바로 이 지점에서 권위주의가 등장한다.

) 네 안의 아버지를 살해하라 (

우리는 언제나 동굴 속 황제의 이중구조를 걷어내고, 칸막이가 없는 공간에서 함께 나누고 소통하는 세계를 꿈꾸어왔다. 아이와 어른, 여자와 남자, 열등한 사람과 우수한 사람, 가지지 못한 자와 가진 자들이 서로를 존중하면서도 평등한 관계를 유지할 수 있는 세계를 염원해왔다.

그런데 가만히 생각해보자. 우리는 태생적으로 권위주의 속에서 태어난다. 권위주의의 연쇄적·중층적 거미줄에 걸려 있다. 이런 상황에서는 한두 가지 진보적 사고를 하고, 한두 가지 선행을 베푼다고 문제가 해결될 수 없다. 보다 근본적인 변화를 생각해야 한다.

해결책은 과연 무엇일까? 이 책의 관점에서 말하면, 그것은 바로 '내 안의 아버지, 네 안의 아버지'를 살해하는 것이다. 우리는 실제의 아버지, 선배들을 많이 살해해왔다. 아니, 살해 정도가 아니라 무참히 짓밟고 짓이겨왔다. 조상 탓, 남 탓도 할 만큼 충분히 했다. 잘된 것은 다 내 탓이요, 잘못된 것은 다 조상 탓이라고 생각하는 것이 동굴 속 황제들의 습관이다.

그러나 우리는 자신 안에 있는 아버지를 보지 못했다. 이제 반성과 성찰의 시선을 자신에게로 돌려야 한다. 겉모양만 다른 것으로는 충분치 않다. 홍길동처럼 아버지에게 하직인사를 해놓고 사실은 아버지처럼 되는 것은 진정한 아버지 살해가 아니다. 나 자신이 얼마나 '동굴 속 황제'인가를 들여다보아야 하고, 자신의 마음에 형성되어 있는 어린 시절의 우상, 아버지를 발견하고 그 아버지를 살해해야 한다.

'내 안의 아버지, 네 안의 아버지를 살해하라'는 이 책의 최종적 명제는, 당신의 마음에 깊이 각인된 '이상적인' 사람의 이미지를 살해하라는 이야기다. 그것이 당신을 동굴 속 황제로 만들고 있기 때문이다. 권위주의를 비난하고 아버지를 살해하되, 홍길동처럼 당신의 마음에 또 다른 아버지를 키우는 것은 도로아미타불이다. 다시 말해, 당신의 아버지를 부정하고 또 다른 집을 지을 것이 아니라, 아버지가 건설한 토대 위에 한 장의 새로운 벽돌을 놓자는 것이다.

'내 안의 아버지를 살해하자'는 것은 당신만이 이 땅의 유일한 상속자인 것처럼 행동하지 말자는 것이다. 우리의 아이들에게도 새로운 벽돌 한 장을 얹어놓을 수 있는 가능성을 열어놓자는 이야기다. 그러자면 실제의 아버지와 내 안의 아버지를 정확하게 이해하고, 먼저 내 안의 아버지를 정확하게 살해해야 한다. 바로 그것이 아버지를 가장 정정당당하게 살해하는 방법이다. 이것이야말로 진정 변화를 열망하는 사람들이 피할 수 없는, 자기부정을 통해 자기긍정의 길을 걷는 방법이 아닌가 한다.

인문·사회과학

미녀와 야수, 그리고 인간
•김용석 지음 | 신국판 | 440쪽
대중문화, 그 중에서도 가장 보편적인 장르라 할 수 있는 애니메이션에 대한 문화 담론은 어떻게 가능한지 그 전형을 보여주는 책. 저자는 〈미녀와 야수〉〈알라딘〉〈라이언 킹〉〈인어 공주〉 4편의 디즈니 애니메이션 작품을 텍스트로 삼아 분석하면서 독자와 철학적 대화를 꾀한다.

문화적인 것과 인간적인 것
•김용석 지음 | 변형 국판 양장본 | 400쪽
현대 문화의 특성을 다차원적으로 조명하는 철학 에세이. 오늘날 우리 삶에서 문화의 핵심적 의미를 반영하는 '현대적 사건' 들을 섬세하게 분석하고 있다.

시간 박물관
•움베르크 에코 外 | 김석희 옮김 | 변형 5·7판 양장본 | 308쪽
세계적인 석학 24인의 글을 통해 인간이 시간을 어떻게 지각하고 있는지를 검토하고, 세계 곳곳의 다양한 문화가 시간에 대해 어떻게 반응·측정·표현하는지를 정리하고 있다.

철학의 모험
•이진경 지음 | 신국판 | 400쪽
《수학의 몽상》의 저자 이진경의 철학 입문서. 데카르트 이후 주요한 근대 철학자들의 철학 개념이나 사고 방식을 다양한 소재를 등장시켜 하나하나 짚어가고 있다. 스스로 사고하려면 어떤 태도가 필요한지, 어떻게 공부해야 하는지를 잘 보여준다.

수학의 몽상
•이진경 | 신국판 | 304쪽
형식을 파괴하는 자유분방한 상상력으로 근대 수학의 역사를 파헤쳐, 서양의 근대성 형성에 수학이 행한 핵심적 역할을 밝힌다.

문명의 공존
•하랄트 뮐러 | 이영희 옮김 | 변형 국판 양장본 | 362쪽
새뮤얼 헌팅턴의 《문명의 충돌》을 본격적으로 비판하고, 전쟁이 아닌 대화와 공존의 길을 모색하는 적극적인 대안서.

도교와 문학, 그리고 상상력
•정재서 지음 | 변형 국판 양장본 | 336쪽
서양의 오리엔탈리즘, 중국의 화이론(華夷論)을 넘어 제3의 중국학론으로 우리 학문의 새로운 방법론을 제시하고 있는 정재서 교수의 역작.

동양과 서양, 그리고 미학
•장파(張法) | 유중하 外 옮김 | 변형 국판 양장본 | 592쪽
동서양 미학의 태동과 서로 다른 변천 과정을 철학적, 종교적, 문화사적 관점에서 조명한 중국 장파 교수의 대표적 저서.

이탈리아 르네상스의 문화
•야콥 부르크하르트 | 안인희 옮김 | 변형 국판 양장본 | 756쪽
19세기의 빛나는 역사가 부르크하르트가 남긴 문화사 최고의 고전(古典). 14세기부터 16세기까지의 이탈리아 문화 전체를 종횡으로 들여다보며 현대인의 기원과 '개인'이라는 의식의 생성 과정에 대한 답변을 모색한다.

마르크스 평전
•프랜시스 윈 | 정영목 옮김 | 변형 국판 양장본 | 588쪽
마르크스는 20세기의 역사를 바꾼 철학자, 역사가, 경제학자, 비평가, 혁명가였다. 그러나 더 중요한 사실은 마르크스 역시 평범한 인간이었다는 것이다. 이 책은 필요에 따라 신격화되기도 하고, 모든 악의 근원으로 악마처럼 폄하되기도한 위대한 사상가를 피와 살을 지닌 인간으로 복원시킨다.

로자 룩셈부르크 평전
•막스 갈로 | 임헌 옮김 | 변형 국판 양장본 | 648쪽
20세기를 대표하는 혁명 이론가이면서, 역사와 대중에 대한 변함없는 믿음을 견지한 이상주의자, 로자 룩셈부르크. 막스 갈로는 방대한 시각과 통찰력으로 유년기에서 최후의 순

간에 이르기까지 로자의 삶과 사상과 행동을 꼼꼼하게 그려내는 동시에 그가 살았던 격동의 시대를 정밀하게 포착하고 있다.

히틀러 평전
• 요하임 페스트 | 안인희 옮김 | 변형 국판 양장본 | 전2권

광기의 천재, 정치의 예술가 히틀러 평전의 결정판. 성(姓)도 불확실한 보잘것없는 집안 출신으로 18세에 고아가 된 후 30세까지 떠돌이 생활, 싸구려 화가로 비참하게 지낸 한 인물이 독일의 총통이 되어 전유럽을 손에 넣은 삶의 궤적이 극적으로 그려진다.

한 권으로 읽는 니체
• 로버트 솔로몬·캐슬린 히긴스 | 고병권 옮김 | 신국판 | 332쪽

프리드리히 니체는 역사상 가장 많이 이야기되는 철학자이면서 가장 오해받고 있는 철학자이다. 이 책은 '반시대적' 사상가이자 논쟁의 여지가 많은 철학자 니체에 관한 명쾌한 해설서이다.

한 권으로 읽는 프로이트
• 데이비드 스탠포드 클라크 | 최창호 옮김 | 신국판 | 276쪽

한 권으로 읽는 융
• 에드워드 암스트롱 베넷 | 김형섭 옮김 | 신국판 | 240쪽

쿠오바디스, 역사는 어디로 가는가 1·2
• 한스 크리스티안 후프 | 정초일 옮김 | 양장본 | 352쪽

역사의 운명적인 순간들을 통해 독자를 철학적 성찰로 인도하는 독특한 역사 교양서. 오해와 우연, 비극과 파멸로 이어지는 역사의 흐름 속에는 분명 비밀스러우면서도 결정적인 지점이 있다. 워털루 전투, 스페인 무적함대의 궤멸, 베수비오 화산 폭발, 사라예보 암살, 카이사르 살해, 크레시 전투 등이 다뤄진다.

폭력과 상스러움
• 진중권의 엑스리브리스 | 변형국판 | 352쪽

전투적 철학자. 유쾌한 계몽자 진중권의 사회평론. 학문과 현실 사이의 균열된 틈새를 비집고 우리 사회의 망탈리테(정신상태)를 그린다.

일상의 발견
• 김용석 | 변형국판 | 288쪽

재기발랄한 감수성과 열린 사고를 지닌 철학자 김용석의 진지하고 유쾌한 사회·문화 비평. 저자가 직접 일상생활 속에서 보고 듣고 느낀 것들을 바탕으로, 우리 사회의 문화 수준과 의식 구조를 드러내 보여준다.

보물 추적자
• 볼프강 에베르트 엮음 | 신국판 | 416쪽(컬러화보 16쪽)

호기심 많은 학자, 보물 사냥꾼, 예술품 약탈자가 사라진 보물을 찾아 펼치는 흥미진진한 역사 여행. 황금의 나라 박트리아에서 히틀러의 제3제국까지, 실크로드의 폐허에서 아프가니스탄의 유적지까지, 역사의 격랑 속에서 사라진 보물을 찾는 사람들의 이야기.

자기계발·실용

공격적이지 않으면서 단호하게 나를 표현하는
대화의 기술
• 폴렛 데일 | 조영희 옮김 | 신국판 | 304쪽

당신, 내가 그렇게 만만해 보여? 당당하고 확신에 찬 우리의 모습을 상상해보자. 우리를 못살게 구는 사람들의 눈을 똑바로 쳐다보며 분명하고 단호한 목소리로 우리의 생각을 훌륭하게 전달하는 모습을 그려보자. 우리가 원하기만 한다면 바꿀 수 있다.

당당하고 진실하게
여자의 이름으로 성공하라
• 김효선 지음 | 값 10,000원

남을 밀치면서 만들어낸 성공은 더 이상 아름답지 않다. 여성성이 부가가치를 갖는 새로운 시대, 정정당당한 프로페셔널이 빛나는 세상, 이제 여자처럼 일하고, 여자의 이름으로 승리하라! 사회 속에서 자신감을 갖고, 타인에게 좋은 영향력을 끼치며, 긍정적으로 사회를 변화시켜 나가는 진정한 의미의 '성공'을 꿈꾸는 여성들을 위한 구체적이고 현실적인 지침서.

시

그대 굳이 사랑하지 않아도 좋다
● 이정하 시집 | 신 4·6판 | 116쪽
이루어질 수 없는 사랑에 때론 아파하고 때론 절망하는 마음을 서정적인 감성으로 그린 시집.

너는 눈부시지만 나는 눈물겹다
5년 연속 시부문 전국 베스트셀러
● 이정하 시집 | 신 4·6판 | 116쪽
사랑의 애잔한 아픔과 그 속에 깃든 사랑의 힘을 섬세하게 풀어쓴 시집.

그대가 곁에 있어도 나는 그대가 그립다
10년 연속 시부문 전국 베스트셀러
● 류시화 시집 | 신 4·6판 | 112쪽
뛰어난 서정성과 환상적 이미지로 삶의 비밀을 섬세하게 풀어낸 류시화 시집.

그대에게 가고 싶다
● 안도현 시집 | 신 4·6판 | 132쪽
가슴 아픈 사랑의 마음을 그린 서정시집.

그대, 거침없는 사랑
● 김용택 시집 | 신 4·6판 | 132쪽
〈섬진강〉의 시인 김용택이, 소박하고 꾸밈없는 목소리로 사랑의 경건함과 따사로움, 사랑의 순정함을 노래한다.

소설

모독
● 체루야 샬레브 장편소설 | 전2권 | 변형신국판
일 년여에 걸쳐 진행되는 한 여성의 일탈적 연애를 통해 고통스럽고도 감미로우며, 맹목적인 만큼 위태로운 곳으로 우리를 이끄는 '사랑'의 안과 밖을 이야기하는 소설이다.

남편과 아내
● 체루야 샬레브 장편소설 | 전2권 | 변형신국판
허물어져가는 결혼제도의 쓸쓸한 풍경과, 두려움에 떨며 그 주변을 배회하는 우리들 내면을 이야기하는 소설이다. 극도의 에로티시즘, 믿기 힘든 솔직함, 독자를 사로잡는 언어 구사. 이 쓰라린 소설은 21세기를 사는 남성과 여성을 위한 일용할 양식이라 할 만하다.

포플러의 가을
● 유모토 가즈미 장편소설 | 변형신국판 | 180쪽
험난한 인생의 파도를 이제부터 헤쳐가야 할 어린아이와 얼마 안 있어 인생의 무대에서 사려져갈 노인의 만남이 가슴 저린 감동으로 남는 소설. 불안과 외로움을 치유해가는 과정을 담담하면서도 슬픔 어린 시선으로 그리고 있다.

여름이 준 선물
● 유모토 가즈미 장편소설 | 변형신국판 | 240쪽
순수하지만 각기 다른 아픔을 지닌 세 소년과 역시 아픈 기억을 간직한 채 세상과 벽을 쌓고 살아가는 할아버지의 만남을 한 편의 수채화처럼 그려낸 소설이다. 우리들이 덧없는 욕망에 밀려 용도폐기했던 유년의 기억과 그것이 전하는 위안과 반성의 힘을 감동적으로 환기시킨다.

허삼관 매혈기
'99 출판인회의 '이달의 좋은책' 선정도서 | '99 중앙일보 좋은책 100선 선정도서
● 위화(余華) 장편소설 | 신국판 | 348쪽
살아가기 위해 무렵 아홉 차례에 걸쳐 피를 팔아야 했던 주인공 허삼관의 인생 역정을 유머와 슬픔, 감동과 통찰로 버무려낸 걸작! 문화혁명 이후 중국 문학이 건져 올린 최대의 성과물이라는 찬사가 아깝지 않은 작품이다.

살아간다는 것
● 위화(余華) 장편소설 | 신국판 | 312쪽
사랑하는 가족 모두를 먼저 보내야 했던 늙은 농부가 자신의 인생을 반추하는 형식을 통해 가차없는 현실과 운명에 맞설 수 있게 하는 사랑과 우정의 힘, 인간 본성과 생명에 대산 근원적 믿음을 보여주는 소설이다.

세상사는 연기와 같다
● 위화(余華) 중편소설집 | 신국판 | 296쪽

에세이

강한 여자의 낭만적 딜레마
● 마야 스토르히 | 장혜경 옮김 | 9000원
사랑이 늘 힘겨운 우리 시대 여성들을 위한 자기 분석서
혹시 당신의 사랑을 얻은 남자는 하나같이 범접하기 힘들고 냉정한 사람은 아니었던가? 왜 항상 내 것으로 하기 힘든 사람에게 매력을 느끼는 걸까? 필요할 때마다 항상 곁에 있어주고, 냉정한 '늑대' 때문에 흘린 눈물을 닦아주는 상냥하고 착한 남자는 왜 그리도 지루한 걸까? 똑똑하고 주체적이지만 사랑이라는 감정 앞에서는 극도의 혼란을 겪고 번번이 무너지고 마는 여성들의 복잡한 심리를 속시원히 파헤친다.

조금은 가난해도 좋다면
● 최용건 지음 | 변형 4·6배판 | 232쪽
허겁지겁 살아온 삶, 그 뒤에 무엇이 남을까? 소모적으로 흘러가는 도시에서 벗어나 조금은 가난하지만 그래서 더욱 온전한, '떠나 사는 즐거움'을 그린 수묵화가 최용건 씨의 산문집. 대량소비사회의 그늘을 박차고 나와 작고 소박하지만 땀 흘리며 자신의 세계를 건설해가는 한 인간의 일상이 따스하고 검박하면서도 아름답게 드러나고 있다.

한비야의 중국견문록
중앙일보 선정 청소년 권장도서
● 한비야 지음 | 신국판 | 336쪽
완벽한 지도를 가져야 길을 떠날 수 있는건 아니다
인생의 후반부를 준비하며 2000년 한해를 중국에서 보냈던 한비야가 그곳에서 건져올린 쫀득쫀득한 이야기 꾸러미. 베이징 거리 구석구석을 누비며 만난 사람들, 거기에서 새롭게 깨달은 '내 안'의 한계와 가능성들이 특유의 따스하고 사려 깊고 맛깔스러운 문장으로 녹아들고 있다.

바람의 딸, 우리 땅에 서다
● 한비야 지음 | 신국판 | 312쪽
바람의 딸 한비야가 800km에 이르는 우리 땅을 두 발로 걸어다니며 쓴 49일 간의 여행기. 이 땅을 걷는 한 걸음 한 걸음에는 길 위에서 체득한 여행 철학과 삶의 깨달음이 배어 있다.

희망은 또 다른 희망을 낳는다
● 서진규 지음 | 신국판 | 368쪽
가발공장 여공에서 하버드대생으로 거듭나기까지 역동적인 인생유전을 펼쳐온 저자가 딸 조성아 양을 키우면서 웃고, 울고 가슴 쓸어내리며 보낸 23년 간의 이야기를 풍부한 사례와 함께 흥미진진하게 써내려 가고 있다.

영혼을 위한 닭고기 수프
● 잭 캔필드 · 마크 빅터 한센 | 류시화 옮김 | 신국판 | 전2권
한 명의 감동이 백명에게 전파되고, 마침내 전세계 27개국 10억 독자가 받은 감동!
살아가면서 잃어버리기 쉬운 꿈과 행복을 어떻게 지키며 살아가야 하는가를 보여주는 1백여 편의 감동적인 이야기.

우리는 다시 만나기 위해 태어났다
연인에게 선물하고 싶은 책 1위! 뉴욕타임스 베스트셀러 1위
● 잭 캔필드 · 마크 빅터 한센 | 류시화 옮김 | 신국판 | 236쪽
어린 연인들의 간절한 사랑에서부터 노년의 잔잔한 사랑까지, 때로는 죽음을 넘어서고, 때로는 신의 손길에 이끌리면서 영혼의 동반자를 만나 사랑하는 모습이 한 편 한 편마다 아름답고 신비롭게 그려져 있다.

아름답고 슬픈 야생동물 이야기
● 어니스트 톰슨 시튼 | 장석봉 옮김 | 신국판 | 312쪽
야생 세계에 관한 가장 매혹적인 이야기꾼이자 화가인 시튼이 최초로 쓴 작품이자 가장 훌륭한 작품인 《Wild Amimals I Have Known》(1898년)의 완역본이다.

간절히@두려움 없이
● 전여옥 지음 | 신국판 | 352쪽
한 세기를 넘어 새 천년이라는 거센 변화의 파도를 어떻게 맞이할 것인가를 주제로 쓴 에세이.

남자의 탄생

첫판 1쇄 펴낸날 2003년 5월 2일
    17쇄 펴낸날 2018년 4월 25일

지은이 전인권
발행인 김혜경
편집인 김수진
편집기획 이은정 김교석 조한나 최미혜 김수연
디자인 박정민 민희라
경영지원국 안정숙
마케팅 문창운 노현규
회계 임옥희 양여진 김주연

펴 낸 곳 (주)도서출판 푸른숲
출판등록 2003년 12월 17일 제 406-2003-000032호
주 소 경기도 파주시 회동길 57-9 우편번호 10881
전 화 031)955-1400(마케팅부), 031)955-1410(편집부)
팩 스 031)955-1406(마케팅부), 031)955-1424(편집부)
홈페이지 www.prunsoop.co.kr
페이스북 www.facebook.com/prunsoop   **인스타그램** @prunsoop

ⓒ 전인권, 2003
ISBN 978-89-7184-377-2   03300

* 이 책은 저작권법에 의해 한국 내에서 보호를 받는 저작물이므로
  무단 전재와 복제를 금합니다. 이책 내용의 전부 또는 일부를 사용하려면
  반드시 저작권자와 (주)도서출판 푸른숲의 동의를 받아야 합니다.
* 잘못된 책은 구입하신 서점에서 바꾸어 드립니다.
* 본서의 반품 기한은 2023년 4월 30일까지입니다.